旅游抽样调查资料

2015

国家旅游局政策法规司
国家旅游局数据中心

中国旅游出版社

《旅游抽样调查资料》
编 委 会 名 单

主　　编：李金早

副 主 编：杜　江　刘金平　吴文学
李世宏　王晓峰　魏洪涛

编辑委员：周久财　戴　斌　单钢新　张吉林　张利忠
彭德成　罗迪辉　彭志凯　刘克智　崔素香

编辑人员：黄雅萍　唐晓云　李　翔　王　羽　马仪亮
苏　娜　戴慧慧　王良举　彭　建

编 者 说 明

本书是反映2014年入境游客在华（内地）花费和国内居民国内旅游情况的资料性年刊，分为上下两篇。上篇为在华（内地）停留时间在3个月以内的入境游客抽样调查资料，由综合分析报告和调查分类数据两部分组成，分类数据包括：入境游客的主要特征，入境外国人、港澳台同胞的花费水平和花费构成、在境内的停留时间以及入境次数、流向和对住宿单位的选择等。

下篇为国内旅游抽样调查资料，汇集了2014年对城镇居民和农村居民的国内旅游抽样调查结果，共分为四个部分：第一部分为综合分析报告；第二部分为2014年国内旅游出游及花费情况；第三部分为2014年城镇居民国内旅游抽样调查分类数据；第四部分为2014年农村居民国内旅游抽样调查分类数据。

本书是根据抽样调查取得的数据和资料，经过汇总、审核、整理，汇编出来的一套全面反映调查过程和调查结果的翔实资料。可供研究旅游业发展的理论工作者和旅游行业的实际工作者参考使用。

2014年入境游客花费抽样调查和国内旅游抽样调查的组织实施，得到了国家统计局、公安部出入境管理局、民用航空局公安局和各省（区、市）旅游局（委）、统计局、有关边检站的大力支持和协助，在此一并表示衷心感谢！

《旅游抽样调查资料2015》
编 辑 委 员 会
2015年12月

目　　录

上　　篇　在华（内地）停留时间在3个月以内的入境游客抽样调查资料

第一部分　综合分析报告

第二部分　分类数据

二、入境游客停留时间

三、入境游客来华(内地)旅游次数

四、入境游客的行程

下篇 国内旅游抽样调查资料

上　篇

在华（内地）停留时间在3个月以内的入境游客抽样调查资料

第一部分　综合分析报告

2014 年入境游客抽样调查综合分析报告

为科学准确地反映2014 年我国入境旅游业发展的总体状况，国家旅游局组织实施了“入境游客花费情况抽样调查”。现将调查有关情况、数据及结果分析报告如下：

一、2014 年入境游客抽样调查情况

“入境游客花费情况抽样调查”是纳入《旅游统计调查制度》的国家调查项目。调查工作于2014 年3 月至7 月在全国135 个城市的主要边境口岸、旅游住宿单位、长江游船和部分接待入境游客的旅行社进行。在国家统计局、公安部、民航局等有关部门的配合下，经过各地旅游统计人员辛勤工作，按计划圆满地完成了现场调查、问卷审核、数据录入、资料汇总等工作。问卷按6 种语种（即中、英、法、日、朝、俄）印刷。

根据《旅游统计调查制度》（2013）本次调查范围及对象是，到中国（大陆）的入境游客（包括外国人、港澳同胞和台湾同胞），其停留时间不超过3 个月。调查的计划样本量为43350 人，其中：口岸调查过夜游客11400 人，一日游游客3800 人；各省（区、市）饭店调查27950 人，长江游船调查200 人。另外，还对全国100 家旅行社的1849 个入境团队代收代付旅游费用的构成比例进行调查。

入境游客花费抽样调查的对象是到中国大陆境内旅游的外国人、香港同胞、澳门同胞和台湾同胞，调查内容主要包括：游客的主要特征、在境内的停留时间、在境内的旅游花费和构成、入境旅游的方式、在境内的行程和流向以及对旅游住宿单位的选择等。

二、抽样调查的基本结果

（一）抽样人数的构成

2014 年入境游客抽样调查共回收有效调查问卷48359 份，超过计划

11.6%，其中，口岸调查表14333份，占回收问卷的29.6%（其中，过夜游客11556份，占80.6%；一日游游客2777份，占19.4%）；旅游住宿单位（含游船）调查34026份，占70.4%。2014年入境游客抽样调查人数占当年入境旅游人数的0.38‰，其中，外国人占当年入境外国人的1.35‰；香港同胞占当年入境香港同胞的0.09‰；澳门同胞占当年入境澳门同胞的0.08‰；台湾同胞占当年入境台湾同胞的0.85‰。具体情况如下：

1. 按客源地分

在2014年抽样调查的48359名入境游客中：外国游客35586人，占73.6%；香港同胞6585人，占13.6%；澳门同胞1648人，占3.4%；台湾同胞4540人，占9.4%。

2. 按旅游方式分

在48359名入境游客中：团体游客17213人，占35.6%；散客31146人，占64.4%。

3. 按过夜游客和一日游游客分

在48359名被调查的入境游客中：过夜游客45582人，占94.3%；一日游游客2777人，占5.7%。

4. 按性别分

在接受调查的48359名入境游客中：男性游客28154人，占58.2%；女性游客20205人，占41.8%。

5. 按年龄分

在接受调查的入境游客中：14岁及以下的游客269人，占0.6%；15至24岁的4994人，占10.3%；25至44岁的23821人，占49.3%；45至64岁的16019人，占33.1%；65岁及以上的3256人，占6.7%。

6. 按职业分

在接受调查的入境游客中：政府工作人员2294人，占4.7%；专业技术人员7575人，占15.7%；职员10233人，占21.2%；技工/工人2438人，占5.0%；商贸人员9686人，占20.0%；服务员/推销员1817人，占3.8%；退休人员3754人，占7.8%；家庭妇女3008人，占6.2%；军人215人，占0.4%；学生3679人，占7.6%；其他人员3660人，占7.6%。

7. 按旅游目的分

在接受调查的入境游客中：观光游览的15175人，占31.4%；休闲度假的9889人，占20.4%；探亲访友的3728人，占7.7%；进行商务活动的10768人，占22.3%；参加会议的3262人，占6.7%；宗教朝拜的474人，占1.0%；文化/体育/科技交流的1676人，占3.5%；购物的1304人，占2.7%；医疗保健的390人，占0.8%；其他目的1693人，占3.5%。

8. 外国人按国别分

在接受调查的35586名外国人中：日本5007人，占14.1%；菲律宾408人，占1.1%；泰国973人，占2.7%；新加坡1824人，占5.1%；印度尼西亚429人，占1.2%；马来西亚1098人，占3.1%；韩国5708人，占16.0%；朝鲜306人，占0.9%；蒙古496人，占1.4%；印度643人，占1.8%；越南672人，占1.9%；英国1794人，占5.0%；法国1705人，占4.8%；德国1290人，占3.6%；西班牙396人，占1.1%；意大利654人，占1.8%；荷兰565人，占1.6%；瑞典414人，占1.2%；俄罗斯3161人，占8.9%；瑞士393人，占1.1%；美国2796人，占7.9%；加拿大1012人，占2.8%；澳大利亚896人，占2.5%；新西兰503人，占1.4%；其他2443人，占6.9%。

（二）入境游客在境内花费及构成情况

2014年入境过夜游客在境内人均天花费总水平比上年提高，其中，外国人、香港同胞、澳门同胞和台湾同胞的人均天花费均有不同程度增长。

入境过夜游客在境内人均天花费212.25美元/人天，比上年增长6.0%。其中：外国人227.63美元/人天，增长0.7%；香港同胞156.42美元/人天，增长10.1%；澳门同胞125.98美元/人天，增长8.0%；台湾同胞210.57美元/人天，增长3.1%。

入境过夜游客在境内人均花费945.19美元，比上年下降28.5%。其中：外国过夜游客人均花费1081.00美元，下降39.4%；香港同胞人均花费444.80美元，下降10.5%；澳门同胞人均花费426.48美元，下降8.6%；台湾同胞人均花费882.52美元，下降38.3%。

入境一日游游客在境内人均花费67.87美元，比上年增长5.6%。其中：外国游客人均花费73.62美元，增长11.3%；香港同胞人均花费53.06美元，下降4.2%；澳门同胞人均花费64.81美元，增长16.6%；台湾同胞人均花费80.44美元，增长3.0%。

入境过夜游客的花费构成情况是：长途交通费占总花费的37.5%，住宿费占13.3%，餐饮费占8.0%，游览费占4.8%，娱乐费占5.8%，购物费占18.7%，市内交通费占2.0%，邮电通信费占1.8%，其他费用占8.1%。与上年相比，过夜游客在长途交通、住宿、餐饮、邮电通信和其他费用等方面的支出比例有所增加，在游览、娱乐、购物等方面的支出比例有所减少，市内交通费用支出比例持平。

入境一日游游客花费的构成是：餐饮费占13.9%，游览费占16.0%，娱乐费占13.8%，购物费占33.4%，交通费占12.0%，邮电通信费占3.5%，其他费用占7.4%。与上年相比，一日游游客在餐饮、游览、娱乐、交通和邮电通信方面的支出比例有不同程度的增加，在购物和其他方面的支出比例有所减少。

在入境游客的花费中，不包括国际（地区）间交通费和境外旅行商（社）收取的劳务费。

（三）入境过夜游客在境内停留时间

2014年入境游客抽样调查结果显示：

1. 入境过夜游客在境内的停留时间为7.0天，较上年延长0.4天。其中，47.3%的游客在境内停留1~3天，30.8%的游客停留4~7天；外国人、台湾同胞停留时间较长，超过两成游客停留8天以上，分别占25.7%和20.6%；香港同胞和澳门同胞在境内的停留时间较短，停留1~3天的游客分别为74.0%和57.9%，停留8天以上的分别仅有7.4%和8.7%。

2. 从入境过夜游客的出游方式看，参加旅行团的团体游客在境内的停留时间短于散客。团体游客在境内平均停留5.7天，与上年持平；散客在境内平均停留7.4天，比上年延长0.6天。

3. 从入境过夜游客构成看，外国人平均停留7.8天，比上年缩短0.1天；香港同胞平均停留3.6天，比上年延长0.1天；澳门同胞平均停留4.3天，延长0.3天；台湾同胞平均停留6.9天，比上年缩短0.1天。

4. 在不同性别的入境过夜游客中，男性游客的平均停留时间长于女性游客平均停留时间，分别为7.1天和6.8天。

5. 在不同年龄段的入境过夜游客中，15~24岁的游客平均停留时间最长，为9.6天；其次是14岁及以下和65岁及以上的游客，分别停留8.8天和7.1天；25~44岁和45~64岁的游客平均停留时间相对较短，分别为6.5天和6.7天。

6. 在不同职业的入境过夜游客中，学生的平均停留时间最长，为11.8天；其次是专业技术人员、政府工作人员和退休人员，分别停留7.1天、7.0天、7.0天；职员、技工/工人、商贸人员、服务员/推销员和家庭妇女，停留时间分别为6.4天、4.8天、5.8天、4.9天和5.7天；军人停留时间最短，为4.1天。

7. 在不同旅游目的的入境过夜游客中，以文化/体育/科技交流为主要目的的平均停留时间最长，为11.9天；其次是以探亲访友、商务、医疗保健和观光游览为主要目的的平均停留时间较长，分别为8.3天、7.7天、6.5天和6.1天；以休闲度假、会议、宗教朝拜和购物为主要目的的停留时间较短，分别为5.7天、4.2天、4.5天和3.2天。

（四）入境游客来华（内地）次数

2014年入境游客来华（内地）次数的总体情况：

1. 入境游客以多次来华（内地）为主。入境4次以上的过夜游客占过夜游客比例为37.0%，比上年下降了7.3个百分点，一日游游客占比为43.2%，比上年下降了3.8个百分点；第一次来华（内地）旅游的过夜游客和一日游游客所占比例分别为28.8%和29.1%，分别比上年增加了3.8个百分点和10.6个百分点。

2. 初次来华（内地）的入境游客主要是团体游客，而数次来华（内地）的则以散客为主。调查中，团体游客第一次入境的占50.3%，比上年增加3.7个百分点；散客入境4次以上的占41.9%，减少7.5个百分点。

3. 在入境游客中，多次（4次以上）入境的外国游客比例相对较高，占32.0%；第2~3次入境的比例为34.1%，比首次入境的高0.2个百分点；在香港同胞中，多次（4次以上）入境的游客所占比例为55.2%，比首次游客高出42.8个百分点；在澳门同胞中，多次（4次以上）入境的游客所占比例仅为16.7%，第2~3次入境的游客所占比例为44.5%，比首次游客高5.7个百分点；在台湾同胞中，多次（4次以上）入境的游客所占比例为44.2%，比首次游客高24.4个百分点。

4. 从全国各省（区、市）的情况看，大部分省区接待首次来本地区的入境游客比例相对较高，而经济发达、交通便利的省市和部分边境口岸省区该比例相对较低。

（五）入境游客的行程

2014年，入境游客在境内的行程有以下特点：

1. 入境游客仍以短程为主。游览1~3座城市的游客占被调查者的89.4%，比上年增长0.5个百分点；游览4~6座城市和一次游览7座以上城市的游客分别占8.7%和1.9%。

2. 团体游客的平均行程普遍长于散客，团体游客游览4座以上城市的占20.6%，散客占7.6%。

3. 在入境游客中，外国人和台湾同胞的行程相对较长，一次游览4座以上城市的均超过10%；香港同胞和澳门同胞的行程相对较短，分别有97.1%和95.2%的游客一次只游览1~3座城市。

4. 在不同性别的游客中，男性游客的平均行程比女性游客稍短，一次游览1~3座城市的比例分别为89.3%和89.4%。

5. 在不同年龄段的入境游客中，25~44岁的游客平均行程最短，游览城市最少，一次游览1~3座城市的比例为91.6%；其次是45~64岁、15~24岁和14岁及以下的游客，一次游览1~3座城市的比例分别为88.0%、87.9%和87.9%；65岁及以上年龄段的游客平均行程最长，一次游览4座以上城市的比例达到18.9%。

6. 在不同职业的入境游客中，政府工作人员、退休人员和学生的平均行程普遍较长，一次游览4座以上城市的比例超过10.0%；专业技术人员、职员、技工/工人、商贸人员、服务员/推销员、家庭妇女和军人的平均行程普遍较短，一次游览1~3座城市的均超过90.0%。

7. 在不同旅游目的的入境游客中，以观光游览为主要目的游客的平均行程要长于其他旅游目的的游客，一次游览4座以上城市的占15.5%；而以购物为目的游客的平均行程较短，一次仅游览1~3座城市的达到98.5%。

（六）入境游客的流向

1. 入境游客出境后的流向

2014年入境游客抽样调查资料显示：（1）在入境外国游客中，到我国的"一国游游客"和以我国为最终旅游目的地的游客居于主要地位，84.3%的游客出境后返回各自的国家，较上年上升了1.2个百分点。其中，我国周边国家（韩国、蒙古、越南和俄罗斯等）的游客多数是只到我国旅游的"一国游游客"，比重超过九成；欧美、大洋洲和非洲等远程市场的入境游客，离境后前往其他国家或地区的比重较上年有所提高。（2）在入境外国游客出境后，除了直接返回客源地外，还有15.7%的游客前往其他国家或地区，这部分游客中28.1%的游客前往港澳特别行政区，比上年下降了9.4个百分点。（3）我国港澳台地区、东南亚以及印度等市场的游客，出境后直接返回来自国家（地区）的比重占81.4%，其余18.6%的游客继续前往其他国家（地区）。

2. 入境过夜游客在我国省（区、市）之间的流向

在这次全国各省（区、市）旅游住宿单位（含游船）抽样调查的34026名入境过夜游客中，有11116人不立即出境，还将前往我国其他地区游览。这些游客主要的流向有三个：第一，在所在的省（区、市）内继续游览，这部分游客所占的比重占在境内继续游览人数的30.9%，比上年提高2.2个百分点；第二，前往北京、上海旅游，在各省（区、市）接待的入境游客中，选择这一流向的占36.3%，比上年提高1.0个百分点，目的地选择趋于分散；第三，到中国经济比较发达和旅游资源较丰富的省（区、市），如继续前往辽宁、江苏、浙江、广东、四川和陕西等地区的游客比例相对较高，占在境内游览总人数的18.3%。

（七）入境过夜游客对住宿单位的选择

2014年入境过夜游客对住宿单位的选择是：选择宾馆饭店住宿的人天数占其总人天数的66.2%，比上年增加了16.1个百分点；选择公寓住宿的人天数占8.3%，比上年下降了7.8个百分点；在私人住所住宿的人天数占17.4%，比上年下降了10.5个百分点。此外，还有8.1%的入境过夜游客在车船或招待所等旅游住宿单位中住宿。

2014年对入境过夜游客选择住宿单位的调查表明：（1）入境过夜游客对住宿单位的选择主要是宾馆饭店，占被调查者的66.2%；其次是私人住所，占被调查者的17.4%。（2）澳门过夜游客选择宾馆饭店的比例高于外国人、香港和台湾同胞，为77.7%；外国人、香港和台湾同胞选择宾馆饭店的比例较其他住宿单位高，分别为66.6%、62.3%和63.7%。（3）在入境过夜游客中，团体游客选择宾馆饭店住宿的比例（89.4%）远高于散客（59.5%）；而散客选择公寓和私人住所住宿的比例（31.6%）远高于团体游客（4.8%）。

第二部分　分类数据

一、入境游客人均天花费及构成

1-1 2014年入境过夜游客人均天花费

		人均天花费	政府工作人员	专业技术人员	职员	技工/工人
全国	**合计**	**212.25**	**226.79**	**209.98**	**212.97**	**199.01**
	团体	196.93	205.40	200.20	190.04	210.31
	散客	216.98	239.13	211.65	219.12	197.13
外国人	小计	227.63	229.80	225.86	233.76	229.19
	团体	201.29	205.95	202.69	194.15	210.72
	散客	237.34	245.21	230.82	245.94	233.65
香港同胞	小计	156.42	226.60	150.22	147.82	129.74
	团体	159.82	203.21	152.59	165.76	205.22
	散客	156.04	233.91	150.13	145.99	128.57
澳门同胞	小计	125.98	109.83	115.61	129.52	175.06
	团体	147.65	151.67	179.58	145.58	171.54
	散客	119.97	104.25	98.92	125.28	176.46
台湾同胞	小计	210.57	257.90	213.64	205.21	211.49
	团体	197.25	210.19	206.78	191.87	223.09
	散客	214.19	285.51	214.45	209.68	209.35

（按外国人、港澳台胞、团体及散客、职业分组）

单位：美元/人天

商贸人员	服务员/推销员	退休人员	家庭妇女	军人	学生	其他
238.93	**189.91**	**190.05**	**201.96**	**180.03**	**170.25**	**235.02**
211.06	194.57	194.76	202.25	199.39	174.37	209.45
242.87	188.92	184.99	201.76	174.75	168.33	245.60
255.02	224.48	202.77	215.35	192.40	174.45	243.17
218.62	202.63	196.47	205.73	200.80	180.83	217.22
260.99	232.28	212.27	224.34	189.34	171.22	253.62
181.51	149.50	137.42	141.88	151.16	160.59	192.65
167.52	157.83	164.69	147.56	—	139.34	168.15
182.32	149.11	131.00	140.88	151.16	169.80	203.06
121.62	130.85	108.76	145.98	106.66	110.06	158.24
157.63	88.72	118.77	119.10	—	125.65	172.06
117.20	147.70	104.76	153.66	106.66	102.27	148.37
234.45	183.24	189.34	210.28	160.35	159.13	212.64
189.85	197.33	201.80	212.69	188.06	164.35	185.66
239.70	177.88	178.79	209.21	155.74	158.33	224.33

1－2 2014 年入境过夜游客人均天花费

		人均天花费	观光游览	休闲度假	探亲访友	商务
全国	**合计**	**212.25**	**207.88**	**206.67**	**161.46**	**226.80**
	团体	196.93	194.91	189.37	199.94	209.36
	散客	216.98	220.95	213.43	159.45	227.52
外国人	小计	227.63	213.51	231.44	184.96	236.69
	团体	201.29	198.38	193.95	204.15	217.05
	散客	237.34	230.05	254.67	183.61	237.55
香港同胞	小计	156.42	181.92	149.19	114.55	167.61
	团体	159.82	163.99	142.41	181.61	173.23
	散客	156.04	192.78	149.54	113.27	167.41
澳门同胞	小计	125.98	135.45	121.44	109.64	110.56
	团体	147.65	149.58	124.92	194.34	151.02
	散客	119.97	126.87	120.45	107.15	105.38
台湾同胞	小计	210.57	213.27	214.17	160.58	224.10
	团体	197.25	201.04	180.38	187.52	187.64
	散客	214.19	226.25	222.61	159.40	224.69

（按外国人、港澳台胞、团体及散客、旅游目的分组）

单位：美元/人天

会议	宗教朝拜	文化/体育/科技交流	购物	医疗保健	其他
245.90	**213.65**	**231.91**	**254.94**	**231.62**	**212.15**
205.96	205.59	178.34	235.69	218.66	198.20
251.18	216.64	240.47	265.95	235.58	214.43
276.32	251.20	244.27	291.07	238.67	213.69
210.01	203.78	192.61	237.83	218.66	199.77
289.13	266.17	252.38	339.98	248.45	216.11
181.16	178.41	186.01	143.30	214.51	228.30
185.59	—	108.82	122.08	—	176.00
181.04	178.41	201.02	143.74	214.51	234.84
129.49	140.77	146.26	129.27	131.64	148.81
80.30	94.51	194.34	194.34	—	188.50
131.54	150.02	131.84	96.74	131.64	131.81
238.52	210.74	220.87	269.45	221.14	197.15
195.96	219.14	143.92	190.02	—	—
241.23	198.15	228.32	280.80	221.14	197.15

1－3　2014年入境过夜游客人均天花费

		人均天花费	男性	女性
全　国	**合计**	**212.25**	**216.02**	**206.14**
	团体	196.93	199.70	194.20
	散客	216.98	219.84	211.54
外国人	小计	227.63	232.35	219.93
	团体	201.29	203.88	198.74
	散客	237.34	240.20	231.66
香港同胞	小计	156.42	155.87	157.35
	团体	159.82	163.18	156.98
	散客	156.04	155.29	157.42
澳门同胞	小计	125.98	124.52	127.50
	团体	147.65	155.68	140.79
	散客	119.97	116.93	123.31
台湾同胞	小计	210.57	212.71	207.11
	团体	197.25	197.25	197.26
	散客	214.19	216.15	210.67

（按外国人、港澳台胞、团体及散客、性别、年龄分组）

单位：美元/人天

14岁及以下	15～24岁	25～44岁	45～64岁	65岁及以上
175.23	**180.03**	**214.74**	**223.21**	**201.13**
201.66	181.63	198.72	199.68	202.10
164.53	179.39	218.06	232.01	200.30
179.23	187.44	234.52	238.22	205.69
203.74	190.35	203.16	202.79	204.95
167.69	186.05	242.26	253.78	206.48
163.97	157.34	150.54	165.80	168.64
—	131.44	172.76	167.71	152.15
163.97	163.21	149.14	165.50	172.53
85.84	109.54	131.16	125.61	133.82
—	123.60	155.37	147.59	176.58
85.84	103.91	124.68	120.11	121.60
183.20	183.57	208.46	219.41	206.49
168.42	172.25	191.13	204.51	199.84
190.59	185.60	211.99	224.33	210.12

1-4 2014年外国过夜游客人均天花费

	人均天花费	政府工作人员	专业技术人员	职员	技工/工人	商贸人员
日本	239.62	249.37	247.87	246.47	198.83	264.68
菲律宾	204.18	194.47	205.45	219.89	233.41	242.56
泰国	247.57	210.92	237.87	245.03	320.72	271.10
新加坡	245.82	257.90	247.44	247.59	341.46	264.19
印度尼西亚	250.95	230.34	209.35	235.67	288.29	306.22
马来西亚	243.12	267.05	222.16	230.91	214.04	280.00
韩国	221.15	246.99	212.73	239.51	180.44	236.25
朝鲜	179.22	211.88	240.51	202.72	239.73	167.85
蒙古	319.24	316.17	265.52	255.47	279.08	372.77
印度	212.10	272.75	215.27	194.38	241.72	194.94
越南	186.21	416.02	137.07	196.82	200.23	274.49
缅甸	263.37	162.97	188.49	156.46	474.32	368.13
哈萨克斯坦	203.71	454.23	262.93	294.35	180.46	210.95
英国	211.35	199.07	211.19	216.51	189.09	272.59
法国	223.48	333.76	211.23	234.23	165.75	255.52
德国	215.93	215.72	244.82	194.56	82.42	271.81
西班牙	227.86	105.53	247.31	190.01	—	254.15
意大利	232.74	168.49	224.97	225.95	320.08	272.27
荷兰	235.71	198.82	249.35	190.91	207.56	290.89
瑞典	203.94	209.88	215.71	179.60	257.79	192.94
俄罗斯	219.54	209.64	237.31	207.01	221.99	243.72
瑞士	220.60	249.15	226.52	161.91	270.43	265.24
乌克兰	256.65	131.68	237.49	231.24	322.95	235.34
美国	205.26	207.73	213.73	242.51	241.57	232.56
加拿大	230.53	253.38	244.57	245.06	171.98	314.94
澳大利亚	235.70	248.36	238.54	259.84	359.02	270.46
新西兰	245.66	185.67	230.46	288.92	225.73	245.13
非洲国家	250.94	204.32	244.31	179.76	—	258.34
中南美洲国家	226.23	176.89	286.44	222.01	—	309.60
其他国家	217.50	213.26	179.12	244.79	311.97	225.54

（按国别、职业分组）

单位：美元/人天

服务员/推销员	退休人员	家庭妇女	军人	学生	其他
272.70	234.68	221.28	310.37	165.58	217.71
114.12	142.47	177.88	—	163.19	208.01
201.19	207.61	202.12	251.14	181.86	315.99
214.91	168.59	298.29	123.06	204.91	282.22
—	231.12	230.93	91.72	183.18	278.31
207.57	210.15	215.79	302.41	241.83	266.65
192.31	212.71	199.09	327.57	177.52	247.52
133.43	310.37	79.48	91.72	123.59	191.94
377.80	278.68	300.40	320.48	167.11	358.77
207.70	263.25	206.78	209.65	147.86	267.41
230.61	80.27	158.70	—	110.97	168.55
—	146.36	168.14	—	158.73	308.51
368.15	285.64	111.70	—	71.69	93.32
221.20	151.39	261.00	—	188.95	198.63
201.23	202.16	293.72	223.52	167.32	252.63
182.30	99.98	164.09	224.42	157.73	182.35
157.29	149.97	201.42	—	232.10	252.51
249.45	206.85	149.61	260.75	183.87	279.91
231.19	307.34	236.70	—	178.99	270.75
358.14	227.77	56.97	131.68	210.01	242.01
191.95	201.70	222.12	222.38	187.43	256.55
159.71	158.55	146.46	—	139.04	317.41
296.12	131.40	207.08	65.73	321.16	281.83
227.01	186.81	189.53	—	152.49	184.20
250.05	218.70	161.98	57.23	171.05	154.24
136.97	195.97	268.83	—	196.68	206.83
278.29	242.01	225.77	—	162.88	276.16
—	483.72	394.72	—	134.86	385.30
298.96	328.72	116.20	—	185.53	134.54
200.90	160.21	234.65	—	171.74	234.22

1－5　2014年外国过夜游客人均天花费

	人均天花费	观光游览	休闲度假	探亲访友	商　务
日　　本	239.62	213.28	248.83	220.89	245.33
菲律宾	204.18	191.90	200.97	187.40	187.29
泰　　国	247.57	241.58	269.10	215.79	228.01
新加坡	245.82	239.32	293.02	201.39	259.91
印度尼西亚	250.95	292.18	230.89	215.08	245.64
马来西亚	243.12	240.49	228.70	183.93	275.92
韩　　国	221.15	202.18	242.91	175.38	222.89
朝　　鲜	179.22	216.56	206.15	122.33	190.50
蒙　　古	319.24	199.96	283.08	113.95	351.68
印　　度	212.10	253.88	177.10	212.19	195.26
越　　南	186.21	224.21	230.40	73.99	226.20
缅　　甸	263.37	259.72	271.41	107.60	311.14
哈萨克斯坦	203.71	172.98	232.11	107.90	271.15
英　　国	211.35	209.09	225.11	176.67	218.79
法　　国	223.48	191.69	245.47	186.61	224.74
德　　国	215.93	196.88	178.18	118.06	237.38
西班牙	227.86	215.90	221.30	154.20	278.39
意大利	232.74	243.13	242.55	147.82	232.25
荷　　兰	235.71	237.14	219.84	143.59	272.36
瑞　　典	203.94	197.91	227.43	45.88	168.94
俄罗斯	219.54	208.42	199.03	236.04	262.63
瑞　　士	220.60	231.52	216.92	166.00	211.01
乌克兰	256.65	210.44	232.15	265.28	294.79
美　　国	205.26	205.40	219.11	170.51	208.57
加拿大	230.53	225.25	221.30	220.21	241.35
澳大利亚	235.70	216.50	193.44	226.82	253.71
新西兰	245.66	243.34	235.65	181.69	277.01
非洲国家	250.94	199.03	287.72	269.99	244.66
中南美洲国家	226.23	218.08	241.75	194.19	261.30
其他国家	217.50	181.23	257.23	160.72	245.22

（按国别、旅游目的分组）

单位：美元/人天

会议	宗教朝拜	文化/体育/科技交流	购物	医疗保健	其他
238.12	425.94	323.08	344.32	362.19	145.87
306.94	167.28	267.88	309.03	235.85	164.90
281.39	259.87	196.59	191.50	189.41	293.10
251.28	267.34	236.49	166.41	—	161.86
274.25	—	244.77	—	393.09	228.66
280.64	—	129.15	219.80	455.98	278.65
305.50	125.96	222.12	340.77	315.11	226.89
192.26	—	111.08	91.72	62.24	168.15
388.29	—	363.24	380.06	322.00	275.74
262.63	—	179.87	—	109.74	252.32
—	43.95	158.22	130.02	61.75	258.93
366.09	—	188.49	—	483.72	275.03
330.30	—	—	—	135.72	—
212.41	—	209.47	—	214.07	196.22
344.18	322.99	237.94	398.64	71.41	190.81
318.59	—	305.79	—	224.62	111.84
247.89	299.18	228.65	332.16	—	243.55
340.24	167.72	250.57	91.17	310.10	205.61
299.89	319.91	332.52	144.44	—	98.02
330.82	—	215.53	—	—	275.20
222.60	154.67	240.35	235.28	216.53	208.31
185.40	—	286.89	—	—	348.04
444.95	—	483.72	335.43	—	280.26
253.83	—	209.07	362.12	105.22	180.67
329.54	168.70	229.85	278.10	296.23	116.75
344.18	138.69	338.79	298.09	—	217.49
297.22	—	196.33	—	173.72	280.78
209.65	—	183.58	400.58	—	281.67
81.95	—	222.91	—	—	142.95
222.12	—	140.02	181.06	—	240.59

1-6 2014年外国过夜游客人均天花费

（按国别、性别、年龄分组）

单位：美元/人天

	人均天花费	男性	女性	14岁及以下	15~24岁	25~44岁	45~64岁	65岁及以上
日本	239.62	241.03	235.98	222.18	179.81	238.08	258.25	223.38
菲律宾	204.18	217.45	180.85	221.77	159.60	217.48	202.88	291.69
泰国	247.57	254.32	239.42	43.68	209.77	254.29	270.15	221.38
新加坡	245.82	232.26	257.60	—	233.62	256.14	240.42	208.54
印尼	250.95	259.94	235.76	—	149.08	257.13	255.93	361.79
马来西亚	243.12	252.44	231.38	—	204.66	250.99	238.44	251.01
韩国	221.15	227.66	208.40	193.33	188.68	226.62	228.33	205.12
朝鲜	179.22	162.08	198.93	—	122.83	188.84	195.31	286.22
蒙古	319.24	311.82	324.91	—	222.23	328.06	336.10	273.10
印度	212.10	212.84	209.13	246.86	137.84	215.50	214.62	254.10
越南	186.21	200.02	161.67	—	97.35	199.65	170.89	299.55
缅甸	263.37	280.76	239.35	245.21	101.36	287.11	265.75	283.57
哈萨克斯坦	203.71	203.17	204.77	317.74	61.30	242.04	227.01	179.35
英国	211.35	215.80	204.95	134.60	179.48	228.00	210.32	179.53
法国	223.48	239.86	195.54	83.30	167.00	223.22	256.63	228.18
德国	215.93	229.21	189.35	—	149.75	240.08	204.98	175.38
西班牙	227.86	261.79	171.75	—	207.97	215.82	263.27	—
意大利	232.74	245.67	201.71	—	182.44	231.44	261.59	172.23
荷兰	235.71	252.37	206.32	—	179.86	220.10	283.51	253.57
瑞典	203.94	198.21	214.31	—	172.13	214.92	165.07	414.56
俄罗斯	219.54	232.10	206.39	152.31	214.99	216.99	234.68	202.87
瑞士	220.60	233.03	196.82	—	215.99	214.43	240.68	157.58
乌克兰	256.65	265.64	236.32	—	87.76	282.72	249.32	171.06
美国	205.26	208.85	199.29	182.33	157.68	227.41	212.33	153.35
加拿大	230.53	231.92	229.10	—	179.68	245.30	238.22	195.09
澳大利亚	235.70	229.56	248.87	203.87	245.27	245.74	225.11	219.67
新西兰	245.66	255.78	231.77	—	200.47	251.35	265.27	180.59
非洲国家	250.94	253.09	245.60	—	198.41	276.73	236.60	—
中南美洲国家	226.23	267.70	160.56	288.06	142.32	222.97	299.29	173.72
其他国家	217.50	225.21	200.31	105.89	220.06	211.90	241.91	163.26

1－7　2014年入境过夜游客在各省(区、市)人均天花费
(按团体及散客、外国人及港澳台胞分组)

单位：美元/人天

		人均天花费	外国人	香港同胞	澳门同胞	台湾同胞
北　京	小计	254.23	257.90	242.22	255.32	202.08
	团体	232.48	237.25	204.09	274.82	156.44
	散客	271.26	274.60	256.51	240.69	243.15
天　津	小计	213.77	214.40	222.37	199.46	205.15
	团体	212.89	216.54	214.24	232.33	178.75
	散客	214.22	213.29	224.91	187.72	226.52
河　北	小计	168.30	161.76	205.00	187.51	194.36
	团体	144.25	133.96	239.63	187.45	188.27
	散客	180.88	177.29	196.12	187.54	197.31
山　西	小计	175.24	179.34	160.84	133.88	159.74
	团体	173.43	179.16	153.76	85.97	159.20
	散客	177.43	179.56	168.25	178.11	160.32
内蒙古	小计	196.24	196.75	185.07	198.03	200.40
	团体	193.26	201.85	157.08	144.80	143.08
	散客	197.96	193.91	202.75	233.52	250.07
辽　宁	小计	208.28	205.96	232.45	222.74	213.86
	团体	205.33	202.19	235.17	224.30	205.04
	散客	211.11	209.13	229.39	218.37	241.45
吉　林	小计	179.58	173.34	239.46	215.60	197.78
	团体	177.74	170.94	249.07	218.82	203.68
	散客	182.42	177.17	224.61	215.06	184.68
黑龙江	小计	196.61	201.49	211.69	291.83	160.44
	团体	193.62	203.15	199.67	293.48	156.52
	散客	201.80	199.15	226.91	288.52	233.41
上　海	小计	268.70	263.46	299.52	281.61	297.79
	团体	210.81	205.75	249.56	343.73	256.18
	散客	276.43	271.98	302.19	275.59	300.56

1-7(续1)　　　　单位：美元/人天

		人均天花　费	外国人	香港同胞	澳门同胞	台湾同胞
江　苏	小计	229.36	229.52	229.35	219.02	229.97
	团体	227.44	227.88	218.89	228.59	228.43
	散客	229.94	230.00	231.11	214.23	230.61
浙　江	小计	216.90	218.75	206.52	217.04	211.88
	团体	200.99	210.17	168.99	146.62	176.09
	散客	221.35	221.05	217.41	233.80	228.14
安　徽	小计	193.44	193.99	188.11	181.86	191.51
	团体	204.04	206.24	178.77	181.45	195.78
	散客	186.26	185.95	193.59	182.31	186.52
福　建	小计	198.55	206.22	211.70	178.78	176.30
	团体	182.73	183.27	228.26	149.14	157.23
	散客	206.55	215.15	201.29	188.39	191.56
江　西	小计	169.44	167.65	170.23	176.90	171.74
	团体	164.24	162.54	166.23	172.28	165.38
	散客	174.02	172.32	172.79	180.13	179.35
山　东	小计	204.86	209.95	199.95	169.93	190.15
	团体	186.85	191.59	174.48	138.53	188.67
	散客	214.51	219.25	216.67	184.28	191.09
河　南	小计	160.21	168.63	134.45	167.43	131.22
	团体	161.26	171.52	126.41	177.14	126.65
	散客	157.57	160.94	153.67	154.19	142.24
湖　北	小计	192.34	199.33	187.31	153.36	185.88
	团体	184.08	182.95	199.37	124.48	201.63
	散客	199.00	214.26	180.38	193.54	175.93
湖　南	小计	193.60	195.77	185.41	149.80	182.93
	团体	195.84	198.76	181.04	129.64	142.88
	散客	188.99	188.13	188.11	162.84	204.92
广　东	小计	176.40	186.83	159.91	143.58	184.51
	团体	188.66	199.08	166.86	145.16	189.86
	散客	174.20	184.31	159.25	143.21	182.97
广　西	小计	189.74	197.21	183.05	165.62	180.76
	团体	189.37	207.13	183.97	144.83	175.77
	散客	190.01	191.95	182.07	189.27	188.58

1 -7(续2)　　单位：美元/人天

		人均天花费	外国人	香港同胞	澳门同胞	台湾同胞
海　南	小计	179.59	181.72	162.45	171.87	179.99
	团体	178.35	182.52	132.32	132.62	185.98
	散客	180.45	181.11	172.68	191.50	176.64
重　庆	小计	190.19	199.30	174.95	174.15	153.78
	团体	184.42	202.91	179.22	144.03	67.78
	散客	195.23	196.06	171.76	202.59	228.04
四　川	小计	185.59	187.70	186.81	183.97	173.80
	团体	182.31	186.95	171.99	177.97	169.60
	散客	189.26	188.45	208.37	192.38	179.89
贵　州	小计	180.65	208.16	157.70	148.45	147.06
	团体	192.24	248.70	150.43	134.48	136.13
	散客	161.19	152.71	170.70	171.74	175.59
云　南	小计	203.05	203.12	190.24	212.07	218.45
	团体	192.15	195.90	154.65	189.38	229.86
	散客	208.62	206.75	218.90	218.80	213.80
西　藏	小计	197.67	198.62	189.82	191.97	189.89
	团体	191.75	194.42	167.15	165.32	171.71
	散客	225.70	220.85	257.82	254.18	231.46
陕　西	小计	188.14	195.15	137.05	106.26	169.83
	团体	185.69	196.90	89.29	103.80	134.67
	散客	192.26	192.00	194.94	114.12	201.65
甘　肃	小计	160.40	160.69	168.66	158.00	152.15
	团体	161.02	163.65	177.00	147.38	143.06
	散客	159.43	155.86	158.28	176.37	165.64
青　海	小计	159.19	151.08	215.97	161.72	170.79
	团体	166.58	158.82	217.42	93.49	172.85
	散客	146.48	138.91	211.25	229.96	165.44
宁　夏	小计	166.11	164.23	178.05	98.54	217.04
	团体	183.75	181.24	296.55	41.21	—
	散客	159.75	157.78	118.80	127.21	217.04
新　疆	小计	176.49	176.69	171.88	196.31	168.96
	团体	172.30	175.55	164.03	151.08	149.55
	散客	179.05	177.35	182.68	241.55	180.05

1-8 2014年入境过夜游客在各省(区、市)

		人均天花费	政府工作人员	专业技术人员	职员	技工/工人
北京	小计	254.23	255.97	266.60	256.04	245.74
	团体	232.48	197.77	250.61	234.38	222.90
	散客	271.26	270.11	273.67	272.64	261.26
天津	小计	213.77	212.14	212.75	218.77	219.20
	团体	212.89	219.55	212.23	219.33	212.51
	散客	214.22	210.66	213.04	218.59	222.92
河北	小计	168.30	170.27	185.70	184.50	152.28
	团体	144.25	145.89	144.76	164.57	123.16
	散客	180.88	183.00	199.11	194.00	175.58
山西	小计	175.24	184.78	171.70	166.43	203.60
	团体	173.43	172.64	173.45	152.46	192.10
	散客	177.43	205.92	169.13	184.36	213.18
内蒙古	小计	196.24	194.93	202.54	226.12	209.16
	团体	193.26	211.33	221.81	217.19	252.37
	散客	197.96	187.90	202.11	228.40	206.62
辽宁	小计	208.28	229.13	213.11	198.62	198.94
	团体	205.33	200.33	213.79	193.18	199.02
	散客	211.11	266.78	212.47	206.91	198.83
吉林	小计	179.58	178.20	183.90	182.26	147.99
	团体	177.74	171.71	188.66	179.41	144.25
	散客	182.42	182.61	178.06	187.62	152.04
黑龙江	小计	196.61	220.69	228.92	193.91	175.29
	团体	193.62	195.23	212.03	206.27	192.76
	散客	201.80	237.16	241.75	168.02	118.52
上海	小计	268.70	303.08	273.78	260.98	264.68
	团体	210.81	293.98	207.37	210.64	172.69
	散客	276.43	305.03	277.68	264.84	292.68
江苏	小计	229.36	231.10	229.78	227.14	224.42
	团体	227.44	228.17	227.05	227.78	228.38
	散客	229.94	231.74	230.14	226.94	223.15

人均天花费(按团体及散客、职业分组)

单位：美元/人天

商贸人员	服务员/推销员	退休人员	家庭妇女	军人	学生	其他
275.93	226.00	243.42	238.16	268.40	216.81	246.09
248.39	234.36	233.33	225.41	270.70	204.27	247.13
284.43	218.14	279.81	262.60	263.80	244.30	244.85
216.96	216.27	208.05	195.82	198.91	207.33	204.42
225.28	221.56	210.81	199.92	201.39	200.51	202.01
214.98	210.99	200.95	188.66	195.19	215.12	205.86
171.04	144.61	149.00	157.05	130.86	153.32	168.32
172.56	120.67	156.36	132.91	99.51	137.77	117.52
170.66	168.55	137.45	183.31	151.76	166.75	181.02
179.07	195.08	219.21	181.47	184.21	125.08	168.02
177.87	164.15	225.36	187.59	185.55	128.10	166.11
180.23	233.15	203.65	160.06	178.86	123.43	169.15
199.10	169.94	172.51	181.59	240.83	176.40	177.73
199.38	163.42	143.05	169.23	—	172.56	131.79
198.62	170.87	183.11	183.08	240.83	178.83	186.62
214.31	227.81	200.23	196.62	177.60	211.42	212.50
218.37	239.65	229.10	187.11	256.84	198.27	200.94
212.88	210.04	161.75	205.44	151.18	222.15	220.32
194.06	172.38	171.71	184.25	—	144.51	191.83
188.90	144.98	181.78	192.65	—	136.51	184.33
198.39	193.69	148.56	135.24	—	159.37	215.94
214.99	220.80	165.80	203.45	221.34	182.70	186.40
214.91	219.10	167.50	185.00	233.02	199.38	193.85
215.02	231.84	155.39	242.10	209.66	110.82	170.67
286.71	302.59	235.92	262.14	226.64	266.24	248.84
249.32	241.02	186.58	186.30	293.98	210.95	230.99
288.30	322.29	268.53	300.06	204.19	279.34	254.12
230.58	235.62	223.95	229.63	241.08	230.59	233.25
227.20	228.65	227.16	228.70	223.51	225.64	228.64
230.93	237.71	220.01	230.44	245.48	234.89	234.50

1－8(续1)

			人均天花费	政府工作人员	专业技术人员	职员	技工/工人
浙	江	小计	216.90	222.59	226.37	219.84	217.22
		团体	200.99	202.82	221.98	212.20	170.13
		散客	221.35	235.24	227.17	221.69	219.74
安	徽	小计	193.44	201.73	187.08	196.48	187.57
		团体	204.04	201.01	206.52	205.47	203.57
		散客	186.26	202.47	180.00	189.76	174.67
福	建	小计	198.55	192.65	212.97	199.23	138.01
		团体	182.73	158.27	199.85	185.41	193.04
		散客	206.55	213.28	218.06	204.43	115.35
江	西	小计	169.44	174.21	171.62	164.86	194.71
		团体	164.24	158.76	162.41	163.18	171.79
		散客	174.02	182.70	174.70	167.20	209.29
山	东	小计	204.86	180.42	206.13	210.12	195.28
		团体	186.85	189.21	194.68	179.87	174.96
		散客	214.51	170.16	209.85	222.56	201.88
河	南	小计	160.21	170.51	155.19	151.78	165.48
		团体	161.26	173.94	160.82	152.16	158.99
		散客	157.57	164.18	145.46	150.63	181.45
湖	北	小计	192.34	194.64	215.24	193.56	190.61
		团体	184.08	188.33	188.58	186.50	177.78
		散客	199.00	212.42	226.05	198.03	196.78
湖	南	小计	193.60	208.58	193.31	195.73	191.10
		团体	195.84	210.16	199.91	194.63	193.02
		散客	188.99	203.08	181.23	198.43	178.00
广	东	小计	176.40	188.39	182.05	176.69	172.67
		团体	188.66	206.82	195.37	187.63	176.99
		散客	174.20	170.81	180.55	175.09	172.18
广	西	小计	189.74	192.06	193.06	194.41	165.48
		团体	189.37	198.39	186.19	190.44	189.52
		散客	190.01	181.76	198.81	197.31	148.31
海	南	小计	179.59	125.84	173.20	194.80	161.72
		团体	178.35	168.17	187.30	186.26	174.59
		散客	180.45	107.22	165.18	199.80	153.14

单位：美元/人天

商贸人员	服务员/推销员	退休人员	家庭妇女	军人	学生	其他
216.01	219.03	203.95	217.55	149.15	188.35	224.76
205.24	184.73	202.82	200.65	123.16	164.23	189.23
217.51	229.67	205.66	225.43	166.49	204.76	243.30
191.46	203.18	200.51	202.43	224.41	186.41	194.50
204.62	202.78	203.64	203.27	195.41	198.25	202.84
187.61	203.81	190.40	199.88	282.41	160.37	189.04
211.11	213.38	169.39	193.13	223.06	195.33	204.56
197.30	186.77	166.80	187.28	178.63	170.27	180.00
214.81	230.31	173.79	199.87	245.28	207.85	219.19
163.75	166.41	170.90	159.26	171.33	165.81	181.32
168.00	164.85	163.49	158.93	160.25	165.22	165.80
161.16	169.75	188.82	159.80	176.88	166.48	192.26
217.28	203.07	178.15	196.10	139.04	197.34	228.14
206.13	181.33	174.44	179.38	—	186.41	233.84
219.99	213.95	186.61	213.12	139.04	213.43	224.89
174.25	154.03	178.74	159.58	196.25	121.08	155.30
172.53	152.60	178.83	163.51	198.63	129.12	166.75
177.83	160.34	178.36	73.16	187.92	51.40	127.84
193.95	211.61	189.82	187.25	201.75	164.93	189.05
182.78	175.87	184.12	179.49	201.75	185.15	179.96
201.15	247.34	207.09	196.77	—	155.49	195.60
186.12	179.47	194.17	200.46	177.53	192.68	195.32
187.85	186.29	199.06	203.58	206.73	164.76	191.74
184.59	151.31	170.33	185.44	60.73	222.35	197.70
178.31	174.83	163.48	174.41	192.16	157.44	176.78
189.40	167.36	176.49	180.42	200.35	169.40	198.69
177.44	175.81	158.71	172.12	190.38	154.17	173.63
193.53	182.01	181.12	184.50	—	156.82	205.55
215.25	208.07	190.03	191.90	—	152.41	180.92
184.23	168.98	162.82	177.74	—	161.23	216.29
181.22	186.72	179.31	181.85	247.90	155.83	174.79
184.16	189.00	173.98	161.17	191.91	158.67	178.64
179.81	183.60	182.84	207.13	289.90	153.32	169.85

1-8(续2)

		人均天花费	政府工作人员	专业技术人员	职员	技工/工人
重庆	小计	190.19	180.13	195.18	173.81	157.55
	团体	184.42	174.42	184.24	174.35	208.20
	散客	195.23	187.74	199.75	173.60	140.66
四川	小计	185.59	185.48	178.46	187.68	194.69
	团体	182.31	187.96	183.47	187.69	203.14
	散客	189.26	175.41	175.57	187.68	191.48
贵州	小计	180.65	198.88	167.82	182.59	199.06
	团体	192.24	200.78	178.27	188.84	223.66
	散客	161.19	194.72	146.16	171.81	164.40
云南	小计	203.05	216.03	207.07	201.44	213.09
	团体	192.15	233.02	199.29	204.36	185.43
	散客	208.62	210.09	213.94	199.61	221.74
西藏	小计	197.67	191.40	196.14	196.48	197.83
	团体	191.75	188.72	191.11	191.72	191.58
	散客	225.70	200.34	235.07	231.57	223.13
陕西	小计	188.14	176.13	178.81	193.92	194.52
	团体	185.69	173.53	182.75	187.76	194.41
	散客	192.26	185.86	175.70	202.06	194.62
甘肃	小计	160.40	164.25	167.63	155.45	168.16
	团体	161.02	168.61	162.06	155.19	148.33
	散客	159.43	159.22	173.49	155.92	177.18
青海	小计	159.19	143.55	152.29	159.41	145.08
	团体	166.58	132.93	160.59	171.67	145.08
	散客	146.48	163.28	138.60	141.49	—
宁夏	小计	166.11	116.71	160.92	182.26	187.17
	团体	183.75	137.09	194.92	186.21	189.63
	散客	159.75	114.16	143.18	181.01	185.64
新疆	小计	176.49	183.06	183.08	184.30	183.17
	团体	172.30	175.55	174.05	171.90	172.94
	散客	179.05	199.02	197.96	193.73	187.00

单位：美元/人天

商贸人员	服务员/推销员	退休人员	家庭妇女	军人	学生	其他
182.68	200.50	160.68	152.51	92.45	206.03	232.17
159.79	198.52	162.44	167.45	92.45	174.99	232.66
193.33	204.85	150.67	112.67	—	229.91	231.56
187.76	179.41	185.31	195.38	224.31	182.53	176.44
176.93	167.28	182.51	198.46	223.39	169.06	164.70
194.13	198.64	194.72	189.28	225.62	204.82	192.18
160.77	185.88	184.54	177.45	226.17	161.37	175.87
174.68	177.44	193.56	178.93	226.17	195.44	196.24
155.50	211.20	141.70	172.26	—	128.92	135.14
211.45	216.46	179.97	184.32	—	195.63	186.75
188.11	192.76	173.07	165.16	—	173.47	171.11
217.33	220.20	186.58	193.89	—	209.87	192.06
197.63	198.86	203.77	199.00	197.60	201.81	194.42
191.25	192.44	194.42	191.20	184.92	194.42	194.42
227.86	217.33	243.06	214.61	235.62	249.86	—
194.42	207.38	185.56	176.78	221.51	197.91	182.50
185.02	199.68	182.91	179.94	221.51	200.66	181.99
203.17	217.50	198.21	163.46	—	184.93	183.47
169.35	178.74	158.16	149.72	100.83	151.49	155.23
169.77	166.98	158.04	160.86	—	154.18	164.04
168.38	200.30	158.87	112.14	100.83	149.34	147.97
180.26	148.13	156.30	176.21	117.01	174.73	135.83
187.29	127.25	170.96	179.77	117.01	171.27	145.94
168.74	169.01	112.32	167.32	—	186.84	126.20
185.47	239.91	123.91	251.76	146.91	130.83	142.41
187.11	—	—	—	—	156.11	157.70
184.89	239.91	123.91	251.76	146.91	80.27	134.77
163.86	169.87	160.57	159.57	129.19	145.94	162.85
175.55	164.84	165.85	162.20	175.55	175.55	175.55
162.34	172.38	157.53	158.47	117.60	144.53	151.97

1-9 2014年入境过夜游客在各省(区、市)

		人均天花费	观光游览	休闲度假	探亲访友	商务
北京	小计	254.23	234.45	252.85	235.82	270.70
	团体	232.48	224.53	246.72	264.55	229.93
	散客	271.26	271.16	259.17	229.52	277.96
天津	小计	213.77	214.19	213.23	217.39	213.10
	团体	212.89	208.89	225.07	210.54	204.84
	散客	214.22	219.84	206.18	219.10	215.12
河北	小计	168.30	175.08	137.52	179.65	184.39
	团体	144.25	154.74	128.47	165.35	174.09
	散客	180.88	202.01	149.39	182.30	185.14
山西	小计	175.24	174.71	157.23	206.87	191.02
	团体	173.43	169.03	169.54	199.06	193.79
	散客	177.43	183.91	142.36	215.12	189.71
内蒙古	小计	196.24	187.64	205.77	194.69	175.52
	团体	193.26	164.00	166.09	277.44	221.93
	散客	197.96	201.94	217.68	187.80	173.76
辽宁	小计	208.28	217.42	207.02	205.88	197.16
	团体	205.33	212.92	195.85	199.92	215.01
	散客	211.11	231.05	235.20	212.75	194.19
吉林	小计	179.58	173.15	185.81	189.22	193.17
	团体	177.74	175.31	186.75	212.05	179.89
	散客	182.42	164.05	174.43	185.80	197.33
黑龙江	小计	196.61	184.16	183.30	227.10	240.31
	团体	193.62	187.91	202.78	142.53	228.26
	散客	201.80	168.34	147.63	232.07	243.60
上海	小计	268.70	258.64	277.35	286.20	261.96
	团体	210.81	206.63	195.45	164.66	231.45
	散客	276.43	286.79	291.92	290.83	262.78
江苏	小计	229.36	229.95	228.64	225.43	227.10
	团体	227.44	227.61	227.52	226.35	225.96
	散客	229.94	233.01	229.20	225.29	227.14

人均天花费(按团体及散客、旅游目的分组)

单位：美元/人天

会议	宗教朝拜	文化/体育/科技交流	购物	医疗保健	其他
283.65	228.54	226.86	325.86	290.12	259.42
270.27	205.94	175.10	340.03	403.21	251.55
284.39	288.80	263.83	303.81	233.57	262.19
213.55	210.43	207.99	227.36	212.74	208.94
215.23	202.81	204.54	228.87	218.27	217.20
213.28	225.69	211.24	226.02	205.35	191.04
180.96	137.11	193.88	174.10	223.55	153.00
158.29	119.20	107.56	144.63	—	152.25
183.68	155.01	210.58	183.92	223.55	153.09
182.68	190.91	234.17	190.35	210.79	194.28
176.03	160.97	214.08	214.70	—	152.35
187.34	210.15	252.03	165.99	210.79	208.26
219.67	275.08	240.39	199.58	217.19	171.45
215.64	—	252.37	199.37	—	—
220.22	275.08	238.39	200.10	217.19	171.45
235.92	234.33	224.07	248.39	126.16	229.76
227.83	234.33	207.56	194.66	163.16	223.86
237.89	—	225.77	261.82	121.23	231.02
168.82	144.93	164.16	212.04	207.43	220.44
—	114.75	146.63	222.21	206.01	175.20
168.82	169.08	173.73	171.33	213.08	252.11
242.36	—	137.79	212.01	141.65	238.33
251.18	—	125.57	212.01	141.65	184.70
240.04	—	154.09	—	—	318.78
287.88	—	253.01	300.66	307.88	234.71
246.14	—	225.08	267.48	101.79	274.47
289.57	—	259.29	306.19	349.09	220.06
234.68	223.53	233.56	234.12	208.14	228.85
225.96	229.19	226.58	229.06	—	—
235.31	215.03	234.70	246.78	208.14	228.85

1-9(续1)

		人均天花费	观光游览	休闲度假	探亲访友	商务
浙江	小计	216.90	222.33	206.57	231.83	216.08
	团体	200.99	209.45	188.97	201.56	204.85
	散客	221.35	232.20	211.98	238.13	216.74
安徽	小计	193.44	201.73	198.74	202.43	171.56
	团体	204.04	203.68	204.23	205.18	207.12
	散客	186.26	197.59	192.70	200.95	168.15
福建	小计	198.55	187.47	207.03	180.58	210.99
	团体	182.73	180.45	185.46	176.80	190.98
	散客	206.55	197.58	226.42	181.53	211.72
江西	小计	169.44	166.53	166.06	168.43	171.12
	团体	164.24	164.24	163.50	168.45	166.05
	散客	174.02	173.31	169.79	168.42	171.35
山东	小计	204.86	184.28	203.05	224.76	220.15
	团体	186.85	179.83	196.51	227.12	212.38
	散客	214.51	192.18	209.42	224.51	220.62
河南	小计	160.21	163.07	166.11	178.47	177.96
	团体	161.26	166.28	160.49	169.41	175.48
	散客	157.57	150.51	177.26	191.31	180.97
湖北	小计	192.34	192.60	182.85	193.34	192.44
	团体	184.08	183.92	178.03	188.89	188.28
	散客	199.00	211.80	188.27	194.82	193.93
湖南	小计	193.60	196.08	198.06	198.94	184.41
	团体	195.84	196.98	201.07	175.87	165.58
	散客	188.99	190.63	182.46	207.51	187.77
广东	小计	176.40	175.43	166.78	163.39	179.67
	团体	188.66	194.34	168.58	182.65	192.46
	散客	174.20	160.94	166.33	162.25	179.25
广西	小计	189.74	193.05	196.14	175.54	192.71
	团体	189.37	183.80	196.17	196.60	189.69
	散客	190.01	206.68	196.11	170.72	192.80

单位：美元/人天

会议	宗教朝拜	文化/体育/科技交流	购物	医疗保健	其他
217.54	151.80	208.43	175.73	156.87	244.93
186.76	138.72	127.43	205.49	—	201.90
223.25	184.51	221.22	160.85	156.87	254.71
197.47	188.66	219.11	196.36	191.44	173.98
190.76	202.82	201.86	208.32	211.05	202.98
198.17	173.80	221.82	191.57	174.00	170.54
212.13	188.94	203.67	262.11	305.18	199.24
155.60	170.15	138.33	262.11	353.93	201.70
218.41	238.27	222.34	—	158.96	198.49
165.57	174.57	186.48	220.21	159.01	189.50
161.76	162.08	171.67	—	154.67	164.14
165.94	182.07	208.69	220.21	160.10	197.19
230.63	184.47	197.02	282.50	244.81	194.37
169.75	200.55	179.48	284.61	244.81	156.04
235.22	152.31	202.10	280.40	—	204.83
155.24	102.31	119.35	17.08	107.33	94.21
172.13	118.96	112.03	—	107.33	—
102.14	48.21	128.51	17.08	—	94.21
195.24	189.68	200.35	200.53	254.41	191.32
182.43	197.27	192.90	200.53	200.53	—
201.50	182.08	202.12	—	281.35	191.32
180.51	152.51	194.25	228.85	107.91	166.83
185.61	153.81	176.28	228.85	—	148.11
178.86	150.99	200.06	—	107.91	173.07
194.37	190.18	189.99	174.33	169.37	174.60
197.63	189.73	204.27	197.43	211.61	195.50
194.21	190.28	188.69	170.58	166.73	172.15
184.09	—	178.96	171.67	134.04	155.18
214.63	—	218.84	247.25	—	223.93
180.28	—	166.50	150.08	134.04	150.89

1-9(续2)

		人均天花费	观光游览	休闲度假	探亲访友	商务
海南	小计	179.59	177.07	169.85	179.22	184.82
	团体	178.35	186.23	172.71	170.88	209.55
	散客	180.45	162.00	167.42	183.48	182.65
重庆	小计	190.19	181.24	191.03	182.25	183.95
	团体	184.42	177.76	182.52	186.64	165.74
	散客	195.23	188.71	200.75	180.22	186.64
四川	小计	185.59	191.44	171.71	170.01	183.27
	团体	182.31	189.60	170.75	165.14	152.96
	散客	189.26	197.14	173.70	172.44	187.83
贵州	小计	180.65	180.46	181.95	190.29	183.18
	团体	192.24	190.83	194.40	224.78	241.76
	散客	161.19	157.26	162.74	173.05	176.67
云南	小计	203.05	201.40	196.56	214.50	213.96
	团体	192.15	200.12	183.62	—	191.47
	散客	208.62	202.34	206.10	214.50	216.69
西藏	小计	197.67	197.12	196.61	199.69	198.41
	团体	191.75	190.14	192.41	191.98	192.86
	散客	225.70	224.56	218.06	235.66	228.92
陕西	小计	188.14	183.22	185.39	211.92	193.01
	团体	185.69	184.39	187.69	179.65	199.71
	散客	192.26	179.45	181.35	240.80	191.84
甘肃	小计	160.40	159.09	165.84	150.85	156.22
	团体	161.02	160.13	163.36	141.92	157.03
	散客	159.43	157.41	170.80	152.63	155.80
青海	小计	159.19	161.31	150.55	156.48	164.62
	团体	166.58	172.26	163.48	112.30	159.12
	散客	146.48	128.46	134.79	200.66	169.25
宁夏	小计	166.11	154.09	182.64	124.20	170.46
	团体	183.75	186.31	171.62	—	191.86
	散客	159.75	126.83	190.73	124.20	163.32
新疆	小计	176.49	169.65	178.49	180.29	182.39
	团体	172.30	171.92	172.18	172.32	173.07
	散客	179.05	167.52	182.96	192.08	184.17

单位：美元/人天

会议	宗教朝拜	文化/体育/科技交流	购物	医疗保健	其他
229.76	238.40	190.05	137.97	178.10	121.75
184.14	215.26	174.92	215.26	153.78	181.89
236.78	253.83	195.09	99.32	210.51	108.87
202.32	158.45	124.89	194.46	—	228.79
196.15	158.45	97.79	124.50	—	230.37
204.00	—	141.16	229.43	—	226.96
197.52	220.22	163.36	200.43	201.13	192.93
161.09	213.25	160.32	189.26	204.20	164.62
203.23	229.09	165.01	256.24	199.94	197.92
201.09	128.70	112.55	—	—	158.40
216.75	—	163.78	—	—	—
197.18	128.70	92.06	—	—	158.40
220.81	191.81	195.17	237.22	249.38	217.74
188.06	215.53	163.48	—	—	199.88
222.70	190.23	213.28	237.22	249.38	223.70
199.65	199.67	201.32	187.38	199.93	198.54
194.42	194.42	191.83	190.74	194.42	194.42
238.89	228.04	253.52	163.85	260.55	235.62
233.18	237.36	185.85	170.25	225.90	183.64
185.93	191.93	213.14	178.61	197.45	173.29
238.00	282.79	158.56	136.84	282.79	191.92
148.49	134.59	150.20	—	—	143.27
158.83	124.60	156.40	—	—	154.84
141.34	139.59	143.22	—	—	127.86
161.56	139.05	156.84	—	219.31	173.56
166.15	132.65	134.11	—	—	158.31
156.45	164.66	169.83	—	219.31	219.31
154.37	—	164.27	—	189.56	181.99
221.97	—	—	—	—	157.70
146.86	—	164.27	—	189.56	190.09
161.50	175.55	—	53.31	185.45	167.82
175.55	175.55	—	—	—	—
147.46	—	—	53.31	185.45	167.82

1-10 2014年入境过夜游客在各省(区、市)人均天花费
(按团体及散客、性别、年龄分组)

单位：美元/人天

		人均天花费	男性	女性	14岁及以下	15~24岁	25~44岁	45~64岁	65岁及以上
北京	小计	254.23	256.74	250.97	183.37	224.06	267.79	249.19	241.54
	团体	232.48	231.94	233.00	169.50	211.93	254.56	216.85	226.29
	散客	271.26	272.28	269.61	238.84	238.89	275.89	273.79	272.84
天津	小计	213.77	212.90	214.67	200.86	214.06	217.59	210.73	201.70
	团体	212.89	212.72	213.05	194.73	218.82	221.88	204.54	197.10
	散客	214.22	212.98	215.60	210.06	212.04	215.67	214.26	206.30
河北	小计	168.30	168.98	167.25	126.41	155.37	176.81	163.95	159.78
	团体	144.25	142.11	146.42	88.84	136.88	160.42	133.55	137.90
	散客	180.88	179.76	183.04	131.78	168.75	182.67	180.51	204.17
山西	小计	175.24	175.87	174.36	161.44	122.93	163.25	193.00	199.88
	团体	173.43	175.58	170.57	167.99	129.76	158.66	189.17	196.27
	散客	177.43	176.21	179.27	154.90	119.03	168.49	198.65	204.15
内蒙古	小计	196.24	191.85	199.75	188.42	174.46	204.29	189.07	161.85
	团体	193.26	182.70	196.63	—	170.83	198.04	172.94	128.20
	散客	197.96	194.13	202.88	188.42	175.55	210.54	191.01	169.77
辽宁	小计	208.28	204.00	211.98	201.02	210.41	211.12	204.67	202.64
	团体	205.33	199.67	207.70	201.02	205.35	207.33	204.91	196.49
	散客	211.11	205.96	219.69	—	222.25	213.44	204.37	210.42
吉林	小计	179.58	181.46	176.63	126.19	165.79	178.53	185.57	180.21
	团体	177.74	179.38	175.57	102.77	145.03	175.05	187.47	195.64
	散客	182.42	184.14	178.80	149.62	189.25	184.56	182.90	155.30
黑龙江	小计	196.61	200.53	193.27	119.21	182.29	215.79	192.13	156.94
	团体	193.62	191.34	195.03	122.29	204.21	210.43	190.61	162.54
	散客	201.80	210.75	188.59	97.63	131.15	222.15	195.12	128.43

1－10(续1)　　单位：美元/人天

		人均天花费	男性	女性	14岁及以下	15～24岁	25～44岁	45～64岁	65岁及以上
上海	小计	268.70	264.19	277.08	266.74	265.08	275.15	265.39	232.96
	团体	210.81	201.74	220.78	293.98	222.23	226.02	204.61	166.91
	散客	276.43	270.74	287.83	239.50	275.18	279.82	272.85	262.82
江苏	小计	229.36	229.57	229.06	228.86	229.73	229.06	230.95	222.78
	团体	227.44	227.07	227.65	228.86	226.09	227.50	228.41	226.47
	散客	229.94	230.01	229.80	—	232.91	229.38	231.69	220.46
浙江	小计	216.90	212.67	222.51	204.52	201.74	214.85	222.17	221.66
	团体	200.99	194.85	206.15	227.63	174.67	188.39	214.05	218.88
	散客	221.35	216.45	228.77	189.12	216.05	219.72	224.78	223.52
安徽	小计	193.44	190.78	197.91	199.50	195.06	196.04	191.08	187.14
	团体	204.04	204.63	203.55	208.32	199.11	204.72	204.66	201.76
	散客	186.26	184.93	190.05	177.43	190.51	190.63	183.34	151.54
福建	小计	198.55	198.29	198.91	241.53	192.04	202.94	199.42	176.18
	团体	182.73	177.96	187.69	189.78	168.19	188.62	184.09	172.64
	散客	206.55	206.90	206.02	267.40	203.31	208.05	208.77	180.29
江西	小计	169.44	171.66	166.64	—	164.68	171.08	167.03	174.05
	团体	164.24	164.80	163.69	—	168.70	164.22	163.53	162.72
	散客	174.02	176.58	170.00	—	160.67	176.14	170.45	195.30
山东	小计	204.86	202.30	208.60	153.74	209.55	204.84	207.00	191.80
	团体	186.85	179.80	193.13	131.60	196.95	193.42	181.97	170.69
	散客	214.51	210.92	221.46	242.32	228.29	209.20	220.09	224.71
河南	小计	160.21	171.14	142.52	94.88	136.60	160.74	165.39	173.80
	团体	161.26	173.50	144.41	113.99	136.80	162.89	163.19	175.77
	散客	157.57	166.31	135.44	51.89	135.73	156.05	170.48	128.45

1－10(续2)　　单位：美元/人天

		人均天花费	男性	女性	14岁及以下	15～24岁	25～44岁	45～64岁	65岁及以上
湖北	小计	192.34	191.20	194.00	187.54	177.27	197.52	189.86	189.79
	团体	184.08	184.72	183.13	185.02	186.65	183.87	184.87	182.00
	散客	199.00	196.45	202.70	192.60	170.45	204.49	194.72	217.64
湖南	小计	193.60	191.90	195.73	201.76	190.69	182.13	201.20	204.17
	团体	195.84	195.05	196.63	154.17	182.04	180.23	205.42	206.19
	散客	188.99	187.17	192.82	281.08	200.43	184.72	190.03	190.40
广东	小计	176.40	179.32	171.90	190.27	164.78	179.39	176.54	167.75
	团体	188.66	192.62	184.29	185.38	176.26	184.92	196.95	187.11
	散客	174.20	177.31	169.10	192.93	162.52	178.61	171.99	161.54
广西	小计	189.74	190.92	188.40	140.18	160.69	195.45	190.39	189.92
	团体	189.37	189.73	189.06	—	160.44	199.22	186.01	186.18
	散客	190.01	191.64	187.77	140.18	160.87	192.87	193.78	194.84
海南	小计	179.59	181.36	177.56	97.75	174.03	187.33	166.45	183.21
	团体	178.35	180.13	176.59	32.26	170.32	183.96	174.28	167.65
	散客	180.45	182.11	178.32	114.12	176.95	189.86	161.78	192.11
重庆	小计	190.19	192.66	186.89	107.28	203.41	191.20	186.28	196.03
	团体	184.42	189.36	178.14	164.10	195.93	174.47	186.81	190.91
	散客	195.23	195.43	194.94	78.87	207.15	199.44	185.62	210.10
四川	小计	185.59	185.74	185.38	209.62	180.81	182.35	192.44	180.94
	团体	182.31	183.79	180.78	193.75	165.65	178.26	194.17	178.59
	散客	189.26	187.37	193.21	251.93	206.92	185.33	190.19	190.65
贵州	小计	180.65	174.96	187.11	237.69	168.84	188.89	162.18	180.19
	团体	192.24	189.97	194.21	237.69	181.05	197.66	177.80	194.68
	散客	161.19	156.83	169.11	—	150.99	173.71	141.18	140.08

1－10(续3) 单位：美元/人天

		人均天花费	男性	女性	14岁及以下	15～24岁	25～44岁	45～64岁	65岁及以上
云南	小计	203.05	203.11	202.96	134.91	199.95	205.80	199.17	186.03
	团体	192.15	191.92	192.44	134.91	177.46	197.70	192.40	157.89
	散客	208.62	208.90	208.25	—	213.44	208.68	205.81	209.49
西藏	小计	197.67	197.26	198.84	201.76	198.40	197.09	197.84	200.84
	团体	191.75	191.75	191.76	194.42	193.12	190.67	192.95	192.99
	散客	225.70	224.14	229.80	260.55	223.03	225.28	222.65	253.14
陕西	小计	188.14	189.95	186.18	200.54	195.57	188.51	187.68	182.81
	团体	185.69	185.78	185.62	202.33	193.44	190.22	182.32	180.66
	散客	192.26	195.16	187.52	198.16	201.31	186.71	197.46	191.43
甘肃	小计	160.40	162.51	157.25	110.44	156.50	163.61	157.61	160.95
	团体	161.02	160.85	161.29	123.06	160.62	163.04	160.64	153.96
	散客	159.43	165.22	151.35	72.56	153.02	164.37	150.11	192.92
青海	小计	159.19	160.08	158.10	110.89	161.31	162.75	155.39	157.48
	团体	166.58	172.19	159.95	110.89	168.00	169.24	165.17	160.85
	散客	146.48	140.20	154.72	—	152.62	151.58	139.28	147.94
宁夏	小计	166.11	161.35	176.40	—	166.89	170.58	161.19	155.72
	团体	183.75	177.59	194.65	—	164.89	190.87	183.50	130.91
	散客	159.75	156.01	168.49	—	168.89	161.52	156.63	161.92
新疆	小计	176.49	171.44	180.68	—	198.17	180.24	170.36	168.79
	团体	172.30	172.35	172.24	—	175.55	172.55	171.48	173.92
	散客	179.05	170.73	184.83	—	206.09	184.71	169.49	166.87

1－11　2014年入境过夜游客在各城市人均天花费
（按外国人、港澳台胞分组）

单位：美元/人天

	人均天花费	外国人	香港同胞	澳门同胞	台湾同胞
北　　京	254.23	257.90	242.22	255.32	202.08
天　　津	213.77	214.40	222.37	199.46	205.15
石 家 庄	164.64	164.78	160.63	177.65	165.62
唐　　山	220.52	218.47	194.61	—	266.81
秦 皇 岛	170.22	152.70	251.97	300.26	268.50
保　　定	230.67	226.44	272.44	207.35	218.54
承　　德	138.99	142.27	128.57	54.03	125.67
廊　　坊	89.12	84.12	208.91	85.77	122.30
太　　原	219.13	218.69	232.46	242.35	—
大　　同	94.43	93.79	103.20	—	93.49
晋　　城	234.25	233.60	—	—	298.52
晋　　中	168.97	169.30	177.91	119.20	186.62
运　　城	151.63	148.49	171.72	131.41	152.38
忻　　州	163.05	160.23	143.83	123.15	276.50
呼和浩特	229.70	233.22	220.58	206.45	229.84
满 洲 里	199.40	199.40	—	—	—
二连浩特	174.41	174.41	—	—	—
包　　头	175.95	181.63	155.83	122.22	178.32
沈　　阳	226.25	226.83	222.96	—	223.25
大　　连	227.68	227.77	223.84	195.04	260.18
鞍　　山	200.64	198.92	305.19	267.11	316.24
抚　　顺	235.53	238.81	265.89	175.77	148.91
本　　溪	211.20	212.49	240.65	216.25	195.43
丹　　东	146.09	145.54	148.02	170.54	179.26
锦　　州	263.04	263.01	264.09	259.11	266.68
营　　口	162.87	162.67	179.33	—	—
盘　　锦	227.47	224.30	239.13	257.42	204.47
葫 芦 岛	259.15	259.01	264.09	256.73	261.47
长　　春	217.90	208.12	261.29	339.77	216.79
吉　　林	126.67	126.67	—	—	—
通　　化	201.36	192.18	255.83	204.34	204.75
松　　原	145.77	144.98	151.06	148.81	149.14
延　　吉	201.23	199.29	—	218.82	230.16

1-11(续1) 单位：美元/人天

	人均天花费	外国人	香港同胞	澳门同胞	台湾同胞
哈尔滨	230.34	225.22	257.64	291.83	236.16
齐齐哈尔	144.38	128.92	146.26	—	145.66
大庆	192.28	194.27	145.53	—	—
佳木斯	215.71	215.71	—	—	—
牡丹江	181.57	181.57	—	—	—
上海	268.70	263.46	299.52	281.61	297.79
南京	233.97	234.24	232.98	227.08	233.59
无锡	227.53	226.22	232.55	194.52	231.69
苏州	235.27	234.68	230.59	249.47	238.86
南通	198.34	198.94	198.04	197.35	196.77
扬州	230.95	231.59	229.49	222.56	230.85
杭州	240.10	238.89	237.69	256.10	259.80
宁波	194.62	198.77	186.04	194.99	182.98
温州	190.66	200.26	145.18	13.54	157.22
绍兴	216.49	211.09	246.73	303.99	200.93
金华	188.75	186.60	223.01	—	181.41
合肥	211.57	211.76	206.38	—	201.29
芜湖	143.43	141.48	153.00	—	179.65
马鞍山	237.18	237.18	—	—	—
铜陵	230.02	230.18	265.30	330.91	192.74
安庆	248.26	247.15	333.76	330.91	240.54
黄山	184.96	188.44	163.36	162.37	183.02
滁州	138.91	136.47	187.21	—	130.54
亳州	206.43	203.61	223.75	246.27	196.10
池州	172.34	173.16	162.81	176.31	168.49
宣城	196.53	197.16	191.32	183.57	201.29
福州	196.23	218.48	206.29	195.46	166.71
厦门	199.24	197.88	221.43	172.78	187.95
泉州	207.56	230.06	191.54	189.44	199.31
漳州	194.23	210.92	209.18	152.26	169.06
武夷山	193.58	185.77	236.88	114.76	180.55
南昌	169.04	167.14	171.93	171.07	173.15
景德镇	187.15	175.27	209.95	199.32	181.88
九江	160.53	157.18	159.39	166.80	168.67
鹰潭	157.77	158.32	156.79	149.71	157.25
赣州	163.30	174.26	145.86	162.14	160.51
吉安	179.34	178.19	171.48	204.85	184.76

1-11(续2)　　单位：美元/人天

	人均天花　费	外国人	香港同胞	澳门同胞	台湾同胞
济　南	224.12	225.08	215.76	180.67	265.70
青　岛	235.51	243.95	221.87	168.86	193.10
烟　台	258.71	262.07	267.27	254.82	241.75
潍　坊	167.06	184.70	149.72	109.54	153.65
曲　阜	164.11	170.07	133.09	208.96	124.02
泰　安	138.71	140.26	99.62	—	150.26
威　海	192.30	189.07	244.81	—	217.21
日　照	197.30	230.14	165.02	170.75	144.38
郑　州	173.39	195.33	114.46	155.08	106.24
开　封	188.77	193.35	170.60	207.89	143.05
洛　阳	108.61	114.16	76.42	21.36	40.86
三门峡	168.40	174.17	176.58	198.72	149.10
武　汉	186.51	190.85	184.38	154.67	186.89
十　堰	159.66	161.18	173.06	114.51	159.67
宜　昌	219.78	227.22	165.06	—	163.42
襄　阳	247.14	246.42	280.39	226.56	253.92
荆　州	188.50	179.01	199.85	178.23	195.61
湖北游船	171.77	169.05	195.69	110.43	192.25
长　沙	184.95	187.62	184.64	159.38	158.96
湘　潭	155.42	151.69	174.09	143.57	158.20
衡　阳	147.56	144.22	183.94	113.83	151.50
岳　阳	202.07	198.44	201.91	192.65	223.58
张家界	227.66	227.66	—	—	—
广　州	180.22	192.99	155.39	158.11	182.82
深　圳	180.61	189.15	168.63	181.41	191.93
汕　头	167.00	165.01	168.73	161.13	183.64
佛　山	154.72	165.91	120.79	98.49	177.81
江　门	146.06	164.85	121.76	113.06	150.97
湛　江	123.61	144.02	99.06	86.13	118.08
惠　州	200.11	206.29	76.61	—	—
东　莞	230.33	229.85	229.07	237.19	233.00
桂　林	228.39	237.19	214.36	266.86	181.40
梧　州	149.22	153.93	155.00	139.50	142.31
北　海	220.44	221.70	212.38	223.97	223.08

1－11（续3） 单位：美元/人天

	人均天花费	外国人	香港同胞	澳门同胞	台湾同胞
防城港	139.96	140.04	137.53	144.02	—
贺州	188.34	213.31	201.72	140.71	175.53
崇左	173.04	155.77	189.65	192.78	203.88
海口	168.61	169.10	157.48	176.15	174.58
三亚	185.16	187.56	167.01	169.49	183.42
重庆	192.13	200.87	175.88	180.24	155.28
重庆游船	174.70	184.17	171.48	144.71	93.65
成都	189.63	194.55	186.95	182.53	162.98
绵阳	172.09	171.47	191.82	172.25	163.42
乐山	217.92	222.16	214.20	221.88	203.60
阿坝	147.49	150.02	136.19	142.94	132.48
贵阳	197.09	221.83	173.51	168.50	174.87
安顺	156.85	236.78	93.96	89.47	112.03
黔东南	135.42	152.97	93.79	82.50	77.26
昆明	204.47	206.33	190.83	212.07	193.38
景洪	193.84	193.84	—	—	—
大理	189.98	169.43	169.26	—	431.52
拉萨	197.67	198.62	189.82	191.97	189.89
西安	189.27	196.68	138.50	106.26	169.83
咸阳	166.26	169.20	85.46	—	—
兰州	147.98	150.10	152.54	146.07	135.73
敦煌	169.72	167.88	180.51	172.53	166.12
西宁	169.83	166.69	190.89	187.42	183.87
黄南	128.22	123.10	213.93	—	143.26
格尔木	165.69	147.24	228.21	84.64	167.72
银川	166.11	164.23	178.05	98.54	217.04
乌鲁木齐	190.31	190.20	184.13	220.93	184.74
吐鲁番	154.57	157.22	150.49	135.85	140.68
库尔勒	187.55	187.66	184.13	186.00	—
喀什	187.75	186.74	184.13	220.93	182.54
伊宁	148.45	142.93	177.97	178.94	168.35

1－12 2014年入境过夜游客在各城市

	人均天花费	政府工作人员	专业技术人员	职员	技工/工人
北京	254.23	255.97	266.60	256.04	245.74
天津	213.77	212.14	212.75	218.77	219.20
石家庄	164.64	132.93	171.84	178.53	159.70
唐山	220.52	281.24	211.08	255.46	194.67
秦皇岛	170.22	180.69	171.75	174.59	144.38
保定	230.67	194.84	266.68	258.66	169.82
承德	138.99	144.28	199.79	128.65	150.04
廊坊	89.12	—	90.76	95.18	82.93
太原	219.13	225.82	205.64	236.52	223.39
大同	94.43	—	74.49	80.10	—
晋城	234.25	212.40	243.11	226.31	162.63
晋中	168.97	156.90	163.16	169.61	188.06
运城	151.63	141.29	153.62	148.43	164.82
忻州	163.05	123.88	156.78	143.79	141.22
呼和浩特	229.70	267.51	215.46	226.35	252.37
满洲里	199.40	—	—	210.46	—
二连浩特	174.41	101.23	244.87	226.25	260.56
包头	175.95	70.87	179.67	231.45	168.86
沈阳	226.25	243.21	227.34	222.67	241.21
大连	227.68	252.01	244.76	207.93	225.30
鞍山	200.64	246.91	198.75	224.65	246.17
抚顺	235.53	240.17	245.05	227.99	245.87
本溪	211.20	202.74	216.18	209.21	203.61
丹东	146.09	153.25	147.53	145.24	142.70
锦州	263.04	266.10	259.93	265.81	—
营口	162.87	—	164.36	165.13	162.08
盘锦	227.47	—	214.72	250.10	199.22
葫芦岛	259.15	264.32	263.44	258.81	—
长春	217.90	258.31	258.16	219.93	175.45
吉林	126.67	124.54	116.86	134.38	113.89
通化	201.36	163.28	212.19	191.17	171.86
松原	145.77	152.12	149.14	141.33	138.57
延吉	201.23	237.75	218.06	189.83	208.44

人均天花费(按职业分组)

单位：美元/人天

商贸人员	服务员/推销员	退休人员	家庭妇女	军人	学生	其他
275.93	226.00	243.42	238.16	268.40	216.81	246.09
216.96	216.27	208.05	195.82	198.91	207.33	204.42
164.21	165.11	148.60	137.33	171.82	174.06	176.16
236.76	176.78	175.23	171.57	—	188.64	188.40
209.83	160.39	161.11	128.72	99.51	245.20	—
228.13	269.01	163.77	224.92	—	259.79	202.47
100.27	81.91	130.58	145.63	—	121.18	184.22
74.80	66.60	72.40	111.65	111.65	112.66	110.54
208.72	202.53	—	239.18	120.87	173.85	314.70
108.29	—	65.47	—	—	105.21	—
244.37	—	241.59	213.43	—	209.71	—
167.54	172.51	221.63	182.17	—	151.13	168.58
157.83	127.33	172.53	146.65	—	106.42	154.78
171.58	206.46	159.69	248.30	200.04	194.76	—
248.36	195.96	259.28	195.07	232.55	224.32	221.43
199.14	—	—	—	—	—	—
170.88	136.58	160.94	169.97	200.50	147.03	145.07
163.74	165.93	160.94	199.11	305.99	154.56	191.12
229.87	243.35	218.32	215.89	—	199.36	215.57
246.64	232.49	209.42	235.52	131.58	209.25	221.37
228.04	166.77	112.66	149.17	160.98	236.69	171.03
248.59	229.12	219.01	193.19	—	202.56	254.93
206.05	225.50	217.27	—	—	—	—
128.77	162.95	172.33	149.48	—	152.25	152.99
262.40	257.30	269.38	—	256.84	—	—
160.26	—	161.83	—	—	—	—
232.42	216.16	216.16	222.24	—	227.92	219.45
259.38	254.41	256.49	—	—	256.84	—
217.16	191.51	186.77	230.25	—	229.89	184.45
144.50	129.41	126.95	113.28	—	124.95	138.05
193.70	207.49	206.13	187.77	—	168.34	235.75
143.48	150.15	148.56	141.81	—	139.43	—
217.00	187.97	195.20	201.99	—	148.29	190.05

1－12(续1)

	人均天花费	政府工作人员	专业技术人员	职员	技工/工人
哈尔滨	230.34	238.44	234.46	224.32	178.29
齐齐哈尔	144.38	114.35	135.57	148.33	134.05
大庆	192.28	—	245.41	168.46	102.70
佳木斯	215.71	199.75	183.94	243.51	219.45
牡丹江	181.57	307.07	265.71	187.96	137.18
上海	268.70	303.08	273.78	260.98	264.68
南京	233.97	233.56	231.86	229.45	233.14
无锡	227.53	230.98	230.62	222.33	221.69
苏州	235.27	251.93	240.97	234.99	232.72
南通	198.34	212.56	195.70	194.63	185.08
扬州	230.95	231.19	239.93	231.30	222.63
杭州	240.10	240.70	249.93	236.40	232.87
宁波	194.62	226.96	212.34	197.31	186.12
温州	190.66	197.68	184.13	144.31	236.06
绍兴	216.49	141.29	204.53	272.37	—
金华	188.75	160.55	176.34	202.31	138.89
合肥	211.57	239.90	208.97	208.19	203.09
芜湖	143.43	232.65	133.72	156.47	133.13
马鞍山	237.18	221.32	239.55	233.69	245.73
铜陵	230.02	165.45	234.20	154.04	—
安庆	248.26	—	267.32	238.30	257.71
黄山	184.96	200.64	186.29	195.58	187.31
滁州	138.91	217.88	141.88	132.02	118.19
亳州	206.43	165.45	209.82	227.60	—
池州	172.34	165.38	174.40	169.74	190.42
宣城	196.53	184.98	154.65	223.34	76.96
福州	196.23	227.80	209.24	210.57	153.07
厦门	199.24	204.87	207.18	197.24	118.89
泉州	207.56	196.27	244.08	189.89	—
漳州	194.23	165.36	206.62	206.63	149.91
武夷山	193.58	141.27	211.15	191.26	216.99
南昌	169.04	190.46	153.21	163.79	237.08
景德镇	187.15	240.85	170.32	181.18	170.26
九江	160.53	163.69	168.49	169.34	—
鹰潭	157.77	—	155.19	161.79	—
赣州	163.30	188.06	137.87	154.58	192.14

单位：美元/人天

商贸人员	服务员/推销员	退休人员	家庭妇女	军人	学生	其他
235.08	231.84	223.46	185.89	209.66	254.72	244.10
140.19	147.56	139.12	152.48	—	138.57	256.02
173.05	—	112.93	283.61	—	82.56	—
200.04	285.10	209.66	207.09	233.02	191.67	178.69
225.63	208.14	161.63	194.98	—	143.57	169.85
286.71	302.59	235.92	262.14	226.64	266.24	248.84
236.81	223.67	227.46	232.96	245.48	232.50	250.46
227.57	241.05	224.28	232.00	—	236.95	233.17
236.35	240.26	227.27	219.71	—	234.09	221.48
201.35	213.49	192.99	183.01	—	210.78	188.28
220.63	245.80	224.39	234.20	223.51	229.11	243.93
239.18	231.61	233.40	259.25	124.04	215.31	254.37
196.70	232.09	167.94	181.87	133.70	171.59	177.37
200.46	198.60	158.30	231.31	347.24	113.74	187.89
204.54	238.48	230.66	177.26	133.29	196.53	190.61
207.83	147.10	114.53	105.94	94.43	184.42	175.95
222.20	208.32	207.35	219.37	—	203.21	193.76
135.37	182.57	—	—	—	123.23	175.11
249.24	244.15	203.71	207.49	—	257.71	208.32
221.32	—	—	—	—	—	251.62
274.28	282.41	225.75	222.49	—	208.35	—
170.45	193.43	192.99	187.82	195.41	191.13	179.24
126.76	—	273.85	—	—	146.63	169.65
202.00	243.62	184.30	195.38	—	208.32	212.72
169.60	152.38	177.07	193.26	—	130.46	173.73
187.47	245.37	202.23	184.08	282.41	169.69	246.70
197.86	201.51	132.59	187.34	212.95	191.61	217.11
214.46	230.42	200.08	193.11	178.63	182.24	202.14
231.78	—	133.69	177.84	277.61	220.07	210.39
189.91	124.25	182.33	209.80	—	204.09	188.49
206.00	232.28	183.20	195.89	—	—	187.40
161.64	188.43	181.06	155.85	—	172.22	166.65
186.42	173.81	170.85	191.05	—	186.67	201.32
160.78	160.57	142.35	147.76	131.08	150.52	137.06
140.07	184.83	169.71	153.15	—	167.20	162.94
168.68	108.76	192.62	154.47	251.83	157.21	171.41

1－12(续2)

	人均天花费	政府工作人员	专业技术人员	职员	技工/工人
吉安	179.34	146.75	197.74	162.17	208.28
济南	224.12	164.88	224.24	238.84	136.01
青岛	235.51	244.99	229.97	234.16	242.20
烟台	258.71	228.08	269.94	257.66	256.05
潍坊	167.06	223.47	172.39	158.21	108.49
曲阜	164.11	229.63	180.95	169.60	180.27
泰安	138.71	101.22	135.37	138.91	170.72
威海	192.30	173.87	195.40	195.16	198.01
日照	197.30	226.13	186.65	159.01	179.20
郑州	173.39	177.53	169.36	165.22	200.10
开封	188.77	204.29	153.00	185.99	183.12
洛阳	108.61	106.19	105.15	111.46	103.86
三门峡	168.40	123.54	184.08	155.16	134.55
武汉	186.51	212.59	213.21	183.24	183.88
十堰	159.66	147.15	183.22	151.98	165.26
宜昌	219.78	276.60	180.91	245.06	264.26
襄阳	247.14	192.55	268.42	271.07	259.10
荆州	188.50	194.02	169.91	189.63	198.88
湖北游船	171.77	151.33	173.74	184.27	156.88
长沙	184.95	175.52	190.53	202.27	182.86
湘潭	155.42	219.44	113.27	145.20	194.39
衡阳	147.56	154.16	159.65	141.25	117.45
岳阳	202.07	168.64	185.96	197.54	198.79
张家界	227.66	228.65	227.00	226.80	227.95
广州	180.22	181.95	198.62	172.95	174.23
深圳	180.61	206.13	181.03	180.72	176.10
汕头	167.00	138.44	162.42	178.05	146.61
佛山	154.72	195.31	156.88	137.27	177.88
江门	146.06	151.71	160.35	153.03	150.92
湛江	123.61	151.72	116.77	115.86	134.57
惠州	200.11	—	233.63	209.85	233.63
东莞	230.33	221.44	229.91	229.38	225.09
桂林	228.39	225.02	252.02	228.05	232.37
梧州	149.22	161.23	147.68	150.58	136.48
北海	220.44	232.01	215.08	249.44	182.33

单位：美元/人天

商贸人员	服务员/推销员	退休人员	家庭妇女	军人	学生	其他
181.19	240.85	158.34	156.72	—	171.73	201.73
234.67	—	227.15	212.21	216.82	222.33	260.18
245.02	255.00	218.66	234.29	—	209.70	273.76
268.81	254.53	177.49	226.46	—	270.88	281.00
170.43	118.85	131.40	139.16	—	242.72	206.09
162.89	145.38	133.37	170.10	—	152.86	79.66
119.55	124.14	139.59	122.13	61.27	191.62	228.56
203.59	232.43	173.21	174.05	—	165.75	172.80
217.29	138.12	172.68	189.00	—	220.03	300.35
176.92	164.37	186.32	118.03	151.30	197.46	162.94
196.90	177.76	202.02	192.94	198.63	198.63	170.60
110.19	124.46	113.19	111.25	—	108.93	104.12
191.53	151.69	172.49	183.08	207.27	99.44	201.02
185.90	213.38	190.30	195.75	—	156.77	191.64
157.16	85.37	193.08	128.48	—	144.97	187.37
237.34	260.26	208.64	141.76	—	198.10	193.57
219.40	—	215.73	307.83	—	277.48	274.42
186.91	—	204.26	186.85	—	169.03	126.34
183.89	171.20	175.25	165.96	201.75	158.41	162.01
183.42	154.27	175.54	174.99	—	189.51	171.40
149.65	138.11	138.74	139.39	60.73	117.30	195.24
143.82	152.91	131.89	195.72	—	149.76	187.34
218.62	144.89	206.52	195.57	140.35	258.84	206.92
227.78	227.92	227.25	228.72	228.85	—	228.85
183.23	178.96	164.80	190.50	188.48	165.29	186.70
175.07	181.72	186.62	155.38	179.62	167.69	188.57
175.97	159.79	174.13	176.48	200.72	153.21	166.24
166.49	106.37	144.33	154.69	211.83	137.69	160.58
141.33	122.68	115.43	154.68	—	135.42	176.78
138.51	154.15	102.37	95.62	142.91	119.25	111.18
190.02	—	210.42	151.84	194.03	225.38	208.26
233.15	230.56	233.85	232.11	227.24	200.46	233.73
236.74	224.40	205.23	224.76	—	211.46	226.96
138.50	103.79	152.71	155.10	—	154.55	145.59
229.81	195.48	207.45	225.10	—	139.54	219.56

1－12(续3)

	人均天花费	政府工作人员	专业技术人员	职员	技工/工人
防城港	139.96	143.71	138.54	145.02	137.67
贺州	188.34	182.27	191.85	185.52	143.36
崇左	173.04	177.04	140.92	140.28	—
海口	168.61	109.63	179.58	175.83	172.26
三亚	185.16	154.52	165.78	202.06	153.82
重庆	192.13	178.79	196.27	172.94	193.03
重庆游船	174.70	188.20	179.62	243.30	98.40
成都	189.63	187.36	190.46	199.71	206.94
绵阳	172.09	182.76	164.66	162.01	154.22
乐山	217.92	207.28	211.30	224.41	228.17
阿坝	147.49	150.79	127.59	148.30	122.82
贵阳	197.09	204.59	197.43	203.03	199.06
安顺	156.85	147.73	126.45	136.41	—
黔东南	135.42	208.46	107.20	119.72	—
昆明	204.47	216.12	212.17	198.86	210.35
景洪	193.84	154.04	169.78	224.37	267.90
大理	189.98	221.32	172.15	222.87	—
拉萨	197.67	191.40	196.14	196.48	197.83
西安	189.27	177.42	180.01	194.83	197.12
咸阳	166.26	162.69	126.79	177.51	162.35
兰州	147.98	156.95	151.64	143.32	152.53
敦煌	169.72	177.39	174.45	167.81	188.27
西宁	169.83	184.19	176.87	162.31	97.73
黄南	128.22	78.43	109.71	122.68	—
格尔木	165.69	129.53	141.82	188.67	154.55
银川	166.11	116.71	160.92	182.26	187.17
乌鲁木齐	190.31	184.94	182.25	190.15	193.65
吐鲁番	154.57	175.55	159.82	179.98	146.73
库尔勒	187.55	185.61	183.82	189.67	191.20
喀什	187.75	183.37	187.08	189.34	176.47
伊宁	148.45	175.55	170.49	124.65	148.03

单位：美元/人天

商贸人员	服务员/推销员	退休人员	家庭妇女	军人	学生	其他
139.51	139.43	138.68	137.36	—	139.38	136.24
221.72	—	220.28	244.85	—	169.61	149.38
132.70	88.24	82.66	144.21	—	79.31	220.13
165.25	205.67	168.93	165.69	191.91	168.60	181.28
190.53	181.67	183.21	194.21	289.90	152.26	172.68
183.43	213.58	147.82	139.29	92.45	212.20	231.96
174.33	108.92	188.14	168.37	—	171.68	251.22
191.40	179.83	175.36	186.07	222.00	195.83	173.78
181.64	181.58	181.96	166.45	—	178.49	197.04
219.21	215.12	215.41	221.28	233.33	209.78	213.41
147.14	133.95	162.32	160.59	170.54	157.79	99.26
180.29	211.20	181.48	198.82	226.17	172.15	161.44
129.69	—	154.60	201.30	—	202.76	196.24
136.32	177.44	220.10	132.23	—	92.44	102.26
213.87	215.91	172.21	191.07	—	197.49	186.93
206.21	227.98	221.74	147.38	—	137.72	199.85
148.36	—	224.51	79.09	—	225.07	83.02
197.63	198.86	203.77	199.00	197.60	201.81	194.42
195.43	208.43	185.82	179.79	221.51	198.19	183.62
166.97	162.35	171.34	154.07	—	194.40	162.35
154.76	164.19	147.33	138.37	100.83	139.57	144.74
180.06	213.65	167.24	160.44	—	157.45	162.15
176.64	151.48	166.76	194.04	—	168.48	144.73
166.65	219.31	127.97	17.74	—	182.69	127.13
184.49	107.52	197.41	120.84	117.01	175.30	208.70
185.47	239.91	123.91	251.76	146.91	130.83	142.41
201.38	—	—	—	—	—	—
130.42	171.26	182.74	127.89	127.44	151.19	150.16
187.28	—	—	—	—	—	—
197.53	199.02	—	—	—	—	—
124.31	166.55	143.23	187.72	131.82	134.71	191.41

1-13 2014年入境过夜游客在各城市

	人均天花费	观光游览	休闲度假	探亲访友	商务
北京	254.23	234.45	252.85	235.82	270.70
天津	213.77	214.19	213.23	217.39	213.10
石家庄	164.64	181.82	161.24	136.17	162.82
唐山	220.52	187.05	206.97	286.75	223.31
秦皇岛	170.22	211.71	137.83	260.78	215.75
保定	230.67	241.49	222.25	171.87	244.56
承德	138.99	147.94	131.12	116.95	112.03
廊坊	89.12	128.67	71.55	81.42	90.22
太原	219.13	217.39	205.56	229.47	238.23
大同	94.43	75.69	95.73	—	108.29
晋城	234.25	236.92	229.45	259.01	228.53
晋中	168.97	167.47	178.36	—	176.84
运城	151.63	134.68	143.88	176.93	149.56
忻州	163.05	139.32	150.62	154.15	263.00
呼和浩特	229.70	231.22	231.77	219.43	222.61
满洲里	199.40	198.18	—	—	—
二连浩特	174.41	139.49	120.64	135.09	157.56
包头	175.95	145.23	195.16	276.35	158.82
沈阳	226.25	221.78	226.66	186.87	230.67
大连	227.68	209.48	222.18	233.13	239.89
鞍山	200.64	232.60	240.98	222.60	235.60
抚顺	235.53	223.40	217.40	212.26	232.26
本溪	211.20	209.67	213.41	208.09	210.44
丹东	146.09	147.73	144.12	143.47	144.47
锦州	263.04	265.90	259.62	269.38	260.81
营口	162.87	253.67	210.72	170.08	158.46
盘锦	227.47	237.97	238.63	192.16	224.16
葫芦岛	259.15	257.53	261.55	—	284.62
长春	217.90	201.08	224.35	260.41	237.14
吉林	126.67	122.54	130.03	—	156.69
通化	201.36	205.67	187.71	212.18	171.71
松原	145.77	143.13	157.62	148.11	143.93
延吉	201.23	197.96	188.97	212.05	216.60

人均天花费(按旅游目的分组)

单位：美元/人天

会议	宗教朝拜	文化/体育/科技交流	购物	医疗保健	其他
283.65	228.54	226.86	325.86	290.12	259.42
213.55	210.43	207.99	227.36	212.74	208.94
164.46	170.78	173.06	—	217.10	172.50
259.70	—	243.69	—	391.52	162.31
145.18	155.59	115.55	144.63	—	153.57
242.14	173.57	266.79	—	62.03	236.51
150.75	72.79	97.90	183.92	—	100.50
66.06	—	—	—	—	119.92
237.51	184.37	254.18	202.14	—	—
—	—	—	—	—	—
219.86	226.88	279.10	—	—	—
147.65	—	—	87.67	—	—
158.71	175.22	155.93	198.40	210.79	194.28
184.05	263.03	238.31	178.86	—	—
222.92	275.08	222.95	314.04	—	236.74
201.92	—	—	199.37	—	—
186.07	—	261.96	197.82	217.19	183.35
259.28	—	305.99	—	—	150.33
237.85	—	221.83	—	—	205.44
245.59	—	213.26	193.43	—	242.90
216.27	—	204.48	284.62	122.99	243.68
253.61	—	266.40	—	284.62	249.20
200.87	189.32	—	194.66	—	—
—	—	—	—	—	168.31
265.10	256.84	—	—	—	—
190.63	—	192.82	—	—	162.75
173.85	—	198.43	—	—	224.48
—	—	—	—	—	—
327.62	—	179.51	—	213.08	252.34
—	144.65	159.67	—	—	100.06
—	—	237.74	154.25	—	214.12
146.10	145.51	145.68	—	—	152.90
176.61	—	179.54	218.46	206.01	—

1－13(续1)

	人均天花费	观光游览	休闲度假	探亲访友	商务
哈尔滨	230.34	229.07	220.76	230.97	249.73
齐齐哈尔	144.38	143.84	146.31	—	—
大庆	192.28	181.72	134.83	236.70	223.43
佳木斯	215.71	230.32	217.06	—	—
牡丹江	181.57	176.47	188.79	92.60	185.93
上海	268.70	258.64	277.35	286.20	261.96
南京	233.97	232.51	229.36	229.28	235.95
无锡	227.53	233.09	230.97	223.28	222.29
苏州	235.27	229.58	234.51	246.05	236.96
南通	198.34	206.44	205.09	196.74	194.62
扬州	230.95	231.46	232.01	225.64	230.12
杭州	240.10	242.24	240.68	253.08	237.07
宁波	194.62	197.22	190.91	198.43	193.84
温州	190.66	186.95	181.63	236.03	164.24
绍兴	216.49	245.47	177.93	259.04	209.39
金华	188.75	178.49	158.34	285.01	202.37
合肥	211.57	212.38	207.09	206.35	217.07
芜湖	143.43	189.12	175.90	179.99	129.87
马鞍山	237.18	232.85	215.11	240.98	242.57
铜陵	230.02	230.79	233.38	232.20	193.11
安庆	248.26	220.96	231.31	282.41	282.55
黄山	184.96	197.54	190.82	151.67	149.01
滁州	138.91	161.79	130.39	68.30	136.01
亳州	206.43	196.88	243.94	199.92	208.43
池州	172.34	173.16	169.19	—	175.54
宣城	196.53	197.89	174.22	215.18	212.35
福州	196.23	172.05	205.10	195.57	211.83
厦门	199.24	179.63	208.61	198.04	204.73
泉州	207.56	213.91	262.41	149.18	225.57
漳州	194.23	203.30	208.57	167.97	205.81
武夷山	193.58	196.03	186.58	138.84	206.60
南昌	169.04	168.16	162.36	170.58	165.34
景德镇	187.15	179.93	197.77	175.59	182.90
九江	160.53	164.52	148.23	128.80	144.84
鹰潭	157.77	159.12	163.09	240.85	136.22
赣州	163.30	165.57	168.07	149.95	166.13
吉安	179.34	155.82	159.93	176.28	199.35

单位：美元/人天

会议	宗教朝拜	文化/体育/科技交流	购物	医疗保健	其他
204.41	—	154.09	—	—	255.48
—	—	—	—	—	—
279.54	—	—	—	—	—
—	—	—	199.76	312.84	212.61
332.71	—	125.57	249.58	127.38	—
287.88	—	253.01	300.66	307.88	234.71
234.90	228.86	236.05	230.48	251.67	249.44
216.20	229.36	243.60	229.36	—	—
237.61	—	243.18	239.73	221.90	232.88
219.32	195.29	200.59	—	172.08	147.27
232.84	234.77	241.76	—	224.10	215.21
225.08	—	248.41	191.35	326.54	259.30
217.97	151.80	145.13	—	142.03	203.42
216.09	—	283.75	—	—	302.73
212.23	—	158.81	—	—	230.66
185.81	—	162.33	144.50	86.87	220.70
257.71	208.32	206.33	208.32	208.32	178.27
173.34	—	124.86	114.11	—	148.34
248.44	—	282.41	—	—	208.27
—	222.32	251.32	—	—	—
245.37	—	279.23	—	208.32	—
153.28	—	159.39	197.41	160.82	156.97
142.27	—	146.27	—	—	83.68
226.97	221.46	206.00	262.44	194.46	203.76
—	177.58	163.89	—	—	—
140.35	273.85	198.95	—	—	—
186.59	189.18	196.69	—	348.25	235.11
230.72	177.79	177.50	262.11	262.11	158.81
233.30	233.62	229.46	—	—	193.75
170.82	172.91	188.97	—	—	179.32
215.70	262.11	277.61	—	—	143.23
159.16	—	220.75	—	149.94	199.14
—	—	—	220.21	—	203.37
141.31	160.16	173.73	—	—	155.52
—	128.82	151.27	—	—	167.60
162.24	—	—	—	111.01	140.07
199.86	209.04	176.68	—	234.22	201.56

1－13(续2)

	人均天花　费	观光游览	休闲度假	探亲访友	商　　务
济　　南	224.12	226.27	214.74	220.03	219.45
青　　岛	235.51	214.90	228.71	265.10	237.53
烟　　台	258.71	209.80	235.68	278.94	274.30
潍　　坊	167.06	174.76	180.85	184.07	161.26
曲　　阜	164.11	154.05	175.39	146.76	206.67
泰　　安	138.71	149.31	137.76	61.30	115.44
威　　海	192.30	187.26	195.74	178.03	202.55
日　　照	197.30	183.02	209.70	—	216.10
郑　　州	173.39	161.73	187.90	—	214.01
开　　封	188.77	188.79	197.48	194.93	179.36
洛　　阳	108.61	116.94	110.27	155.00	106.18
三 门 峡	168.40	184.31	164.77	115.46	167.93
武　　汉	186.51	194.76	197.28	194.03	186.32
十　　堰	159.66	166.14	139.21	172.52	172.82
宜　　昌	219.78	232.55	217.48	116.95	212.14
襄　　阳	247.14	215.73	—	284.41	220.88
荆　　州	188.50	200.48	186.00	168.49	159.25
湖北游船	171.77	169.54	178.08	205.98	162.28
长　　沙	184.95	190.57	163.98	164.00	194.56
湘　　潭	155.42	159.69	159.31	186.09	136.46
衡　　阳	147.56	134.58	167.76	220.50	78.75
岳　　阳	202.07	199.54	180.79	250.17	203.82
张 家 界	227.66	227.96	227.36	226.59	228.39
广　　州	180.22	164.47	178.52	170.10	188.19
深　　圳	180.61	196.45	166.22	161.07	174.02
汕　　头	167.00	166.80	163.63	150.05	177.31
佛　　山	154.72	159.52	124.54	134.61	168.96
江　　门	146.06	138.05	137.02	118.81	149.82
湛　　江	123.61	128.68	123.46	81.81	113.60
惠　　州	200.11	191.72	202.68	101.79	190.02
东　　莞	230.33	230.01	226.75	229.11	233.12
桂　　林	228.39	218.34	231.63	252.84	251.08
梧　　州	149.22	138.34	152.61	171.80	121.91
北　　海	220.44	201.83	224.55	204.16	241.68
防 城 港	139.96	138.30	141.69	141.17	138.21

单位：美元/人天

会议	宗教朝拜	文化/体育/科技交流	购物	医疗保健	其他
257.29	—	208.57	243.89	378.03	215.90
259.83	—	274.79	280.40	—	321.94
277.07	—	321.94	—	—	251.84
141.87	—	164.00	325.32	—	197.71
194.98	—	182.12	—	132.93	67.66
54.35	—	98.93	—	—	130.51
88.27	184.47	193.04	—	223.47	248.20
150.43	—	191.31	—	—	214.47
—	108.24	—	—	—	96.02
189.39	198.63	—	—	—	—
113.46	98.18	94.99	17.08	107.33	—
102.14	198.63	149.80	—	—	92.40
186.72	—	152.77	—	273.98	177.53
201.75	173.91	—	—	—	—
273.69	—	229.92	—	—	96.67
212.58	279.02	263.40	—	244.62	284.82
166.63	—	133.52	—	—	—
168.56	—	145.81	200.53	—	—
194.97	90.81	208.18	—	107.91	163.40
124.13	—	176.65	—	—	137.38
177.23	149.25	156.74	—	—	—
201.11	—	170.88	—	—	194.18
223.21	228.85	228.85	228.85	—	—
194.30	185.41	192.00	178.44	174.24	182.11
190.94	202.47	195.66	136.95	184.55	188.34
188.79	176.03	139.13	183.88	152.15	181.37
195.35	211.83	169.18	143.21	211.83	91.87
209.67	185.56	215.53	106.74	—	208.74
166.99	156.68	165.08	175.37	71.32	119.03
—	216.87	233.63	233.63	—	221.74
233.56	233.77	—	233.26	234.03	192.60
250.56	—	276.45	234.56	—	252.83
146.25	—	172.09	199.58	—	132.75
244.90	—	259.36	—	—	129.15
136.90	—	137.39	142.35	134.04	140.43

1－13(续3)

	人均天花费	观光游览	休闲度假	探亲访友	商务
贺州	188.34	184.90	179.01	254.11	276.45
崇左	173.04	209.09	139.17	95.19	123.99
海口	168.61	173.64	179.15	163.74	177.39
三亚	185.16	178.94	167.51	190.55	204.33
重庆	192.13	182.53	192.34	182.25	185.63
重庆游船	174.70	177.48	177.58	—	107.20
成都	189.63	187.47	175.82	170.26	196.12
绵阳	172.09	192.97	181.00	153.51	171.63
乐山	217.92	220.29	217.04	208.32	174.28
阿坝州	147.49	152.70	129.39	—	—
贵阳	197.09	196.52	197.80	206.84	192.86
安顺	156.85	156.50	181.72	132.57	—
黔东南	135.42	137.49	141.86	82.50	144.44
昆明	204.47	203.36	199.00	214.50	215.94
景洪	193.84	187.38	163.22	—	197.66
大理	189.98	190.20	187.90	—	—
拉萨	197.67	197.12	196.61	199.69	198.41
西安	189.27	184.32	186.12	218.12	193.03
咸阳	166.26	168.10	128.50	162.35	191.93
兰州	147.98	147.79	147.99	141.44	159.27
敦煌	169.72	166.90	173.57	197.89	146.07
西宁	169.83	168.34	161.91	113.70	180.87
黄南	128.22	125.15	129.35	269.71	—
格尔木	165.69	189.36	154.71	121.26	148.38
银川	166.11	154.09	182.64	124.20	170.46
乌鲁木齐	190.31	181.56	194.66	182.91	195.54
吐鲁番	154.57	149.07	166.10	127.08	140.79
库尔勒	187.55	184.27	190.81	186.38	191.61
喀什	187.75	183.37	194.38	178.30	190.64
伊宁	148.45	151.48	154.10	183.30	134.30

单位：美元/人天

会议	宗教朝拜	文化/体育/科技交流	购物	医疗保健	其他
—	—	258.25	—	—	195.61
133.62	—	81.35	—	—	149.17
140.68	215.26	147.42	215.26	194.52	122.12
274.30	253.83	232.68	99.32	176.83	115.88
204.31	158.45	119.29	194.46	—	228.79
176.40	—	164.10	—	—	—
219.43	220.45	159.89	201.10	232.20	229.93
163.53	203.59	154.62	—	171.56	157.90
182.73	225.45	225.28	198.67	213.66	222.35
161.10	188.41	—	—	—	133.80
205.04	128.70	231.57	—	—	158.40
175.47	—	75.63	—	—	—
—	—	62.27	—	—	—
221.41	191.81	196.13	216.76	249.38	197.40
204.97	—	219.46	267.90	—	246.23
—	—	119.78	267.90	—	—
199.65	199.67	201.32	187.38	199.93	198.54
234.52	237.36	185.85	170.25	225.90	186.18
162.35	—	—	—	—	163.34
148.49	134.59	149.30	—	—	134.92
—	—	156.94	—	—	193.42
194.37	146.57	178.63	—	—	175.33
25.55	113.19	—	—	219.31	—
148.91	144.47	118.71	—	—	168.26
154.37	—	164.27	—	189.56	181.99
199.02	—	—	—	—	—
175.55	175.55	—	—	—	—
175.55	—	—	—	—	—
172.31	—	—	—	—	—
129.51	—	—	53.31	185.45	167.82

1-14 2014年入境过夜游客在各城市人均天花费
（按性别、年龄分组）

单位：美元/人天

	人均天花费	男性	女性	14岁及以下	15~24岁	25~44岁	45~64岁	65岁及以上
北京	254.23	256.74	250.97	183.37	224.06	267.79	249.19	241.54
天津	213.77	212.90	214.67	200.86	214.06	217.59	210.73	201.70
石家庄	164.64	163.06	167.14	165.61	150.05	164.71	166.34	174.72
唐山	220.52	219.83	222.84	248.11	209.52	220.01	226.17	116.34
秦皇岛	170.22	172.28	168.36	—	250.64	206.97	141.23	160.91
保定	230.67	233.27	227.33	—	218.80	241.41	240.47	172.53
承德	138.99	137.89	140.80	101.46	123.97	141.13	165.08	148.88
廊坊	89.12	92.24	82.95	63.80	75.33	95.82	81.02	120.91
太原	219.13	218.98	219.31	—	127.16	213.35	229.72	209.84
大同	94.43	94.66	94.18	—	102.30	90.31	94.47	114.98
晋城	234.25	233.09	235.99	—	209.71	230.14	237.66	236.06
晋中	168.97	169.78	167.92	161.44	152.70	162.77	184.25	178.20
运城	151.63	150.22	154.34	—	106.42	139.97	161.08	161.66
忻州	163.05	167.58	153.82	—	159.05	168.12	148.26	159.27
呼和浩特	229.70	224.77	236.63	—	214.01	232.44	232.99	257.67
满洲里	199.40	198.20	199.61	—	—	199.40	—	—
二连浩特	174.41	170.63	177.34	188.42	120.12	181.93	185.43	138.71
包头	175.95	169.34	188.76	—	110.04	200.89	163.51	163.51
沈阳	226.25	229.65	219.92	—	214.10	227.60	226.23	218.32
大连	227.68	221.43	235.70	160.14	217.96	237.82	223.07	216.25
鞍山	200.64	198.53	202.30	—	234.07	231.22	147.61	168.75
抚顺	235.53	237.98	231.96	256.84	202.56	236.59	246.99	217.64
本溪	211.20	232.29	209.25	203.61	206.50	211.08	216.71	210.01
丹东	146.09	142.28	149.45	—	153.67	144.99	145.88	148.39

1－14(续1)　　单位：美元/人天

	人均天花费	男性	女性	14岁及以下	15～24岁	25～44岁	45～64岁	65岁及以上
锦州	263.04	261.87	264.03	—	256.84	261.29	262.48	273.19
营口	162.87	159.42	179.63	—	—	163.06	162.22	—
盘锦	227.47	228.22	226.64	—	215.45	223.13	238.91	219.25
葫芦岛	259.15	262.70	257.38	—	256.84	261.63	257.27	257.22
长春	217.90	221.94	212.50	—	198.73	218.58	238.51	240.23
吉林	126.67	124.53	129.72	102.77	139.76	121.65	131.92	110.90
通化	201.36	212.67	184.24	—	168.34	188.24	221.80	206.93
松原	145.77	145.99	145.26	149.62	130.46	148.90	144.74	147.93
延吉	201.23	203.72	197.49	—	141.38	202.04	205.08	200.61
哈尔滨	230.34	235.60	222.91	—	218.32	235.34	225.34	183.37
齐齐哈尔	144.38	143.27	145.22	—	—	156.29	142.80	140.81
大庆	192.28	189.16	199.02	—	117.79	197.30	209.44	—
佳木斯	215.71	210.34	217.80	149.36	203.02	218.70	220.13	224.45
牡丹江	181.57	183.04	180.84	112.25	167.13	206.73	187.26	152.84
上海	268.70	264.19	277.08	266.74	265.08	275.15	265.39	232.96
南京	233.97	235.24	232.47	—	231.72	235.09	233.12	234.15
无锡	227.53	226.74	228.91	—	226.85	228.32	228.34	211.18
苏州	235.27	235.29	235.23	228.86	230.52	236.68	235.98	229.66
南通	198.34	198.45	198.19	—	221.58	192.55	200.19	196.39
扬州	230.95	231.58	230.17	—	233.77	227.07	238.11	222.14
杭州	240.10	238.65	242.34	227.63	200.22	236.92	247.50	240.29
宁波	194.62	183.38	205.95	167.20	212.74	199.11	184.94	179.08
温州	190.66	187.16	195.73	—	197.87	191.41	189.41	156.37
绍兴	216.49	211.73	223.32	285.63	174.96	223.08	215.21	181.14
金华	188.75	170.40	210.60	114.53	193.57	182.44	201.06	236.97
合肥	211.57	214.90	209.69	208.32	204.17	209.82	215.74	207.15
芜湖	143.43	136.71	164.06	119.81	187.67	137.20	146.64	139.13
马鞍山	237.18	242.80	227.47	—	239.87	235.65	242.07	208.32

1-14(续2)　　单位：美元/人天

	人均天花费	男性	女性	14岁及以下	15~24岁	25~44岁	45~64岁	65岁及以上
铜陵	230.02	231.07	223.56	235.06	—	226.32	231.07	—
安庆	248.26	255.68	229.31	—	208.32	252.93	242.46	208.32
黄山	184.96	182.33	187.83	208.32	189.22	186.85	180.45	190.19
滁州	138.91	138.15	145.15	—	130.57	134.26	142.55	142.29
亳州	206.43	202.22	219.09	—	227.27	214.19	196.31	170.12
池州	172.34	170.32	176.01	208.32	158.90	170.84	174.67	166.78
宣城	196.53	195.04	198.06	—	155.14	205.78	196.63	197.01
福州	196.23	189.53	205.31	189.32	182.98	209.75	194.17	139.98
厦门	199.24	195.29	204.67	257.92	186.81	202.68	198.20	190.45
泉州	207.56	221.73	184.99	277.33	219.76	204.49	210.37	159.33
漳州	194.23	199.06	189.00	—	178.41	192.20	198.65	197.18
武夷山	193.58	193.33	193.91	—	204.85	193.46	199.27	173.72
南昌	169.04	175.35	162.62	—	165.18	161.06	177.43	185.29
景德镇	187.15	180.69	202.21	—	—	196.08	176.02	166.02
九江	160.53	157.36	163.20	—	159.20	164.91	154.34	132.07
鹰潭	157.77	159.62	155.92	—	167.36	153.35	158.18	171.93
赣州	163.30	166.45	158.37	—	124.99	168.21	159.55	204.33
吉安	179.34	184.83	171.76	—	202.51	179.13	175.81	171.86
济南	224.12	224.42	223.66	265.59	233.26	216.69	230.68	251.06
青岛	235.51	233.56	238.39	—	225.50	229.37	237.87	277.63
烟台	258.71	267.94	245.26	—	217.36	254.04	272.71	150.58
潍坊	167.06	153.50	204.04	242.32	256.24	165.29	155.74	117.58
曲阜	164.11	163.42	164.83	86.94	158.01	166.77	192.23	107.24
泰安	138.71	131.17	148.92	—	203.08	120.47	133.43	159.22
威海	192.30	189.95	194.96	—	150.26	199.02	189.01	152.62
日照	197.30	187.00	215.07	—	220.03	203.43	190.42	186.04
郑州	173.39	176.14	166.33	—	—	166.50	184.08	—
开封	188.77	189.59	185.53	—	201.95	185.42	188.40	196.13
洛阳	108.61	114.07	105.38	94.88	110.37	104.94	112.51	120.43
三门峡	168.40	177.31	157.64	—	156.57	162.52	181.81	169.89

1－14(续3)　　单位：美元/人天

	人均天花费	男　性	女　性	14岁及以下	15～24岁	25～44岁	45～64岁	65岁及以上
武　汉	186.51	188.26	184.84	176.38	176.01	186.77	188.85	197.80
十　堰	159.66	154.20	167.98	—	141.69	155.42	162.68	200.82
宜　昌	219.78	218.29	222.48	192.60	205.94	224.44	220.45	209.47
襄　阳	247.14	232.85	285.43	—	—	251.22	236.05	222.41
荆　州	188.50	183.85	197.54	—	192.32	190.48	183.43	196.60
湖北游船	171.77	171.67	172.03	193.66	161.95	176.02	163.75	176.51
长　沙	184.95	186.72	183.05	201.15	172.48	193.20	181.05	179.38
湘　潭	155.42	152.81	160.69	—	201.62	136.61	168.54	191.34
衡　阳	147.56	149.24	144.03	94.06	132.61	150.61	155.10	118.43
岳　阳	202.07	208.18	193.70	244.96	271.63	192.37	203.13	199.00
张家界	227.66	227.78	227.55	—	227.99	226.19	227.83	228.53
广　州	180.22	178.78	181.88	197.50	171.20	183.21	178.29	180.56
深　圳	180.61	183.37	173.65	190.59	168.90	179.40	184.46	169.84
汕　头	167.00	174.48	159.02	178.03	138.90	175.90	164.53	174.76
佛　山	154.72	159.15	147.80	—	124.25	146.83	175.28	151.56
江　门	146.06	152.33	139.14	169.88	123.33	155.45	140.97	127.16
湛　江	123.61	127.60	118.75	—	128.18	119.85	128.44	114.18
惠　州	200.11	206.03	192.22	208.88	233.63	203.63	179.87	210.42
东　莞	230.33	230.03	230.85	—	226.26	230.68	232.71	—
桂　林	228.39	227.22	229.49	—	219.86	241.77	214.89	224.07
梧　州	149.22	147.17	151.39	—	151.57	150.49	147.20	146.46
北　海	220.44	220.47	220.39	—	156.80	231.36	220.13	199.00
防城港	139.96	139.91	140.02	140.18	136.87	140.38	141.01	138.68
贺　州	188.34	196.83	179.50	—	174.01	184.66	191.72	239.01
崇　左	173.04	186.57	153.56	—	96.46	165.90	189.23	82.66
海　口	168.61	167.89	169.81	—	156.36	166.07	175.00	167.82
三　亚	185.16	190.04	180.46	97.75	178.73	196.93	159.52	191.52
重　庆	192.13	194.85	188.41	78.87	207.21	192.11	188.18	200.10
重庆游船	174.70	173.19	176.32	164.10	138.81	171.50	176.28	179.74

1－14(续4)　　　　单位：美元/人天

	人均天花费	男 性	女 性	14岁及以下	15～24岁	25～44岁	45～64岁	65岁及以上
成　都	189.63	192.47	186.13	221.86	188.53	193.44	190.40	164.98
绵　阳	172.09	170.64	177.11	—	169.05	169.10	179.20	180.45
乐　山	217.92	216.55	219.60	206.18	217.78	219.84	218.18	212.70
阿　坝	147.49	148.78	146.29	173.90	157.77	141.92	143.23	158.56
贵　阳	197.09	200.66	193.91	251.93	160.75	201.16	197.50	183.65
安　顺	156.85	147.13	172.21	—	208.67	148.96	162.11	140.21
黔东南	135.42	126.76	155.94	223.46	84.15	101.17	131.68	202.12
昆　明	204.47	205.98	202.53	134.91	201.82	208.26	198.78	177.83
景　洪	193.84	193.43	194.61	—	150.20	191.28	213.51	222.96
大　理	189.98	170.16	214.11	—	225.07	187.79	178.47	—
拉　萨	197.67	197.26	198.84	201.76	198.40	197.09	197.84	200.84
西　安	189.27	191.55	186.81	200.54	196.27	188.65	189.57	184.66
咸　阳	166.26	158.47	174.33	—	186.51	184.92	149.59	160.01
兰　州	147.98	147.80	148.20	106.16	156.58	147.87	144.10	157.10
敦　煌	169.72	172.16	165.51	123.26	156.47	174.22	170.72	170.77
西　宁	169.83	166.32	173.05	—	161.33	172.38	166.13	185.60
黄　南	128.22	128.49	127.68	—	149.47	113.17	135.07	116.55
格尔木	165.69	179.50	145.53	110.89	196.77	170.52	152.71	154.13
银　川	166.11	161.35	176.40	—	166.89	170.58	161.19	155.72
乌鲁木齐	190.31	190.18	190.35	—	199.36	190.65	181.42	—
吐鲁番	154.57	143.15	165.11	—	175.55	143.50	146.55	186.84
库尔勒	187.55	182.32	192.01	—	187.28	188.44	187.92	167.39
喀　什	187.75	188.51	184.02	—	207.28	186.39	188.40	187.28
伊　宁	148.45	144.28	152.79	—	—	133.46	155.07	154.59

1－15 2014年入境一日游游客人均花费及构成

（按外国人、港澳台胞、团体及散客分组）

		人均花费（美元/人）	花费构成（%）						
			餐饮	景区游览	娱乐	购物	交通	邮电通信	其他
全　　国	**合计**	**67.87**	**13.9**	**16.0**	**13.8**	**33.4**	**12.0**	**3.5**	**7.4**
	团体	69.83	9.9	10.0	8.8	47.0	8.7	5.7	9.9
	散客	67.40	14.8	17.5	15.0	30.2	12.8	2.9	6.8
外 国 人	小计	73.62	13.7	15.7	13.4	33.5	13.0	4.0	6.7
	团体	70.06	9.7	9.7	8.8	48.1	8.1	5.8	9.8
	散客	74.92	15.2	17.9	15.1	28.2	14.8	3.3	5.5
香港同胞	小计	53.06	14.0	16.5	14.9	34.0	9.6	2.6	8.4
	团体	67.80	11.8	12.3	8.5	38.3	13.4	5.7	10.0
	散客	52.07	14.1	16.8	15.3	33.7	9.3	2.4	8.4
澳门同胞	小计	64.81	14.2	13.6	21.1	29.5	11.6	3.3	6.7
	团体	63.99	11.6	10.4	13.7	38.7	10.6	5.0	10.0
	散客	64.93	14.6	14.1	22.2	28.2	11.7	3.1	6.1
台湾同胞	小计	80.44	15.2	18.1	11.4	30.4	14.0	2.3	8.6
	团体	72.35	11.4	13.4	9.7	41.9	13.9	0.0	9.7
	散客	80.92	15.4	18.4	11.5	29.7	14.0	2.4	8.6

1－16 2014年入境过夜游客人均天花费构成

		人均天花费（美元/人天）	人均天花费构成（%）				
			长途交通	飞 机	火 车	汽 车	轮 船
全 国	**合计**	**212.25**	**37.5**	**27.9**	**4.0**	**3.0**	**2.6**
	团体	196.93	35.2	23.2	4.7	4.5	2.8
	散客	216.98	38.3	29.4	3.7	2.6	2.6
外 国 人	小计	227.63	37.5	28.3	3.8	3.1	2.3
	团体	201.29	34.8	22.6	4.9	4.6	2.7
	散客	237.34	38.6	30.4	3.4	2.6	2.2
香港同胞	小计	156.42	37.5	25.9	5.2	3.1	3.3
	团体	159.82	34.1	23.8	4.0	3.6	2.7
	散客	156.04	37.8	26.1	5.3	3.0	3.4
澳门同胞	小计	125.98	38.6	28.7	4.6	2.5	2.8
	团体	147.65	35.7	27.2	3.4	5.1	0.0
	散客	119.97	39.4	29.1	4.9	1.8	3.6
台湾同胞	小计	210.57	37.0	28.1	3.0	2.5	3.4
	团体	197.25	39.3	27.5	3.7	3.9	4.2
	散客	214.19	36.4	28.3	2.8	2.1	3.2

（按外国人、港澳台胞、团体及散客分组）

住宿	餐饮	景区游览	娱乐	购物	市内交通	邮电通信	其他
13.3	**8.0**	**4.8**	**5.8**	**18.7**	**2.0**	**1.8**	**8.1**
10.0	4.4	3.7	4.0	28.0	2.5	3.1	9.1
14.4	9.0	5.2	6.4	15.8	1.8	1.5	7.6
13.4	7.8	4.2	5.4	19.3	2.0	1.9	8.5
10.3	4.4	3.5	4.2	28.1	2.6	3.2	8.9
14.6	9.0	4.5	5.8	16.0	1.8	1.4	8.3
13.8	8.6	7.8	7.0	16.5	1.9	1.7	5.2
8.9	4.1	4.7	2.9	29.3	2.3	3.7	10.0
14.4	9.1	8.1	7.5	15.1	1.8	1.5	4.7
12.2	7.7	4.9	6.7	17.4	1.6	2.2	8.7
7.3	5.1	5.5	4.0	30.9	1.5	2.4	7.6
13.5	8.4	4.7	7.4	13.6	1.6	2.1	9.3
12.3	8.2	4.5	7.0	18.3	2.1	1.6	9.0
8.8	4.9	4.7	2.7	25.6	2.4	1.7	9.9
13.2	9.1	4.4	8.2	16.3	2.0	1.6	8.8

1－17 2014年外国过夜游客

	人均天花费（美元/人天）	人均天花费构成（%）				
		长途交通	飞 机	火 车	汽 车	轮 船
日 本	239.62	40.8	34.2	2.5	2.2	1.9
菲律宾	204.18	34.7	28.6	2.5	2.3	1.3
泰 国	247.57	31.6	22.2	3.1	3.1	3.2
新加坡	245.82	33.0	24.6	2.6	2.7	3.1
印度尼西亚	250.95	30.6	25.1	3.1	1.8	0.6
马来西亚	243.12	26.2	20.5	2.3	2.6	0.8
韩 国	221.15	36.5	27.7	3.0	3.7	2.1
朝 鲜	179.22	34.5	19.6	9.4	2.6	2.9
蒙 古	319.24	21.2	15.8	3.4	1.8	0.2
印 度	212.10	35.6	24.3	1.7	1.7	7.9
越 南	186.21	41.5	26.8	7.0	4.5	3.2
缅 甸	263.37	29.7	22.7	1.9	2.0	3.1
哈萨克斯坦	203.71	45.8	34.3	7.5	3.9	0.1
英 国	211.35	41.3	33.1	2.9	2.9	2.4
法 国	223.48	34.3	27.6	2.3	2.2	2.2
德 国	215.93	40.6	32.3	2.4	2.9	3.0
西班牙	227.86	37.3	28.9	3.8	2.1	2.5
意大利	232.74	40.8	35.5	2.1	1.9	1.3
荷 兰	235.71	35.1	28.2	3.5	2.7	0.7
瑞 典	203.94	44.0	38.4	3.0	1.9	0.7
俄罗斯	219.54	38.3	26.6	4.9	4.5	2.3
瑞 士	220.60	38.0	27.5	3.0	5.6	1.9
乌克兰	256.65	50.5	35.4	5.6	5.2	4.3
美 国	205.26	37.7	31.9	2.2	2.2	1.4
加拿大	230.53	37.3	30.8	2.6	3.0	0.9
澳大利亚	235.70	35.4	28.5	2.3	3.2	1.4
新西兰	245.66	33.5	27.6	2.4	1.9	1.6
非洲国家	250.94	20.8	17.3	2.0	1.1	0.4
中南美洲国家	226.23	41.2	35.9	2.4	1.9	1.0
其他国家	217.50	46.8	28.6	5.3	3.1	9.8

人均天花费构成(按国别分组)

住宿	餐饮	景区游览	娱乐	购物	市内交通	邮电通信	其他
13.8	8.1	4.3	5.3	14.5	2.3	1.7	9.2
15.2	9.3	5.1	6.7	20.0	2.3	1.6	5.1
14.1	9.8	4.9	6.9	18.1	2.2	3.1	9.3
15.1	9.7	4.6	5.7	21.6	2.0	1.9	6.4
11.8	10.0	4.6	7.5	23.8	1.7	1.6	8.4
14.8	10.6	5.0	7.6	22.9	2.3	2.0	8.6
14.5	8.5	5.2	6.2	16.8	2.4	1.8	8.1
11.3	7.9	5.3	3.9	23.9	1.6	2.1	9.5
2.8	3.5	1.7	4.3	60.5	0.9	0.7	4.4
15.5	9.8	5.4	5.0	17.1	2.3	1.4	7.9
14.8	10.0	4.2	6.3	12.4	1.9	1.2	7.7
14.3	13.3	3.9	6.8	17.1	1.8	2.7	10.4
13.3	5.7	2.1	6.0	14.4	1.0	1.9	9.8
15.1	8.0	4.9	5.1	12.4	1.8	1.5	9.9
14.1	8.3	5.0	7.1	19.8	2.2	1.3	7.9
17.1	8.0	3.8	6.3	12.1	1.7	1.6	8.8
19.1	7.6	3.9	5.1	13.8	2.0	2.1	9.1
15.7	7.9	3.9	7.7	12.7	1.5	2.6	7.2
12.7	11.3	4.1	5.0	14.7	1.8	1.3	14.0
15.1	8.5	3.6	2.9	11.7	1.6	1.8	10.8
10.1	5.2	3.3	4.3	27.2	2.1	2.6	6.9
17.4	10.0	5.1	6.4	12.8	2.5	1.2	6.6
11.5	7.4	2.9	4.3	13.9	2.0	1.1	6.4
16.7	8.2	4.4	4.4	14.2	2.0	2.3	10.1
15.4	7.5	3.9	3.9	16.4	1.6	1.3	12.7
19.7	7.7	3.8	5.8	15.5	2.0	1.3	8.8
18.6	9.0	5.1	6.8	16.6	2.3	1.8	6.3
8.3	8.7	11.1	3.0	20.7	1.6	0.7	25.1
14.7	6.5	3.6	4.6	20.1	2.9	1.7	4.7
12.6	7.8	3.0	5.2	13.0	1.1	1.0	9.5

1－18　2014年入境过夜游客在各省

		人均天花费（美元/人天）	人均天花费构成（%）				
			长途交通	飞　机	火　车	汽　车	轮　船
北　京	小计	254.23	27.0	21.4	3.6	2.0	0.0
	团体	232.48	20.3	14.4	3.2	2.7	0.0
	散客	271.26	32.4	26.9	4.0	1.5	0.0
天　津	小计	213.77	34.7	28.6	1.6	2.0	2.5
	团体	212.89	26.1	22.3	0.0	3.8	0.0
	散客	214.22	39.1	31.9	2.4	1.0	3.8
河　北	小计	168.30	32.2	19.6	6.5	6.1	0.0
	团体	144.25	22.9	1.9	11.4	9.6	0.0
	散客	180.88	37.0	28.9	3.9	4.2	0.0
山　西	小计	175.24	30.2	19.4	2.7	8.1	0.0
	团体	173.43	24.9	14.1	0.0	10.8	0.0
	散客	177.43	36.6	25.9	5.9	4.8	0.0
内蒙古	小计	196.24	24.1	17.0	1.8	5.3	0.0
	团体	193.26	21.9	12.5	0.0	9.4	0.0
	散客	197.96	25.3	19.6	2.8	2.9	0.0
辽　宁	小计	208.28	29.9	21.3	2.6	3.4	2.6
	团体	205.33	25.3	20.1	3.4	1.8	0.0
	散客	211.11	34.3	22.4	1.9	4.9	5.1
吉　林	小计	179.58	32.4	26.4	3.4	2.6	0.0
	团体	177.74	23.2	17.0	3.0	3.2	0.0
	散客	182.42	46.6	40.9	3.9	1.8	0.0
黑龙江	小计	196.61	30.1	23.2	1.8	5.1	0.0
	团体	193.62	27.6	20.9	0.0	6.7	0.0
	散客	201.80	34.5	27.3	5.0	2.2	0.0
上　海	小计	268.70	34.3	25.5	3.9	2.2	2.7
	团体	210.81	23.4	17.9	3.5	2.0	0.0
	散客	276.43	35.8	26.5	4.0	2.2	3.1
江　苏	小计	229.36	34.1	27.6	3.1	3.4	0.0
	团体	227.44	22.2	15.9	3.3	3.0	0.0
	散客	229.94	37.7	31.2	3.0	3.5	0.0

人均天花费构成(按团体及散客分组)

住宿	餐饮	景区游览	娱乐	购物	市内交通	邮电通信	其他
16.7	7.4	4.3	4.0	26.7	2.6	1.7	9.6
14.7	4.6	4.6	0.9	39.7	3.0	2.5	9.7
18.3	9.6	4.1	6.4	16.5	2.3	1.0	9.4
12.6	8.2	4.3	3.4	24.3	2.4	2.3	7.8
9.0	5.8	4.3	0.0	38.2	3.8	3.0	9.8
14.5	9.5	4.3	5.2	17.2	1.7	2.0	6.5
13.6	8.6	6.1	5.6	19.6	2.6	2.5	9.2
14.6	5.3	3.7	5.2	32.2	2.8	3.7	9.6
13.1	10.3	7.3	5.8	13.0	2.5	1.8	9.2
11.7	6.8	6.7	3.0	27.4	1.1	3.8	9.3
9.5	3.6	5.8	0.0	38.5	0.0	4.7	13.0
14.3	10.6	7.7	6.6	14.1	2.5	2.7	4.9
10.3	7.5	3.5	5.3	33.8	2.8	2.5	10.2
7.1	5.9	3.1	2.4	39.7	4.9	3.6	11.4
12.2	8.4	3.8	6.9	30.4	1.6	1.8	9.6
12.4	10.0	5.9	6.0	22.4	1.8	2.2	9.4
12.3	8.7	5.5	5.2	28.5	1.7	2.9	9.9
12.4	11.2	6.3	6.7	16.5	1.9	1.5	9.2
10.6	5.0	5.1	3.9	28.8	2.0	1.8	10.4
10.2	4.5	4.4	2.8	38.5	2.3	2.3	11.8
11.2	5.7	6.2	5.7	13.9	1.6	1.0	8.1
12.1	6.1	8.5	2.4	27.3	1.2	2.2	10.1
10.3	4.6	7.5	0.6	34.6	0.5	2.9	11.4
15.3	8.7	10.2	5.4	14.6	2.3	1.0	8.0
14.9	7.2	3.8	7.1	20.9	3.3	1.5	7.0
9.7	4.3	2.2	2.0	40.6	3.6	3.4	10.8
15.6	7.6	4.0	7.8	18.3	3.3	1.2	6.4
16.7	7.9	5.3	7.4	18.2	2.3	2.1	6.0
9.5	6.4	6.2	6.0	34.5	1.8	3.2	10.2
18.9	8.3	5.0	7.8	13.3	2.4	1.8	4.8

1-18(续1)

		人均天花费(美元/人天)	人均天花费构成(%)				
			长途交通	飞机	火车	汽车	轮船
浙江	小计	216.90	34.0	25.0	3.4	2.4	3.2
	团体	200.99	20.3	9.5	5.7	3.4	1.7
	散客	221.35	37.8	29.4	2.7	2.1	3.6
安徽	小计	193.44	36.8	25.5	5.0	2.9	3.4
	团体	204.04	27.7	21.4	4.7	1.6	0.0
	散客	186.26	42.9	28.2	5.2	3.8	5.7
福建	小计	198.55	33.9	25.3	2.7	3.2	2.7
	团体	182.73	20.0	13.1	1.2	4.3	1.4
	散客	206.55	40.9	31.5	3.4	2.6	3.4
江西	小计	169.44	32.4	19.7	7.3	3.3	2.1
	团体	164.24	27.7	15.2	9.3	2.3	0.9
	散客	174.02	36.6	23.6	5.6	4.2	3.2
山东	小计	204.86	36.1	22.5	5.6	2.7	5.3
	团体	186.85	29.3	14.9	6.8	4.4	3.2
	散客	214.51	39.7	26.5	4.9	1.8	6.5
河南	小计	160.21	32.4	20.0	4.5	7.9	0.0
	团体	161.26	30.8	17.0	3.9	9.9	0.0
	散客	157.57	36.6	27.6	6.1	2.9	0.0
湖北	小计	192.34	38.2	20.0	3.9	3.7	10.6
	团体	184.08	37.3	15.6	4.1	3.3	14.3
	散客	199.00	38.9	23.5	3.7	4.1	7.6
湖南	小计	193.60	31.6	23.2	3.2	4.4	0.8
	团体	195.84	25.8	18.3	1.8	5.7	0.0
	散客	188.99	43.2	33.2	6.0	1.7	2.3
广东	小计	176.40	36.8	27.0	3.5	2.0	4.3
	团体	188.66	29.6	15.8	7.3	1.9	4.6
	散客	174.20	38.0	29.0	2.8	2.0	4.2
广西	小计	189.74	35.2	27.0	5.9	2.3	0.0
	团体	189.37	22.8	17.0	5.8	0.0	0.0
	散客	190.01	44.6	34.5	6.0	4.1	0.0

住宿	餐饮	景区游览	娱乐	购物	市内交通	邮电通信	其他
14.5	7.9	4.5	6.5	18.2	3.0	2.4	9.0
11.3	4.2	5.0	1.3	37.7	4.3	3.9	12.0
15.4	8.9	4.4	7.9	12.8	2.6	2.0	8.2
9.9	7.5	4.8	7.0	20.0	1.8	2.9	9.3
9.4	6.7	6.8	5.7	27.3	2.1	4.6	9.7
10.3	8.1	3.4	7.8	15.1	1.6	1.8	9.0
12.3	7.6	3.2	7.9	22.0	2.0	2.0	9.1
10.8	3.9	1.7	7.8	38.6	2.3	2.9	12.0
13.0	9.4	4.0	8.0	13.6	1.8	1.5	7.8
10.1	7.8	5.8	5.3	29.3	2.3	2.2	4.8
8.1	6.3	6.1	2.2	38.8	2.6	3.2	5.0
11.9	9.1	5.6	8.0	20.9	2.0	1.4	4.5
11.9	6.2	3.9	8.1	22.1	2.4	2.1	7.2
8.5	4.2	3.6	8.6	35.1	2.1	3.3	5.3
13.7	7.3	4.0	7.8	15.2	2.6	1.5	8.2
10.6	4.6	5.9	5.6	24.8	4.6	3.1	8.4
10.6	3.5	6.7	5.5	26.5	5.8	3.2	7.4
10.6	7.3	3.9	6.0	20.5	1.7	2.7	10.7
11.9	4.6	3.9	6.6	22.8	1.8	2.5	7.7
10.0	2.5	3.6	4.4	30.9	1.7	3.3	6.3
13.4	6.3	4.2	8.3	16.2	1.9	1.9	8.9
9.1	6.5	6.5	4.5	27.0	2.6	2.8	9.4
8.4	5.8	7.1	3.0	34.7	2.8	3.2	9.2
10.5	7.8	5.4	7.7	11.1	2.1	2.1	10.1
13.2	8.3	4.8	8.0	19.1	1.8	1.3	6.7
7.5	4.1	2.3	7.2	38.0	1.6	2.1	7.6
14.2	9.1	5.2	8.1	15.7	1.8	1.2	6.7
10.5	5.6	6.2	5.5	23.4	2.8	1.7	9.1
10.1	3.5	6.3	4.1	39.4	3.7	2.0	8.1
10.8	7.2	6.2	6.6	11.5	2.2	1.5	9.4

1－18(续2)

		人均天花费(美元/人天)	人均天花费构成(%)				
			长途交通	飞　机	火　车	汽　车	轮　船
海　南	小计	179.59	25.8	18.6	1.2	2.1	3.9
	团体	178.35	17.6	14.8	0.0	2.8	0.0
	散客	180.45	31.5	21.3	2.0	1.6	6.6
重　庆	小计	190.19	34.3	16.8	6.5	2.7	8.3
	团体	184.42	33.2	15.8	5.2	2.1	10.1
	散客	195.23	35.2	17.7	7.6	3.2	6.7
四　川	小计	185.59	31.2	24.3	1.2	3.0	2.7
	团体	182.31	22.9	20.1	0.0	2.8	0.0
	散客	189.26	40.6	29.0	2.6	3.3	5.7
贵　州	小计	180.65	27.6	20.7	1.6	5.3	0.0
	团体	192.24	24.4	18.0	0.0	6.4	0.0
	散客	161.19	33.0	25.2	4.4	3.4	0.0
云　南	小计	203.05	30.2	22.4	4.0	3.8	0.0
	团体	192.15	29.6	19.7	4.2	5.7	0.0
	散客	208.62	30.5	23.8	3.9	2.8	0.0
西　藏	小计	197.67	33.7	12.7	8.0	13.0	0.0
	团体	191.75	31.3	12.9	8.1	10.3	0.0
	散客	225.70	44.9	11.8	7.6	25.5	0.0
陕　西	小计	188.14	37.3	29.8	6.9	0.6	0.0
	团体	185.69	34.5	27.9	6.6	0.0	0.0
	散客	192.26	42.0	33.1	7.3	1.6	0.0
甘　肃	小计	160.40	36.6	22.7	8.6	5.3	0.0
	团体	161.02	31.1	16.5	7.4	7.2	0.0
	散客	159.43	45.1	32.3	10.6	2.2	0.0
青　海	小计	159.19	29.3	18.4	7.9	3.0	0.0
	团体	166.58	24.5	13.2	8.2	3.1	0.0
	散客	146.48	37.7	27.4	7.4	2.9	0.0
宁　夏	小计	166.11	31.5	21.9	2.8	6.8	0.0
	团体	183.75	18.8	0.0	0.0	18.8	0.0
	散客	159.75	36.1	29.8	3.8	2.5	0.0
新　疆	小计	176.49	39.4	28.1	7.4	3.9	0.0
	团体	172.30	32.6	18.2	8.1	6.3	0.0
	散客	179.05	43.6	34.1	7.0	2.5	0.0

住宿	餐饮	景区游览	娱乐	购物	市内交通	邮电通信	其他
17.1	9.4	4.6	4.4	21.9	3.0	1.7	12.1
16.6	10.8	4.3	1.3	30.7	4.0	2.8	11.9
17.4	8.5	4.8	6.6	15.9	2.3	0.9	12.1
10.4	5.1	3.9	4.1	22.4	3.1	3.6	13.1
9.1	3.6	1.8	1.5	31.8	3.8	3.1	12.1
11.5	6.5	5.8	6.4	14.2	2.5	4.0	13.9
13.0	7.5	6.0	5.0	22.2	3.4	2.1	9.6
12.0	7.0	7.3	3.3	29.4	4.9	3.3	9.9
14.1	8.0	4.6	7.0	14.2	1.8	0.8	8.9
11.0	7.5	4.3	7.0	27.2	3.1	2.2	10.1
10.2	6.5	3.5	6.8	32.8	2.6	2.4	10.8
12.3	9.2	5.6	7.4	17.9	3.9	1.9	8.8
13.3	8.8	5.1	6.1	25.8	3.1	2.2	5.4
9.0	4.8	4.1	3.3	34.9	3.6	2.7	8.0
15.5	10.8	5.6	7.6	21.1	2.9	1.9	4.1
11.8	6.0	5.5	4.0	25.4	0.6	4.2	8.8
11.7	5.9	5.3	3.6	28.2	0.5	4.5	9.0
12.5	6.4	6.3	5.9	12.2	1.1	2.9	7.8
13.5	6.2	6.7	7.2	16.9	4.3	2.3	5.6
11.4	5.0	6.5	6.7	21.1	5.1	2.5	7.2
17.1	8.2	7.1	8.0	9.8	3.0	2.0	2.8
14.2	8.7	10.6	1.7	16.9	0.9	2.3	8.1
13.3	8.2	11.0	0.0	22.2	0.0	2.9	11.3
15.7	9.6	9.9	4.3	8.7	2.4	1.4	2.9
12.0	6.4	5.9	3.8	28.5	2.7	2.1	9.3
11.5	5.9	4.6	0.0	37.2	2.7	2.3	11.3
12.8	7.2	8.2	10.4	13.5	2.6	1.7	5.9
17.6	7.0	6.6	9.0	12.4	4.2	2.0	9.7
17.1	6.1	8.7	6.1	22.8	7.2	1.9	11.3
17.8	7.3	5.8	10.1	8.6	3.1	2.1	9.1
11.9	7.3	7.0	6.4	15.7	2.5	2.6	7.2
9.9	4.6	4.8	7.5	26.5	3.8	3.2	7.1
13.1	9.0	8.4	5.8	9.1	1.7	2.3	7.0

1－19　2014年入境过夜游客在各省(区、市)

	人均天花费(美元/人天)	人均天花费构成(%)				
		长途交通	飞　机	火　车	汽　车	轮　船
北　京	254.23	27.0	21.4	3.6	2.0	0.0
外国人	257.90	27.9	22.0	3.7	2.2	0.0
香港同胞	242.22	15.1	12.2	2.0	0.9	0.0
澳门同胞	255.32	13.6	10.7	2.7	0.2	0.0
台湾同胞	202.08	14.5	11.8	2.2	0.5	0.0
天　津	213.77	34.7	28.6	1.6	2.0	2.5
外国人	214.40	35.3	29.6	1.6	1.7	2.4
香港同胞	222.37	30.2	29.1	0.0	1.1	0.0
澳门同胞	199.46	25.4	23.2	0.0	2.2	0.0
台湾同胞	205.15	26.1	22.8	0.2	3.1	0.0
河　北	168.30	32.2	19.6	6.5	6.1	0.0
外国人	161.76	32.4	19.9	6.2	6.3	0.0
香港同胞	205.00	34.8	19.3	8.3	7.2	0.0
澳门同胞	187.51	21.8	19.9	1.8	0.1	0.0
台湾同胞	194.36	26.2	16.0	3.6	6.6	0.0
山　西	175.24	30.2	19.4	2.7	8.1	0.0
外国人	179.34	22.0	11.1	2.6	8.3	0.0
香港同胞	160.84	35.7	13.9	2.2	19.6	0.0
澳门同胞	133.88	25.0	18.3	3.8	2.9	0.0
台湾同胞	159.74	32.2	21.2	4.0	7.0	0.0
内蒙古	196.24	24.1	17.0	1.8	5.3	0.0
外国人	196.75	24.7	17.7	1.7	5.3	0.0
香港同胞	185.07	20.1	12.3	4.0	3.8	0.0
澳门同胞	198.03	4.4	4.4	0.0	0.0	0.0
台湾同胞	200.40	20.6	9.5	5.6	5.5	0.0

人均天花费构成(按外国人、港澳台胞分组)

住宿	餐饮	景区游览	娱乐	购物	市内交通	邮电通信	其他
16.7	7.4	4.3	4.0	26.7	2.6	1.7	9.6
16.9	7.2	4.2	3.6	25.7	2.7	1.6	10.2
14.6	10.2	4.4	12.8	30.0	2.9	4.8	5.2
22.2	8.6	4.5	4.6	32.9	1.8	2.4	9.4
14.4	7.9	6.1	3.7	46.3	1.2	1.0	4.9
12.6	8.2	4.3	3.4	24.3	2.4	2.3	7.8
12.2	7.9	4.5	3.0	24.5	2.4	2.2	8.0
16.1	10.1	4.6	6.2	24.2	0.5	2.3	5.8
21.1	13.1	4.2	1.0	23.0	1.1	2.8	8.3
13.3	9.8	3.0	6.0	28.4	0.2	4.7	8.5
13.6	8.6	6.1	5.6	19.6	2.6	2.5	9.2
13.9	8.0	5.8	5.8	19.0	2.7	2.5	9.9
14.8	10.7	7.9	4.3	14.6	2.4	1.8	8.7
8.2	7.7	4.4	4.5	40.7	1.5	4.6	6.6
13.0	12.0	7.0	4.9	24.7	1.3	2.5	8.4
11.7	6.8	6.7	3.0	27.4	1.1	3.8	9.3
12.3	6.9	6.5	3.0	32.8	1.1	4.4	11.0
10.4	8.3	14.1	2.9	19.8	1.7	2.6	4.5
5.6	4.5	4.6	3.6	37.1	1.2	4.9	13.5
15.9	8.2	7.5	2.5	20.3	1.2	3.1	9.1
10.3	7.5	3.5	5.3	33.8	2.8	2.5	10.2
9.6	7.3	3.5	5.1	33.9	2.6	2.2	11.1
15.2	8.7	3.4	5.6	35.6	3.1	4.5	3.8
14.8	9.4	3.0	6.1	46.3	1.7	4.7	9.6
14.7	8.9	5.5	7.8	30.3	3.0	2.2	7.0

1－19(续1)

	人均天花费（美元/人天）	人均天花费构成(%)				
		长途交通	飞机	火车	汽车	轮船
辽宁	208.28	29.9	21.3	2.6	3.4	2.6
外国人	205.96	30.7	21.7	2.8	3.4	2.8
香港同胞	232.45	26.2	18.9	2.3	3.3	1.7
澳门同胞	222.74	24.3	20.2	2.3	1.8	0.0
台湾同胞	213.86	22.9	17.9	0.7	2.7	1.6
吉林	179.58	32.4	26.4	3.4	2.6	0.0
外国人	173.34	32.5	26.3	3.5	2.7	0.0
香港同胞	239.46	36.6	29.9	3.5	3.2	0.0
澳门同胞	215.60	40.8	33.0	4.7	3.1	0.0
台湾同胞	197.78	31.0	27.6	1.0	2.4	0.0
黑龙江	196.61	30.1	23.2	1.8	5.1	0.0
外国人	201.49	31.1	24.8	2.0	4.3	0.0
香港同胞	211.69	27.9	20.0	4.4	3.5	0.0
澳门同胞	291.83	9.2	9.2	0.0	0.0	0.0
台湾同胞	160.44	12.4	1.3	0.0	11.1	0.0
上海	268.70	34.3	25.5	3.9	2.2	2.7
外国人	263.46	34.1	27.7	3.8	1.6	1.0
香港同胞	299.52	40.0	18.7	5.3	4.0	12.0
澳门同胞	281.61	24.5	23.2	1.3	0.0	0.0
台湾同胞	297.79	25.6	17.7	4.3	3.6	0.0
江苏	229.36	34.1	27.6	3.1	3.4	0.0
外国人	229.52	36.2	29.2	3.3	3.7	0.0
香港同胞	229.35	29.3	24.5	2.1	2.7	0.0
澳门同胞	219.02	21.5	17.8	1.7	2.0	0.0
台湾同胞	229.97	29.1	23.5	3.2	2.4	0.0

住宿	餐饮	景区游览	娱乐	购物	市内交通	邮电通信	其他
12.4	10.0	5.9	6.0	22.4	1.8	2.2	9.4
12.1	9.7	5.5	5.9	22.4	1.8	2.2	9.7
15.6	12.2	9.1	8.4	18.4	1.8	1.7	6.6
10.7	13.5	10.5	3.5	24.6	2.6	1.9	8.4
14.5	9.5	6.2	7.5	23.8	2.4	3.0	10.2
10.6	5.0	5.1	3.9	28.8	2.0	1.8	10.4
11.0	5.1	5.1	3.8	29.3	0.6	2.0	10.6
10.0	4.4	3.7	4.5	28.1	1.2	0.8	10.7
8.3	3.2	11.2	1.5	24.0	0.7	2.0	8.3
9.1	5.2	4.1	5.1	32.8	2.4	1.5	8.8
12.1	6.1	8.5	2.4	27.3	1.2	2.2	10.1
11.1	6.1	7.3	2.6	28.9	1.2	2.1	9.6
12.2	7.5	5.9	2.6	22.5	1.0	2.7	17.7
18.7	8.0	1.1	0.0	39.7	0.0	1.5	21.8
20.0	6.3	18.1	0.4	21.2	0.1	3.4	18.1
14.9	7.2	3.8	7.1	20.9	3.3	1.5	7.0
15.3	7.2	3.7	6.8	21.3	3.3	1.5	6.8
13.8	7.6	3.6	6.1	17.8	2.9	1.2	7.0
15.4	6.7	6.0	8.9	26.7	3.4	1.5	6.9
12.6	8.1	4.5	11.1	23.4	3.6	1.6	9.5
16.7	7.9	5.3	7.4	18.2	2.3	2.1	6.0
16.0	8.1	5.0	6.9	17.6	2.4	2.1	5.7
18.6	7.2	6.9	8.7	18.0	2.5	1.8	7.0
18.5	6.2	5.4	11.8	25.4	1.6	2.8	6.8
18.2	7.3	5.8	8.5	20.5	1.9	2.3	6.4

1－19(续2)

	人均天花费(美元/人天)	人均天花费构成(%)				
		长途交通	飞机	火车	汽车	轮船
浙江	216.90	34.0	25.0	3.4	2.4	3.2
外国人	218.75	35.2	26.7	3.3	2.5	2.7
香港同胞	206.52	29.6	15.1	3.8	2.1	8.6
澳门同胞	217.04	18.3	13.4	2.2	1.9	0.8
台湾同胞	211.88	20.2	16.0	1.4	1.8	1.0
安徽	193.44	36.8	25.5	5.0	2.9	3.4
外国人	193.99	37.0	25.8	4.9	2.9	3.4
香港同胞	188.11	30.7	20.1	6.0	2.5	2.1
澳门同胞	181.86	33.7	21.0	8.6	4.1	0.0
台湾同胞	191.51	33.4	25.2	5.0	3.2	0.0
福建	198.55	33.9	25.3	2.7	3.2	2.7
外国人	206.22	35.6	29.4	1.7	3.4	1.1
香港同胞	211.70	33.7	24.3	4.9	3.2	1.3
澳门同胞	178.78	24.6	14.5	6.9	2.9	0.3
台湾同胞	176.30	35.0	23.7	2.1	1.4	7.8
江西	169.44	32.4	19.7	7.3	3.3	2.1
外国人	167.65	27.5	20.4	2.8	3.0	1.3
香港同胞	170.23	33.6	17.7	7.8	4.5	3.6
澳门同胞	176.90	32.9	17.8	9.2	3.8	2.1
台湾同胞	171.74	34.8	23.6	6.9	2.8	1.5
山东	204.86	36.1	22.5	5.6	2.7	5.3
外国人	209.95	28.6	17.8	2.3	2.7	5.8
香港同胞	199.95	33.4	21.9	4.3	4.2	3.0
澳门同胞	169.93	27.2	13.0	6.8	4.7	2.7
台湾同胞	190.15	37.8	14.5	14.9	3.9	4.5

住宿	餐饮	景区游览	娱乐	购物	市内交通	邮电通信	其他
14.5	7.9	4.5	6.5	18.2	3.0	2.4	9.0
14.5	7.8	4.6	6.1	18.0	3.0	2.2	8.6
13.8	7.9	4.2	5.6	20.5	2.6	3.4	12.4
14.0	10.5	4.1	14.5	22.5	3.0	2.7	10.4
17.0	7.2	5.0	7.6	23.2	2.3	4.2	13.3
9.9	7.5	4.8	7.0	20.0	1.8	2.9	9.3
10.0	7.6	4.6	7.0	19.5	1.8	3.0	9.5
8.7	8.1	6.6	7.3	25.1	2.0	2.5	9.0
7.8	5.8	6.9	3.8	29.4	1.5	2.8	8.3
9.5	6.1	6.2	7.6	24.7	1.4	3.0	8.1
12.3	7.6	3.2	7.9	22.0	2.0	2.0	9.1
13.4	7.6	3.3	6.6	20.8	1.8	1.7	9.2
11.0	7.6	2.3	8.2	24.3	1.3	2.0	9.6
10.3	7.4	2.7	5.9	35.9	1.4	2.4	9.4
11.5	10.3	5.8	11.6	11.8	2.3	2.9	8.8
10.1	7.8	5.8	5.3	29.3	2.3	2.2	4.8
10.8	8.5	6.9	5.2	31.5	2.2	2.8	4.6
10.8	7.5	4.9	4.6	28.6	2.2	1.7	6.1
11.1	9.0	4.5	5.1	29.4	2.8	2.2	3.0
8.4	6.1	5.7	6.6	28.6	2.6	2.0	5.2
11.9	6.2	3.9	8.1	22.1	2.4	2.1	7.2
12.4	6.3	4.1	9.2	26.6	2.4	2.4	8.0
12.8	8.0	5.1	4.0	23.2	3.1	2.4	8.0
10.7	5.4	2.9	4.0	32.1	3.0	3.3	11.4
13.4	7.1	3.8	6.3	20.3	3.1	2.4	5.8

1－19(续3)

	人均天花费(美元/人天)	人均天花费构成(%)				
		长途交通	飞 机	火 车	汽 车	轮 船
河 南	160.21	32.4	20.0	4.5	7.9	0.0
外国人	168.63	35.6	21.6	4.7	9.3	0.0
香港同胞	134.45	19.1	5.2	5.8	8.1	0.0
澳门同胞	167.43	9.2	0.0	9.2	0.0	0.0
台湾同胞	131.22	8.5	4.0	2.4	2.1	0.0
湖 北	192.34	38.2	20.0	3.9	3.7	10.6
外国人	199.33	36.1	20.3	4.2	3.8	7.8
香港同胞	187.31	37.5	22.4	4.5	3.6	7.0
澳门同胞	153.36	25.4	15.5	3.7	1.9	4.3
台湾同胞	185.88	41.9	16.5	3.1	4.0	18.3
湖 南	193.60	31.6	23.2	3.2	4.4	0.8
外国人	195.77	29.7	22.6	1.6	4.8	0.7
香港同胞	185.41	38.4	29.1	6.5	2.4	0.4
澳门同胞	149.80	17.3	12.5	2.3	1.2	1.3
台湾同胞	182.93	27.3	19.9	3.5	2.8	1.1
广 东	176.40	36.8	27.0	3.5	2.0	4.3
外国人	186.83	37.2	28.6	3.7	1.5	3.4
香港同胞	159.91	33.1	21.9	3.6	2.9	4.7
澳门同胞	143.58	28.8	19.4	2.3	3.2	3.9
台湾同胞	184.51	30.0	22.6	2.1	1.3	4.0
广 西	189.74	35.2	27.0	5.9	2.3	0.0
外国人	197.21	36.4	29.3	4.7	2.4	0.0
香港同胞	183.05	30.8	23.8	4.8	2.2	0.0
澳门同胞	165.62	20.3	14.1	2.7	3.5	0.0
台湾同胞	180.76	26.1	22.5	1.8	1.8	0.0

住宿	餐饮	景区游览	娱乐	购物	市内交通	邮电通信	其他
10.6	4.6	5.9	5.6	24.8	4.6	3.1	8.4
10.4	4.5	6.0	5.4	21.4	5.1	3.1	8.5
12.8	6.6	7.7	1.3	36.0	4.3	3.4	8.8
19.5	5.1	7.4	9.5	35.3	5.1	3.4	5.5
10.8	3.8	5.4	2.7	50.3	3.8	4.4	10.3
11.9	4.6	3.9	6.6	22.8	1.8	2.5	7.7
11.8	4.0	3.5	6.8	24.1	2.0	3.1	8.6
14.9	5.6	6.3	6.1	20.3	1.7	1.8	5.8
6.9	3.5	2.5	4.1	45.6	1.9	2.8	7.3
12.3	6.7	2.5	3.4	20.3	1.7	2.0	9.2
9.1	6.5	6.5	4.5	27.0	2.6	2.8	9.4
9.0	6.2	6.9	4.4	29.0	2.6	3.0	9.2
10.6	8.6	6.1	5.6	15.4	2.6	2.1	10.6
14.4	13.3	6.3	6.1	23.1	3.2	3.3	13.0
12.3	9.8	4.7	4.8	21.5	2.2	2.7	14.7
13.2	8.3	4.8	8.0	19.1	1.8	1.3	6.7
13.7	7.8	2.9	8.6	20.1	2.0	1.3	6.4
13.1	9.7	10.2	7.4	16.3	1.6	1.3	7.3
14.3	9.8	4.3	5.7	20.2	1.8	2.9	12.2
13.3	9.4	3.6	6.8	24.2	1.8	1.6	9.3
10.5	5.6	6.2	5.5	23.4	2.8	1.7	9.1
10.7	5.9	6.3	6.2	21.0	2.6	1.8	9.1
10.7	6.4	7.3	4.5	27.2	3.2	1.6	8.3
9.9	3.3	3.6	3.0	36.8	8.8	2.5	11.8
12.6	4.8	5.1	3.6	34.8	2.3	2.0	8.7

1－19(续4)

	人均天花费(美元/人天)	人均天花费构成(%)				
		长途交通	飞 机	火 车	汽 车	轮 船
海 南	179.59	25.8	18.6	1.2	2.1	3.9
外 国 人	181.72	18.6	12.4	0.9	1.0	4.3
香港同胞	162.45	19.9	16.3	0.0	2.2	1.4
澳门同胞	171.87	17.6	14.6	2.3	0.7	0.0
台湾同胞	179.99	23.0	18.4	3.5	1.1	0.0
重 庆	190.19	34.3	16.8	6.5	2.7	8.3
外 国 人	199.30	32.3	16.5	6.5	2.3	7.0
香港同胞	174.95	34.3	16.2	5.2	0.7	12.2
澳门同胞	174.15	17.9	11.2	2.5	1.1	3.1
台湾同胞	153.78	20.1	7.8	1.9	4.0	6.4
四 川	185.59	31.2	24.3	1.2	3.0	2.7
外 国 人	187.70	31.8	24.6	1.1	3.0	3.1
香港同胞	186.81	28.4	24.4	1.0	2.8	0.2
澳门同胞	183.97	29.5	24.5	1.6	3.4	0.0
台湾同胞	173.80	29.7	23.4	2.4	3.4	0.5
贵 州	180.65	27.6	20.7	1.6	5.3	0.0
外 国 人	208.16	29.6	21.6	1.8	6.2	0.0
香港同胞	157.70	11.2	7.6	2.0	1.6	0.0
澳门同胞	148.45	11.9	11.0	0.0	0.9	0.0
台湾同胞	147.06	8.9	5.6	0.0	3.3	0.0
云 南	203.05	30.2	22.4	4.0	3.8	0.0
外 国 人	203.12	30.5	22.7	4.3	3.5	0.0
香港同胞	190.24	26.3	19.3	0.5	6.5	0.0
澳门同胞	212.07	25.9	25.3	0.0	0.6	0.0
台湾同胞	218.45	23.5	22.6	0.9	0.0	0.0

住宿	餐饮	景区游览	娱乐	购物	市内交通	邮电通信	其他
17.1	9.4	4.6	4.4	21.9	3.0	1.7	12.1
19.3	10.3	4.5	4.3	24.7	3.3	2.0	13.0
13.9	10.1	5.0	7.5	25.4	1.9	1.6	14.7
18.8	6.8	3.4	4.9	29.1	2.3	2.7	14.4
13.8	13.4	10.4	4.4	23.8	2.4	0.9	7.9
10.4	5.1	3.9	4.1	22.4	3.1	3.6	13.1
9.9	5.0	3.8	4.0	23.2	2.8	4.6	14.4
11.0	5.8	6.3	5.2	21.7	5.2	1.8	8.7
10.1	3.8	2.7	3.7	42.2	1.3	1.1	17.2
5.9	3.5	2.7	3.3	43.1	1.3	4.8	15.3
13.0	7.5	6.0	5.0	22.2	3.4	2.1	9.6
13.5	7.7	6.0	5.1	21.4	3.2	2.0	9.3
12.0	7.9	6.2	4.6	24.0	3.6	2.3	11.0
12.6	7.4	6.7	6.1	20.7	3.6	3.6	9.8
11.0	6.2	5.9	5.0	26.1	4.6	2.5	9.0
11.0	7.5	4.3	7.0	27.2	3.1	2.2	10.1
12.6	8.6	3.9	6.9	24.3	2.9	2.0	9.2
3.6	2.9	2.9	2.2	53.2	1.7	3.8	18.5
5.5	3.3	1.7	2.4	50.7	1.8	5.1	17.6
9.9	6.7	1.9	2.3	48.9	1.3	2.8	17.3
13.3	8.8	5.1	6.1	25.8	3.1	2.2	5.4
13.3	8.9	5.2	6.1	25.5	3.1	2.2	5.2
13.8	7.8	4.6	4.9	27.1	3.6	1.8	10.1
14.8	9.8	4.5	8.0	24.5	2.5	3.8	6.2
14.1	8.4	5.1	7.4	32.6	3.1	2.0	3.8

1－19(续5)

	人均天花费(美元/人天)	人均天花费构成(%)				
		长途交通	飞 机	火 车	汽 车	轮 船
西 藏	197.67	33.7	12.7	8.0	13.0	0.0
外国人	198.62	33.5	12.6	8.3	12.6	0.0
香港同胞	189.82	31.1	13.4	6.1	11.6	0.0
澳门同胞	191.97	35.1	13.0	5.4	16.7	0.0
台湾同胞	189.89	36.5	13.7	6.1	16.7	0.0
陕 西	188.14	37.3	29.8	6.9	0.6	0.0
外国人	195.15	37.9	30.8	6.5	0.6	0.0
香港同胞	137.05	14.7	13.2	1.5	0.0	0.0
澳门同胞	106.26	11.9	11.0	0.7	0.2	0.0
台湾同胞	169.83	31.3	21.1	9.4	0.8	0.0
甘 肃	160.40	36.6	22.7	8.6	5.3	0.0
外国人	160.69	35.7	22.9	8.0	4.8	0.0
香港同胞	168.66	35.7	14.4	12.5	8.8	0.0
澳门同胞	158.00	29.1	12.1	12.8	4.2	0.0
台湾同胞	152.15	25.4	11.9	6.5	7.0	0.0
青 海	159.19	29.3	18.4	7.9	3.0	0.0
外国人	151.08	32.0	19.8	8.7	3.5	0.0
香港同胞	215.97	18.5	10.6	6.2	1.7	0.0
澳门同胞	161.72	42.2	28.6	13.6	0.0	0.0
台湾同胞	170.79	32.9	24.7	6.1	2.1	0.0
宁 夏	166.11	31.5	21.9	2.8	6.8	0.0
外国人	164.23	33.9	23.3	3.3	7.3	0.0
香港同胞	178.05	40.3	30.5	4.1	5.7	0.0
澳门同胞	98.54	38.4	38.4	0.0	0.0	0.0
台湾同胞	217.04	31.7	30.3	0.0	1.4	0.0
新 疆	176.49	39.4	28.1	7.4	3.9	0.0
外国人	176.69	39.4	28.1	7.3	4.0	0.0
香港同胞	171.88	30.0	26.8	3.0	0.2	0.0
澳门同胞	196.31	40.5	32.5	6.5	1.5	0.0
台湾同胞	168.96	36.0	25.8	9.9	0.3	0.0

住宿	餐饮	景区游览	娱乐	购物	市内交通	邮电通信	其他
11.8	6.0	5.5	4.0	25.4	0.6	4.2	8.8
11.9	5.9	5.6	4.0	25.6	0.6	4.2	8.7
13.0	6.9	4.2	3.9	26.0	1.0	3.9	10.0
12.0	6.0	5.4	3.4	23.2	0.7	4.5	9.7
10.8	6.0	4.3	3.6	24.4	0.8	4.6	9.0
13.5	6.2	6.7	7.2	16.9	4.3	2.3	5.6
13.4	6.1	6.8	7.2	16.6	4.4	2.4	5.2
10.0	5.6	3.9	3.0	41.1	0.8	6.4	14.5
4.9	1.2	2.1	1.4	56.6	0.4	3.6	17.9
15.4	5.7	7.3	4.3	22.2	3.1	2.2	8.5
14.2	8.7	10.6	1.7	16.9	0.9	2.3	8.1
14.4	8.5	10.8	1.6	16.9	0.9	2.5	8.7
15.7	8.9	10.9	1.9	16.9	1.1	2.0	6.9
15.0	12.4	10.5	1.3	19.5	0.9	2.4	8.9
14.5	9.7	12.8	2.0	22.8	1.0	2.3	9.5
12.0	6.4	5.9	3.8	28.5	2.7	2.1	9.3
12.7	6.9	6.4	2.7	26.9	0.9	2.2	9.3
9.7	4.9	4.5	4.4	43.1	2.5	1.3	11.1
16.3	8.0	10.5	1.9	17.9	1.0	1.1	1.1
13.3	6.4	5.3	0.3	28.9	0.6	3.6	8.7
17.6	7.0	6.6	9.0	12.4	4.2	2.0	9.7
19.2	7.8	6.9	3.2	12.2	4.6	2.4	9.8
31.2	1.0	2.1	1.6	18.0	1.8	0.2	3.8
15.1	5.4	4.5	0.0	31.3	0.2	0.0	5.1
13.9	3.1	6.7	24.7	8.6	2.0	0.0	9.3
11.9	7.3	7.0	6.4	15.7	2.5	2.6	7.2
11.7	7.3	6.6	7.0	15.5	2.7	2.9	6.9
10.3	3.4	4.3	0.7	29.3	0.1	2.1	19.8
12.1	7.1	11.2	2.1	16.0	0.0	3.2	7.8
15.0	9.1	11.1	4.0	16.7	1.7	0.0	6.4

1－20 2014年入境过夜游客在各城市

	人均天花费（美元/人天）	人均天花费构成（%）				
		长途交通	飞机	火车	汽车	轮船
北京	254.23	27.0	21.4	3.6	2.0	0.0
外国人	257.90	27.9	22.0	3.7	2.2	0.0
香港同胞	242.22	15.1	12.2	2.0	0.9	0.0
澳门同胞	255.32	13.6	10.7	2.7	0.2	0.0
台湾同胞	202.08	14.5	11.8	2.2	0.5	0.0
天津	213.77	34.7	28.6	1.6	2.0	2.5
外国人	214.40	35.3	29.6	1.6	1.7	2.4
香港同胞	222.37	30.2	29.1	0.0	1.1	0.0
澳门同胞	199.46	25.4	23.2	0.0	2.2	0.0
台湾同胞	205.15	26.1	22.8	0.2	3.1	0.0
石家庄	164.64	31.4	16.6	6.2	8.6	0.0
外国人	164.78	31.6	16.8	5.8	9.0	0.0
香港同胞	160.63	31.6	14.4	9.6	7.6	0.0
澳门同胞	177.65	23.3	18.1	5.2	0.0	0.0
台湾同胞	165.62	25.7	21.1	4.6	0.0	0.0
唐山	220.52	46.1	35.3	3.8	7.0	0.0
外国人	218.47	47.7	36.4	4.4	6.9	0.0
香港同胞	194.61	30.5	29.8	0.7	0.0	0.0
澳门同胞	—	—	—	—	—	—
台湾同胞	266.81	41.2	36.7	4.5	0.0	0.0
秦皇岛	170.22	25.5	9.4	8.9	7.2	0.0
外国人	152.70	26.8	8.7	9.7	8.4	0.0
香港同胞	251.97	23.1	11.9	8.8	2.4	0.0
澳门同胞	300.26	13.8	12.4	1.3	0.1	0.0
台湾同胞	268.50	17.0	10.0	2.0	5.0	0.0
保定	230.67	29.5	19.9	4.5	5.1	0.0
外国人	226.44	28.7	19.9	3.6	5.2	0.0
香港同胞	272.44	38.0	21.6	8.5	7.9	0.0
澳门同胞	207.35	22.3	22.3	0.0	0.0	0.0
台湾同胞	218.54	27.8	13.3	9.2	5.3	0.0

人均天花费构成(按外国人、港澳台胞分组)

住宿	餐饮	景区游览	娱乐	购物	市内交通	邮电通信	其他
16.7	7.4	4.3	4.0	26.7	2.6	1.7	9.6
16.9	7.2	4.2	3.6	25.7	2.7	1.6	10.2
14.6	10.2	4.4	12.8	30.0	2.9	4.8	5.2
22.2	8.6	4.5	4.6	32.9	1.8	2.4	9.4
14.4	7.9	6.1	3.7	46.3	1.2	1.0	4.9
12.6	8.2	4.3	3.4	24.3	2.4	2.3	7.8
12.2	7.9	4.5	3.0	24.5	2.4	2.2	8.0
16.1	10.1	4.6	6.2	24.2	0.5	2.3	5.8
21.1	13.1	4.2	1.0	23.0	1.1	2.8	8.3
13.3	9.8	3.0	6.0	28.4	0.2	4.7	8.5
12.3	8.9	8.9	7.9	12.5	3.7	5.1	9.3
12.9	8.4	9.2	8.2	12.0	3.3	5.6	8.8
11.5	11.2	9.0	4.9	11.6	5.8	3.8	10.6
9.3	6.9	6.7	10.1	15.9	2.4	3.6	21.8
13.2	12.0	8.4	11.5	20.6	0.0	0.0	8.6
10.6	8.7	5.0	4.7	10.1	3.3	2.8	8.7
10.3	8.5	4.0	4.7	10.0	3.5	2.9	8.4
13.5	10.8	13.5	8.2	8.2	1.6	0.0	13.7
—	—	—	—	—	—	—	—
13.5	10.9	3.1	3.4	14.3	2.7	2.5	8.4
16.4	7.9	4.5	4.8	31.6	2.3	1.6	5.4
18.2	7.1	4.3	5.5	29.0	2.5	1.6	5.0
15.1	13.7	7.9	3.8	27.2	2.1	1.1	6.0
9.8	5.7	1.4	0.9	61.8	0.9	1.2	4.5
15.1	14.9	6.4	3.5	33.0	0.7	2.0	7.4
9.0	8.3	6.6	5.2	22.1	1.9	3.8	13.6
8.0	8.6	6.9	5.4	22.9	1.9	3.0	14.6
16.0	8.9	7.9	4.8	14.5	2.1	0.7	7.1
6.5	7.6	5.2	3.9	30.6	2.0	13.1	8.8
12.6	11.5	5.7	4.5	24.7	1.9	7.0	4.3

1-20(续1)

	人均天花费(美元/人天)	人均天花费构成(%)				
		长途交通	飞　机	火　车	汽　车	轮　船
承　　德	138.99	36.0	14.6	10.4	11.0	0.0
外 国 人	142.27	35.5	15.8	9.4	10.3	0.0
香港同胞	128.57	37.0	6.7	22.5	7.8	0.0
澳门同胞	54.03	15.7	6.9	8.8	0.0	0.0
台湾同胞	125.67	29.2	6.5	2.2	20.5	0.0
廊　　坊	89.12	31.8	19.3	7.2	5.3	0.0
外 国 人	84.12	34.1	19.9	6.5	7.7	0.0
香港同胞	208.91	34.8	0.0	25.9	8.9	0.0
澳门同胞	85.77	0.0	0.0	0.0	0.0	0.0
台湾同胞	122.30	11.7	7.2	0.0	4.5	0.0
太　　原	219.13	20.6	9.9	2.7	8.0	0.0
外 国 人	218.69	20.0	9.5	2.6	7.9	0.0
香港同胞	232.46	38.9	27.7	2.8	8.4	0.0
澳门同胞	242.35	78.0	49.4	21.9	6.7	0.0
台湾同胞	—	—	—	—	—	—
大　　同	94.43	37.4	22.8	4.3	10.3	0.0
外 国 人	93.79	31.2	15.5	4.5	11.2	0.0
香港同胞	103.20	25.0	0.0	5.4	19.6	0.0
澳门同胞	—	—	—	—	—	—
台湾同胞	93.49	18.5	8.9	4.7	4.9	0.0
晋　　城	234.25	22.2	13.5	1.1	7.6	0.0
外 国 人	233.60	13.5	3.9	1.1	8.5	0.0
香港同胞	—	—	—	—	—	—
澳门同胞	—	—	—	—	—	—
台湾同胞	298.52	16.4	10.6	0.0	5.8	0.0
晋　　中	168.97	26.6	18.4	2.7	5.5	0.0
外 国 人	169.30	20.4	11.5	2.6	6.3	0.0
香港同胞	177.91	24.1	6.4	8.6	9.1	0.0
澳门同胞	119.20	22.1	22.1	0.0	0.0	0.0
台湾同胞	186.62	21.8	14.1	0.0	7.7	0.0

住宿	餐饮	景区游览	娱乐	购物	市内交通	邮电通信	其他
15.6	8.7	9.4	8.2	7.9	3.4	3.8	7.0
16.3	8.0	9.2	8.1	8.1	3.4	4.0	7.4
13.0	19.2	6.1	2.5	7.1	4.7	2.9	7.5
15.3	9.0	0.0	0.0	35.5	0.0	8.4	16.1
13.8	14.0	12.1	11.5	8.6	0.4	2.9	7.5
15.0	9.4	8.3	5.1	12.7	7.0	3.2	7.5
14.6	8.5	7.0	4.9	12.3	8.8	2.7	7.1
7.7	14.9	7.0	2.9	18.8	5.4	4.0	4.5
21.5	29.1	13.5	0.0	21.6	0.0	9.8	4.5
17.2	9.2	18.3	7.6	17.4	2.6	3.8	12.2
12.3	8.0	6.6	3.0	31.5	0.6	3.6	13.8
12.5	8.1	6.4	3.0	31.8	0.6	3.6	14.0
9.9	6.5	10.9	2.7	25.5	0.9	1.7	3.0
9.7	2.6	0.0	0.0	0.0	1.3	0.0	8.4
—	—	—	—	—	—	—	—
16.7	9.7	12.1	0.0	12.6	3.8	3.6	4.1
18.5	10.3	12.6	0.0	15.0	3.9	4.1	4.4
16.4	13.6	20.1	0.0	14.7	4.1	1.2	4.9
—	—	—	—	—	—	—	—
25.1	14.4	17.2	0.0	12.0	4.7	1.8	6.3
8.7	3.9	5.4	0.8	41.0	0.3	6.4	11.3
9.5	4.2	5.8	0.8	46.2	0.3	7.2	12.5
—	—	—	—	—	—	—	—
—	—	—	—	—	—	—	—
13.1	5.2	5.3	0.0	39.6	0.0	4.6	15.8
14.0	7.1	6.1	3.9	31.2	1.2	1.4	8.5
14.7	7.3	6.4	3.9	34.8	1.2	1.6	9.7
19.9	12.0	11.5	4.4	21.0	1.0	1.7	4.4
0.0	14.1	9.0	0.0	42.1	1.1	0.0	11.6
17.3	6.8	7.1	0.0	41.0	0.0	0.7	5.3

1－20(续2)

	人均天花费(美元/人天)	人均天花费构成(%)				
		长途交通	飞 机	火 车	汽 车	轮 船
运 城	151.63	32.8	20.9	2.2	9.7	0.0
外 国 人	148.49	22.7	11.3	3.2	8.2	0.0
香港同胞	171.72	34.6	13.0	1.3	20.3	0.0
澳门同胞	131.41	27.1	24.0	3.1	0.0	0.0
台湾同胞	152.38	24.9	17.6	1.6	5.7	0.0
忻 州	163.05	35.9	21.9	2.9	11.1	0.0
外 国 人	160.23	23.8	10.4	2.6	10.8	0.0
香港同胞	143.83	40.4	5.3	2.7	32.4	0.0
澳门同胞	123.15	0.0	0.0	0.0	0.0	0.0
台湾同胞	276.50	53.9	36.8	9.4	7.7	0.0
呼和浩特	229.70	16.2	13.0	1.3	1.9	0.0
外 国 人	233.22	16.5	13.4	1.5	1.6	0.0
香港同胞	220.58	15.9	12.5	0.0	3.4	0.0
澳门同胞	206.45	4.9	4.9	0.0	0.0	0.0
台湾同胞	229.84	11.5	9.4	0.0	2.1	0.0
满 洲 里	199.40	25.9	14.7	0.0	11.2	0.0
外 国 人	199.40	25.9	14.7	0.0	11.2	0.0
香港同胞	—	—	—	—	—	—
澳门同胞	—	—	—	—	—	—
台湾同胞	—	—	—	—	—	—
二连浩特	174.41	7.3	0.0	3.2	4.1	0.0
外 国 人	174.41	7.3	0.0	3.2	4.1	0.0
香港同胞	—	—	—	—	—	—
澳门同胞	—	—	—	—	—	—
台湾同胞	—	—	—	—	—	—
包 头	175.95	37.4	22.3	11.6	3.5	0.0
外 国 人	181.63	48.5	22.6	23.9	2.0	0.0
香港同胞	155.83	27.7	16.1	7.7	3.9	0.0
澳门同胞	122.22	0.0	0.0	0.0	0.0	0.0
台湾同胞	178.32	21.2	10.1	3.9	7.2	0.0

住宿	餐饮	景区游览	娱乐	购物	市内交通	邮电通信	其他
13.3	8.3	9.4	4.7	17.1	1.8	3.8	8.8
13.8	8.5	7.6	8.0	19.4	2.1	6.4	11.5
9.9	8.7	14.4	5.9	18.2	1.9	1.0	5.4
7.5	5.8	6.0	4.7	33.6	1.7	0.0	13.6
17.7	9.0	8.0	3.3	21.5	1.5	3.5	10.6
10.5	5.4	6.5	1.3	30.9	1.0	5.8	2.7
12.0	5.7	6.1	1.4	38.3	1.0	8.3	3.4
8.5	6.4	18.6	0.5	19.6	0.0	3.9	2.1
0.0	0.0	0.0	0.0	88.0	0.0	6.9	5.1
14.2	10.1	7.5	2.3	12.0	0.0	0.0	0.0
16.3	9.3	4.7	7.4	30.8	3.2	2.3	9.8
16.9	9.7	5.2	7.9	28.1	2.8	2.2	10.7
15.8	8.5	3.0	5.2	44.3	2.9	2.3	2.1
16.5	10.5	3.3	6.8	42.9	1.9	4.8	8.4
15.9	10.3	6.7	11.9	36.3	5.9	0.7	0.8
7.6	6.5	3.5	2.6	48.1	5.8	0.0	0.0
7.6	6.5	3.5	2.6	48.1	5.8	0.0	0.0
—	—	—	—	—	—	—	—
—	—	—	—	—	—	—	—
—	—	—	—	—	—	—	—
5.8	7.2	2.5	7.1	52.0	1.2	2.2	14.7
5.8	7.2	2.5	7.1	52.0	1.2	2.2	14.7
—	—	—	—	—	—	—	—
—	—	—	—	—	—	—	—
—	—	—	—	—	—	—	—
16.2	10.3	4.0	5.8	14.5	3.2	1.9	6.7
14.6	9.7	3.5	5.2	10.5	2.5	0.3	5.2
18.9	10.9	4.9	6.5	16.2	4.1	5.0	5.8
0.0	0.0	0.0	0.0	100.0	0.0	0.0	0.0
16.6	9.2	4.7	6.0	26.5	1.5	4.0	10.3

1－20(续3)

	人均天花费(美元/人天)	人均天花费构成(%)				
		长途交通	飞　机	火　车	汽　车	轮　船
沈　　阳	226.25	34.4	31.7	2.4	0.3	0.0
外 国 人	226.83	35.1	32.5	2.4	0.2	0.0
香港同胞	222.96	23.7	21.7	0.9	1.1	0.0
澳门同胞	—	—	—	—	—	—
台湾同胞	223.25	33.7	33.1	0.1	0.5	0.0
大　　连	227.68	27.8	19.2	1.7	1.2	5.7
外 国 人	227.77	29.1	20.0	1.9	1.4	5.8
香港同胞	223.84	16.0	14.3	0.9	0.8	0.0
澳门同胞	195.04	23.7	21.6	1.0	1.1	0.0
台湾同胞	260.18	18.3	18.0	0.1	0.2	0.0
鞍　　山	200.64	21.4	17.0	1.0	1.8	1.6
外 国 人	198.92	21.8	17.3	1.0	1.8	1.7
香港同胞	305.19	0.0	0.0	0.0	0.0	0.0
澳门同胞	267.11	0.0	0.0	0.0	0.0	0.0
台湾同胞	316.24	0.0	0.0	0.0	0.0	0.0
抚　　顺	235.53	19.9	16.0	1.5	2.4	0.0
外 国 人	238.81	19.6	15.7	1.5	2.4	0.0
香港同胞	265.89	23.6	22.5	1.1	0.0	0.0
澳门同胞	175.77	23.4	18.9	1.1	3.4	0.0
台湾同胞	148.91	17.6	13.4	0.0	4.2	0.0
本　　溪	211.20	28.2	22.7	3.6	1.9	0.0
外 国 人	212.49	29.8	23.6	4.4	1.8	0.0
香港同胞	240.65	21.1	16.3	2.7	2.1	0.0
澳门同胞	216.25	28.5	25.2	1.5	1.8	0.0
台湾同胞	195.43	22.5	19.2	0.8	2.5	0.0
丹　　东	146.09	38.4	29.1	5.4	3.4	0.5
外 国 人	145.54	38.2	28.6	5.6	3.7	0.3
香港同胞	148.02	46.0	24.1	4.2	11.2	6.5
澳门同胞	170.54	32.5	28.2	2.0	2.3	0.0
台湾同胞	179.26	49.3	24.4	2.0	12.0	10.9

住宿	餐饮	景区游览	娱乐	购物	市内交通	邮电通信	其他
13.9	9.0	5.8	6.1	17.4	2.2	1.8	9.4
13.4	8.9	5.9	6.0	17.2	2.3	1.8	9.4
18.5	11.0	7.7	6.9	20.2	1.8	1.4	8.8
—	—	—	—	—	—	—	—
18.1	8.9	5.0	1.7	16.4	2.5	2.2	11.5
20.7	15.2	9.2	5.8	14.3	2.0	0.7	4.3
20.1	14.7	8.6	5.6	14.9	1.8	0.8	4.4
26.9	17.8	13.1	8.1	12.5	2.0	0.7	2.9
20.9	20.6	13.1	1.9	11.5	5.1	0.3	2.9
25.7	18.8	9.8	8.9	10.9	1.9	0.5	5.2
9.4	12.3	4.8	6.8	31.2	1.3	1.6	11.2
9.5	12.3	4.8	6.6	30.5	1.3	1.7	11.5
9.6	23.3	4.5	7.4	55.2	0.0	0.0	0.0
19.2	15.8	5.1	31.5	28.4	0.0	0.0	0.0
5.4	12.9	4.1	6.8	70.8	0.0	0.0	0.0
13.5	12.1	6.4	10.4	14.9	2.0	2.1	18.7
13.6	12.1	6.2	10.2	14.7	2.0	2.2	19.4
13.5	11.1	7.7	8.1	22.7	1.0	0.0	12.3
11.3	13.3	13.0	18.5	12.8	0.0	0.0	7.7
17.3	17.9	8.9	15.8	11.9	3.2	0.0	7.4
13.6	9.8	6.4	5.9	22.8	2.0	3.4	7.9
13.6	9.1	5.6	5.5	23.6	1.8	3.4	7.6
13.0	11.6	9.4	9.9	22.7	2.1	2.8	7.4
11.4	15.4	12.7	1.3	19.1	2.5	2.3	6.8
15.2	9.5	6.8	8.4	21.9	2.9	4.0	8.8
17.3	11.4	6.8	6.9	13.1	2.3	0.9	2.9
17.4	11.5	6.8	6.9	13.4	2.3	0.8	2.7
14.9	10.3	8.2	11.8	4.5	2.0	0.8	1.5
13.1	18.8	15.2	0.9	8.2	3.0	4.6	3.7
10.6	6.9	7.7	6.4	2.4	2.5	0.8	13.4

1-20(续4)

	人均天花费(美元/人天)	人均天花费构成(%)				
		长途交通	飞机	火车	汽车	轮船
锦州	263.04	12.8	10.0	1.6	1.2	0.0
外国人	263.01	12.5	9.8	1.6	1.1	0.0
香港同胞	264.09	15.9	12.8	1.4	1.7	0.0
澳门同胞	259.11	12.2	10.6	0.7	0.9	0.0
台湾同胞	266.68	17.1	14.6	0.6	1.9	0.0
营口	162.87	39.7	19.6	4.7	8.9	6.5
外国人	162.67	39.6	19.5	4.7	8.9	6.5
香港同胞	179.33	40.4	27.7	0.0	12.7	0.0
澳门同胞	—	—	—	—	—	—
台湾同胞	—	—	—	—	—	—
盘锦	227.47	36.4	23.6	2.7	1.7	8.4
外国人	224.30	39.2	24.4	2.9	1.6	10.3
香港同胞	239.13	31.9	26.8	2.6	2.5	0.0
澳门同胞	257.42	25.7	22.3	2.3	1.1	0.0
台湾同胞	204.47	20.3	17.3	0.7	2.3	0.0
葫芦岛	259.15	17.8	13.9	2.8	1.1	0.0
外国人	259.01	18.3	14.0	3.2	1.1	0.0
香港同胞	264.09	17.9	14.4	1.6	1.9	0.0
澳门同胞	256.73	17.5	15.2	1.1	1.2	0.0
台湾同胞	261.47	14.8	12.6	0.5	1.7	0.0
长春	217.90	32.1	25.0	3.6	3.5	0.0
外国人	208.12	32.2	24.9	4.0	3.3	0.0
香港同胞	261.29	27.7	22.3	1.6	3.8	0.0
澳门同胞	339.77	54.4	54.4	0.0	0.0	0.0
台湾同胞	216.79	22.3	20.0	0.0	2.3	0.0
吉林	126.67	32.3	25.7	3.4	3.2	0.0
外国人	126.67	32.3	25.7	3.4	3.2	0.0
香港同胞	—	—	—	—	—	—
澳门同胞	—	—	—	—	—	—
台湾同胞	—	—	—	—	—	—

住宿	餐饮	景区游览	娱乐	购物	市内交通	邮电通信	其他
7.0	6.6	2.7	2.6	44.5	0.6	4.0	19.2
6.9	6.7	2.5	2.5	44.4	0.5	4.2	19.8
9.5	8.1	6.4	7.3	39.9	1.4	3.2	8.3
4.9	7.0	5.7	0.3	61.7	1.1	0.2	6.9
11.6	7.3	5.2	6.4	12.5	2.2	5.0	32.7
9.9	8.8	7.0	9.5	16.2	1.9	2.3	4.7
10.0	8.9	7.0	9.4	16.1	2.0	2.3	4.7
6.7	2.2	0.0	22.5	28.2	0.0	0.0	0.0
—	—	—	—	—	—	—	—
—	—	—	—	—	—	—	—
10.4	9.3	5.3	5.2	20.7	1.4	1.5	9.8
10.1	8.5	4.3	5.0	19.5	1.2	1.4	10.8
14.1	13.0	9.3	9.7	15.2	2.1	1.4	3.3
8.0	12.4	10.2	0.5	32.4	2.0	2.1	6.7
13.8	8.6	6.2	7.6	30.7	2.6	2.0	8.2
8.6	6.3	4.2	3.1	36.8	1.7	7.4	14.1
8.8	6.1	3.9	3.0	37.1	1.7	7.7	13.4
10.6	9.1	7.2	8.2	35.9	1.5	0.0	9.6
7.1	10.1	8.2	0.5	37.3	1.6	0.0	17.7
10.0	6.3	4.5	5.5	39.9	1.9	0.0	17.1
11.7	4.6	4.0	2.6	35.7	1.6	0.5	7.2
12.2	4.8	4.3	2.4	36.0	0.4	0.5	7.2
10.6	3.9	2.7	3.6	40.5	1.0	0.0	10.0
9.7	1.9	2.4	1.1	30.5	0.0	0.0	0.0
11.0	5.4	2.9	4.7	44.2	2.4	0.4	6.7
16.1	8.6	6.8	4.6	16.7	1.4	1.5	12.0
16.1	8.6	6.8	4.6	16.7	1.4	1.5	12.0
—	—	—	—	—	—	—	—
—	—	—	—	—	—	—	—
—	—	—	—	—	—	—	—

1－20(续5)

	人均天花费(美元/人天)	人均天花费构成(%)				
		长途交通				
			飞机	火车	汽车	轮船
通化	201.36	24.1	18.9	2.4	2.8	0.0
外国人	192.18	21.6	16.0	2.8	2.8	0.0
香港同胞	255.83	37.6	33.8	0.8	3.0	0.0
澳门同胞	204.34	33.7	30.5	0.0	3.2	0.0
台湾同胞	204.75	24.7	21.8	0.0	2.9	0.0
松原	145.77	54.7	47.2	5.6	1.9	0.0
外国人	144.98	53.8	46.7	5.1	2.0	0.0
香港同胞	151.06	59.2	48.7	10.5	0.0	0.0
澳门同胞	148.81	68.7	56.0	12.7	0.0	0.0
台湾同胞	149.14	60.1	55.0	3.9	1.2	0.0
延吉	201.23	24.7	19.1	2.3	3.3	0.0
外国人	199.29	25.5	19.7	2.4	3.4	0.0
香港同胞	—	—	—	—	—	—
澳门同胞	218.82	20.3	15.1	0.0	5.2	0.0
台湾同胞	230.16	18.8	15.8	0.0	3.0	0.0
哈尔滨	230.34	29.5	24.5	2.2	2.8	0.0
外国人	225.22	30.8	26.8	1.8	2.2	0.0
香港同胞	257.64	27.6	17.9	5.2	4.5	0.0
澳门同胞	291.83	9.2	9.2	0.0	0.0	0.0
台湾同胞	236.16	13.7	7.8	0.0	5.9	0.0
齐齐哈尔	144.38	36.4	25.7	0.0	10.7	0.0
外国人	128.92	40.9	32.2	0.0	8.7	0.0
香港同胞	146.26	49.9	42.1	0.0	7.8	0.0
澳门同胞	—	—	—	—	—	—
台湾同胞	145.66	14.9	0.0	0.0	14.9	0.0
大庆	192.28	22.1	14.7	4.2	3.2	0.0
外国人	194.27	21.9	14.8	4.1	3.0	0.0
香港同胞	145.53	5.3	0.0	0.0	5.3	0.0
澳门同胞	—	—	—	—	—	—
台湾同胞	—	—	—	—	—	—

住宿	餐饮	景区游览	娱乐	购物	市内交通	邮电通信	其他
9.5	4.6	5.1	2.4	39.2	1.9	1.8	11.4
9.6	4.4	4.0	2.2	44.5	0.0	2.3	11.4
11.0	6.0	4.3	1.7	25.2	0.5	0.4	13.3
13.2	8.5	28.5	0.0	7.1	0.0	0.0	9.0
8.6	5.2	3.9	4.6	41.1	2.6	1.0	8.3
8.3	5.4	9.3	8.2	10.1	1.6	1.2	1.2
8.1	5.5	9.3	8.4	10.9	1.6	1.2	1.2
9.4	4.8	8.6	9.2	5.6	2.2	1.0	0.0
10.8	6.1	11.2	0.0	0.0	1.8	1.3	0.1
9.8	5.3	8.6	5.3	6.9	1.9	1.2	0.9
9.8	4.9	4.9	4.1	32.1	2.8	2.4	14.3
10.1	5.1	5.1	4.3	32.7	0.6	2.3	14.3
—	—	—	—	—	—	—	—
9.7	1.3	3.3	2.6	41.3	0.0	10.1	11.4
7.7	4.8	3.5	4.6	35.2	2.6	3.6	19.2
14.6	7.3	5.5	4.3	23.2	1.6	2.1	11.9
14.7	7.4	4.9	4.7	22.8	1.7	2.1	10.9
12.7	7.0	5.4	3.3	26.4	1.4	2.3	13.9
18.7	8.0	1.1	0.0	39.7	0.0	1.5	21.8
16.4	6.4	11.9	2.5	24.6	0.8	3.1	20.6
18.5	6.3	16.4	0.7	15.5	0.5	2.5	3.2
12.2	6.2	7.6	1.0	27.7	0.7	3.7	0.0
17.5	13.3	5.5	0.0	13.8	0.0	0.0	0.0
—	—	—	—	—	—	—	—
25.6	7.9	24.0	0.0	20.4	0.0	3.1	4.1
15.4	10.6	17.3	4.5	21.4	3.1	0.4	5.2
15.3	10.4	17.1	4.4	21.9	3.1	0.4	5.5
26.0	19.4	30.2	9.7	8.2	1.1	0.0	0.0
—	—	—	—	—	—	—	—
—	—	—	—	—	—	—	—

1-20(续6)

	人均天花费(美元/人天)	人均天花费构成(%)				
		长途交通	飞机	火车	汽车	轮船
佳木斯	215.71	27.7	21.8	0.0	5.9	0.0
外国人	215.71	27.7	21.8	0.0	5.9	0.0
香港同胞	—	—	—	—	—	—
澳门同胞	—	—	—	—	—	—
台湾同胞	—	—	—	—	—	—
牡丹江	181.57	29.0	19.5	3.1	6.4	0.0
外国人	181.57	29.0	19.5	3.1	6.4	0.0
香港同胞	—	—	—	—	—	—
澳门同胞	—	—	—	—	—	—
台湾同胞	—	—	—	—	—	—
上海	268.70	34.3	25.5	3.9	2.2	2.7
外国人	263.46	34.1	27.7	3.8	1.6	1.0
香港同胞	299.52	40.0	18.7	5.3	4.0	12.0
澳门同胞	281.61	24.5	23.2	1.3	0.0	0.0
台湾同胞	297.79	25.6	17.7	4.3	3.6	0.0
南京	233.97	35.0	23.9	4.2	6.9	0.0
外国人	234.24	35.6	24.4	4.3	6.9	0.0
香港同胞	232.98	27.6	23.2	4.3	0.1	0.0
澳门同胞	227.08	22.2	19.6	2.1	0.5	0.0
台湾同胞	233.59	28.9	24.3	4.4	0.2	0.0
无锡	227.53	33.1	26.1	1.4	5.6	0.0
外国人	226.22	35.6	27.7	1.5	6.4	0.0
香港同胞	232.55	34.0	32.7	1.2	0.1	0.0
澳门同胞	194.52	5.9	3.5	2.1	0.3	0.0
台湾同胞	231.69	19.9	16.9	1.5	1.5	0.0
苏州	235.27	34.2	29.1	2.1	3.0	0.0
外国人	234.68	36.5	31.2	2.5	2.8	0.0
香港同胞	230.59	21.7	20.7	0.8	0.2	0.0
澳门同胞	249.47	18.6	18.2	0.2	0.2	0.0
台湾同胞	238.86	31.2	25.9	0.2	5.1	0.0

住宿	餐饮	景区游览	娱乐	购物	市内交通	邮电通信	其他
8.3	4.2	5.2	0.7	45.1	0.5	0.9	7.4
8.3	4.2	5.2	0.7	45.1	0.5	0.9	7.4
—	—	—	—	—	—	—	—
—	—	—	—	—	—	—	—
—	—	—	—	—	—	—	—
9.1	5.3	7.1	2.7	34.3	0.9	2.3	9.3
9.1	5.3	7.1	2.7	34.3	0.9	2.3	9.3
—	—	—	—	—	—	—	—
—	—	—	—	—	—	—	—
—	—	—	—	—	—	—	—
14.9	7.2	3.8	7.1	20.9	3.3	1.5	7.0
15.3	7.2	3.7	6.8	21.3	3.3	1.5	6.8
13.8	7.6	3.6	6.1	17.8	2.9	1.2	7.0
15.4	6.7	6.0	8.9	26.7	3.4	1.5	6.9
12.6	8.1	4.5	11.1	23.4	3.6	1.6	9.5
16.2	8.5	4.7	7.2	17.0	2.5	1.9	7.0
16.2	8.4	4.4	6.9	16.5	2.6	1.9	7.5
18.0	10.5	6.8	9.0	16.0	2.7	1.9	7.5
11.3	6.8	5.3	15.7	27.1	0.2	1.6	9.8
18.2	9.1	5.4	8.6	21.3	2.7	2.5	3.3
13.7	6.6	7.4	8.5	19.5	1.8	2.2	7.2
14.1	6.9	7.1	8.3	17.6	1.9	1.9	6.6
15.7	6.1	8.9	7.7	16.4	2.1	1.5	7.6
18.0	8.3	7.0	16.5	30.0	2.3	3.6	8.4
12.5	6.9	8.3	9.7	28.3	1.0	3.5	9.9
19.9	6.8	4.2	6.2	18.9	2.5	2.3	5.0
17.1	7.2	4.4	5.3	19.6	2.5	3.1	4.3
27.4	5.6	4.3	10.1	21.2	3.1	1.8	4.8
34.5	4.4	3.8	10.9	20.3	2.5	0.1	4.9
25.5	5.6	4.0	7.3	16.8	2.3	1.1	6.2

1－20(续7)

	人均天花费(美元/人天)	人均天花费构成(%)				
		长途交通	飞　机	火　车	汽　车	轮　船
南　　通	198.34	38.3	32.9	2.3	3.1	0.0
外 国 人	198.94	40.7	35.0	2.6	3.1	0.0
香港同胞	198.04	26.6	23.4	0.5	2.7	0.0
澳门同胞	197.35	14.1	10.1	0.0	4.0	0.0
台湾同胞	196.77	33.9	29.5	1.2	3.2	0.0
扬　　州	230.95	35.3	29.1	2.8	3.4	0.0
外 国 人	231.59	37.5	30.8	3.2	3.5	0.0
香港同胞	229.49	35.1	29.4	2.3	3.4	0.0
澳门同胞	222.56	18.2	16.3	0.9	1.0	0.0
台湾同胞	230.85	29.7	24.7	1.3	3.7	0.0
杭　　州	240.10	32.5	23.1	3.1	2.7	3.6
外 国 人	238.89	32.8	24.1	3.0	2.7	3.0
香港同胞	237.69	31.5	15.9	4.1	2.9	8.6
澳门同胞	256.10	14.7	14.2	0.0	0.0	0.5
台湾同胞	259.80	18.9	14.6	1.3	1.4	1.6
宁　　波	194.62	26.2	16.8	4.3	2.5	2.6
外 国 人	198.77	28.1	18.4	5.0	2.6	2.1
香港同胞	186.04	26.2	12.3	3.6	2.6	7.7
澳门同胞	194.99	15.0	12.4	0.2	2.4	0.0
台湾同胞	182.98	10.8	8.4	0.5	1.6	0.3
温　　州	190.66	42.7	35.5	4.4	2.6	0.2
外 国 人	200.26	42.7	36.0	4.2	2.4	0.1
香港同胞	145.18	33.0	24.9	6.3	1.7	0.1
澳门同胞	13.54	0.0	0.0	0.0	0.0	0.0
台湾同胞	157.22	36.8	33.8	0.0	3.0	0.0
绍　　兴	216.49	35.6	28.4	4.0	2.2	1.0
外 国 人	211.09	39.3	31.4	4.3	2.5	1.1
香港同胞	246.73	25.2	23.1	0.7	1.3	0.1
澳门同胞	303.99	23.3	14.4	4.6	3.4	0.9
台湾同胞	200.93	10.6	8.6	0.0	2.0	0.0

住宿	餐饮	景区游览	娱乐	购物	市内交通	邮电通信	其他
16.0	10.7	5.1	7.3	13.0	2.0	2.0	5.6
16.3	11.0	4.7	6.3	12.2	2.0	1.9	4.9
15.8	9.7	7.7	10.2	17.0	1.5	3.0	8.5
23.1	11.2	5.8	10.1	26.0	2.1	2.7	4.9
15.8	10.6	5.9	9.5	13.1	2.1	2.1	7.0
11.7	8.2	5.2	8.5	19.3	2.1	2.9	6.8
12.0	8.6	4.5	8.4	18.0	2.6	2.8	5.6
9.6	7.0	7.5	8.1	17.2	2.0	2.4	11.1
6.4	5.7	6.6	13.8	39.1	0.5	4.6	5.1
13.1	8.1	6.2	9.0	23.4	0.9	3.4	6.2
15.5	7.4	4.4	5.6	21.5	3.2	2.0	7.9
15.3	7.3	4.5	5.2	21.6	3.2	2.1	8.0
17.1	7.9	3.9	6.0	23.6	2.3	1.5	6.2
14.9	8.8	3.0	13.5	28.8	1.4	2.1	12.8
20.2	7.9	5.6	6.7	23.9	2.2	1.9	12.7
13.7	9.8	4.6	8.6	15.4	3.7	4.9	13.1
14.1	10.0	4.5	8.4	13.8	3.7	3.6	13.8
13.3	10.0	5.5	6.1	19.7	3.6	7.4	8.2
13.2	12.4	5.0	14.2	20.2	5.6	6.2	8.2
15.3	7.1	4.9	9.6	23.6	1.7	13.6	13.4
13.7	9.2	4.9	6.7	12.9	2.1	1.8	6.0
12.8	9.4	4.8	7.2	12.9	1.9	1.6	6.7
21.4	11.9	4.5	4.1	18.1	2.9	1.9	2.2
70.9	15.1	3.4	0.0	10.6	0.0	0.0	0.0
28.2	8.8	5.8	0.0	18.2	1.5	0.7	0.0
13.1	6.9	4.1	6.2	17.9	2.4	2.3	11.5
13.3	7.2	4.3	6.5	16.0	2.6	2.6	8.2
11.6	5.8	2.1	4.4	23.7	1.5	0.5	25.2
16.5	9.6	5.6	8.4	25.9	3.0	1.0	6.7
16.2	6.6	3.5	2.1	52.6	0.0	0.4	8.0

1－20(续8)

	人均天花费(美元/人天)	人均天花费构成(%)				
		长途交通	飞机	火车	汽车	轮船
金华	188.75	41.2	31.4	3.9	4.1	1.8
外国人	186.60	42.1	31.9	4.0	4.4	1.8
香港同胞	223.01	36.0	34.0	0.4	1.6	0.0
澳门同胞	—	—	—	—	—	—
台湾同胞	181.41	34.9	27.9	3.4	1.2	2.4
合肥	211.57	28.4	21.1	5.9	1.4	0.0
外国人	211.76	28.4	21.2	5.8	1.4	0.0
香港同胞	206.38	35.7	33.8	1.9	0.0	0.0
澳门同胞	—	—	—	—	—	—
台湾同胞	201.29	30.5	28.0	1.7	0.8	0.0
芜湖	143.43	27.8	15.5	3.6	2.9	5.8
外国人	141.48	27.5	15.5	3.3	2.9	5.8
香港同胞	153.00	28.5	22.2	6.3	0.0	0.0
澳门同胞	—	—	—	—	—	—
台湾同胞	179.65	22.4	17.1	5.3	0.0	0.0
马鞍山	237.18	23.4	15.2	5.5	1.4	1.3
外国人	237.18	23.4	15.2	5.5	1.4	1.3
香港同胞	—	—	—	—	—	—
澳门同胞	—	—	—	—	—	—
台湾同胞	—	—	—	—	—	—
铜陵	230.02	16.8	16.7	0.1	0.0	0.0
外国人	230.18	16.8	16.7	0.1	0.0	0.0
香港同胞	265.30	0.0	0.0	0.0	0.0	0.0
澳门同胞	330.91	0.0	0.0	0.0	0.0	0.0
台湾同胞	192.74	0.0	0.0	0.0	0.0	0.0
安庆	248.26	32.3	24.3	1.4	2.0	4.6
外国人	247.15	32.6	24.6	1.4	2.0	4.6
香港同胞	333.76	56.8	53.2	0.0	3.6	0.0
澳门同胞	330.91	61.4	57.1	0.0	4.3	0.0
台湾同胞	240.54	30.2	26.8	0.9	2.5	0.0

住宿	餐饮	景区游览	娱乐	购物	市内交通	邮电通信	其他
14.0	6.7	6.3	5.4	15.7	2.8	1.5	6.4
13.9	6.3	6.5	5.2	15.3	2.9	1.5	6.3
16.0	12.2	3.8	0.0	20.7	0.7	0.0	10.6
—	—	—	—	—	—	—	—
17.9	13.3	6.0	8.5	7.3	2.8	2.1	7.2
10.9	7.5	6.6	6.6	22.2	2.1	2.4	13.3
10.9	7.5	6.6	6.6	22.3	2.0	2.4	13.3
15.7	7.5	5.0	2.6	19.6	3.8	1.7	8.4
—	—	—	—	—	—	—	—
16.0	28.8	4.9	2.2	11.0	1.1	0.0	5.5
12.2	8.8	9.8	14.3	14.3	3.1	1.3	8.4
12.3	9.0	10.4	13.4	14.1	3.2	1.4	8.7
15.9	12.6	4.4	9.7	25.5	3.4	0.0	0.0
—	—	—	—	—	—	—	—
11.7	7.8	5.3	26.1	18.2	2.0	0.6	5.9
9.8	9.6	3.1	10.6	23.7	1.6	3.0	15.2
9.8	9.6	3.1	10.6	23.7	1.6	3.0	15.2
—	—	—	—	—	—	—	—
—	—	—	—	—	—	—	—
—	—	—	—	—	—	—	—
6.1	6.0	5.5	10.5	23.7	20.0	0.0	11.4
6.2	6.1	5.5	10.6	23.5	19.9	0.0	11.4
6.6	5.5	7.3	12.4	54.3	0.0	0.0	13.9
11.2	8.3	0.0	0.0	51.1	0.0	0.0	29.4
9.4	9.5	9.4	20.3	35.8	0.0	0.0	15.6
10.3	6.7	2.0	11.3	19.3	0.6	7.0	10.5
10.2	6.8	2.0	11.1	19.0	0.6	7.0	10.7
25.9	17.3	0.0	0.0	0.0	0.0	0.0	0.0
25.7	12.9	0.0	0.0	0.0	0.0	0.0	0.0
15.5	8.1	2.6	1.2	23.7	0.6	7.4	10.7

1－20(续9)

	人均天花费(美元/人天)	人均天花费构成(%)				
		长途交通				
			飞　机	火　车	汽　车	轮　船
黄　山	184.96	29.1	21.6	4.8	2.7	0.0
外国人	188.44	28.7	21.4	4.9	2.4	0.0
香港同胞	163.36	26.6	18.1	4.4	4.1	0.0
澳门同胞	162.37	22.2	20.7	0.0	1.5	0.0
台湾同胞	183.02	32.0	27.1	2.5	2.4	0.0
滁　州	138.91	36.3	23.2	8.7	3.1	1.3
外国人	136.47	37.3	24.3	8.6	3.1	1.3
香港同胞	187.21	14.7	0.0	10.7	4.0	0.0
澳门同胞	—	—	—	—	—	—
台湾同胞	130.54	29.0	29.0	0.0	0.0	0.0
亳　州	206.43	14.2	3.9	6.1	4.2	0.0
外国人	203.61	13.4	2.9	6.4	4.1	0.0
香港同胞	223.75	14.3	6.3	3.9	4.1	0.0
澳门同胞	246.27	19.6	17.9	0.0	1.7	0.0
台湾同胞	196.10	22.8	16.4	1.7	4.7	0.0
池　州	172.34	29.9	17.6	3.7	3.0	5.6
外国人	173.16	29.6	17.0	3.8	3.0	5.8
香港同胞	162.81	27.1	20.8	2.3	1.5	2.5
澳门同胞	176.31	30.7	27.3	0.0	3.4	0.0
台湾同胞	168.49	29.0	23.0	1.7	4.3	0.0
宣　城	196.53	32.0	18.9	9.7	3.1	0.3
外国人	197.16	32.4	19.5	9.6	3.0	0.3
香港同胞	191.32	21.8	7.7	13.0	1.1	0.0
澳门同胞	183.57	34.3	6.4	18.4	9.5	0.0
台湾同胞	201.29	27.2	13.2	13.3	0.7	0.0
福　州	196.23	34.8	23.2	1.3	1.7	8.6
外国人	218.48	33.6	30.4	1.3	1.5	0.4
香港同胞	206.29	29.3	26.7	0.5	1.8	0.3
澳门同胞	195.46	10.3	10.3	0.0	0.0	0.0
台湾同胞	166.71	28.9	17.8	1.2	1.9	8.0

住宿	餐饮	景区游览	娱乐	购物	市内交通	邮电通信	其他
9.7	7.2	8.2	6.5	27.1	2.1	1.5	8.6
10.2	7.7	8.1	7.0	25.4	2.2	1.6	9.1
7.6	5.9	8.7	4.9	36.7	1.7	2.0	5.9
7.8	6.4	9.2	5.6	36.8	2.1	1.7	8.2
7.6	5.0	9.1	5.2	32.6	1.9	1.1	5.5
9.5	7.1	3.7	11.3	19.1	1.6	1.7	9.7
9.6	6.9	3.7	11.3	19.4	1.5	1.7	8.6
8.7	11.6	4.4	13.5	19.0	2.2	2.3	23.6
—	—	—	—	—	—	—	—
15.3	16.7	0.0	15.0	17.6	4.2	2.2	0.0
11.3	11.3	4.8	13.2	27.6	2.5	3.1	12.0
11.7	11.2	4.8	13.2	27.4	2.7	2.8	12.8
9.6	14.0	5.3	13.7	28.3	2.3	4.2	8.3
4.4	3.5	5.9	2.7	43.2	1.5	8.9	10.3
15.0	8.9	4.9	2.3	35.1	2.2	2.6	6.2
11.9	9.3	7.5	7.4	13.6	2.8	3.2	14.4
12.1	9.4	7.4	7.7	13.4	2.8	3.1	14.5
10.4	8.6	9.1	5.8	16.4	2.7	5.4	14.5
7.0	8.5	7.5	1.3	16.6	2.7	2.2	23.5
13.0	10.7	11.5	3.3	15.2	3.3	2.8	11.2
8.5	6.8	5.9	6.4	22.1	4.7	3.0	10.6
8.7	6.7	5.6	6.6	22.2	4.7	2.9	10.2
11.8	10.4	10.0	8.0	28.1	5.6	0.9	3.4
7.7	10.1	12.8	1.0	24.0	0.6	8.5	1.0
7.7	8.6	8.9	1.8	22.9	0.9	2.8	19.2
10.2	8.0	3.0	7.9	21.0	2.1	1.8	11.2
10.4	8.3	3.3	7.5	22.4	1.8	1.0	11.7
11.6	10.6	2.5	6.8	19.6	1.5	0.9	17.2
8.8	6.2	1.7	2.6	50.3	1.2	3.9	15.0
11.3	8.8	3.5	10.5	19.0	2.9	4.2	10.9

1－20(续10)

	人均天花费(美元/人天)	人均天花费构成(%)				
		长途交通	飞机	火车	汽车	轮船
厦门	199.24	39.3	26.8	5.4	5.1	2.0
外国人	197.88	40.0	30.1	2.6	6.4	0.9
香港同胞	221.43	40.5	19.7	11.0	8.5	1.3
澳门同胞	172.78	33.7	7.1	25.3	1.2	0.1
台湾同胞	187.95	32.1	25.2	0.3	1.9	4.7
泉州	207.56	34.3	27.8	1.7	2.7	2.1
外国人	230.06	40.0	35.9	1.3	1.8	1.0
香港同胞	191.54	29.4	23.3	1.8	3.2	1.1
澳门同胞	189.44	27.6	20.8	2.8	3.5	0.5
台湾同胞	199.31	21.2	13.5	1.1	1.0	5.6
漳州	194.23	34.2	28.0	2.2	3.1	0.9
外国人	210.92	38.4	32.0	1.0	3.7	1.7
香港同胞	209.18	32.2	27.0	2.4	2.2	0.6
澳门同胞	152.26	46.3	35.6	5.5	5.2	0.0
台湾同胞	169.06	22.9	15.8	3.8	3.0	0.3
武夷山	193.58	22.8	16.2	1.0	4.2	1.4
外国人	185.77	17.6	9.6	0.6	5.4	2.0
香港同胞	236.88	38.2	33.0	1.6	2.6	1.0
澳门同胞	114.76	0.0	0.0	0.0	0.0	0.0
台湾同胞	180.55	15.1	10.4	1.2	3.2	0.3
南昌	169.04	37.8	21.7	9.8	3.1	3.2
外国人	167.14	35.7	24.7	5.5	3.3	2.2
香港同胞	171.93	35.5	14.2	13.9	1.4	6.0
澳门同胞	171.07	34.5	16.2	14.5	3.8	0.0
台湾同胞	173.15	36.1	25.3	6.7	3.3	0.8
景德镇	187.15	27.5	20.5	4.0	2.7	0.3
外国人	175.27	23.9	20.4	0.6	2.9	0.0
香港同胞	209.95	28.8	23.5	2.7	2.6	0.0
澳门同胞	199.32	22.1	18.1	1.2	2.8	0.0
台湾同胞	181.88	24.1	17.4	3.3	3.1	0.3

住宿	餐饮	景区游览	娱乐	购物	市内交通	邮电通信	其他
14.2	8.2	3.7	6.1	16.5	1.8	1.5	8.7
15.0	8.1	3.7	5.6	16.3	1.6	1.5	8.2
10.8	8.0	2.4	7.0	18.2	1.5	1.3	10.3
10.2	5.4	2.4	2.2	33.4	1.5	2.7	8.5
14.2	10.8	5.6	7.9	14.9	2.4	1.5	10.6
11.5	7.9	4.4	12.3	19.3	2.2	2.3	5.8
12.3	8.2	3.6	8.9	14.9	2.8	1.9	7.4
12.5	8.6	0.1	15.4	23.4	1.5	2.8	6.3
12.4	9.5	3.3	9.4	30.6	2.3	0.2	4.7
8.7	5.9	13.1	20.4	20.9	2.0	2.2	5.6
10.3	5.4	2.6	7.4	28.9	1.7	2.1	7.4
11.6	5.1	2.6	6.3	26.8	1.5	2.5	5.2
10.1	5.6	1.8	8.2	33.9	0.8	1.6	5.8
13.1	12.8	0.0	0.0	12.9	1.3	2.3	11.3
10.0	6.2	3.3	9.7	32.8	2.1	1.6	11.4
10.9	4.1	2.0	7.2	36.1	2.0	3.9	11.0
12.6	4.4	1.8	6.4	39.0	2.0	3.8	12.4
8.4	2.9	1.3	4.8	32.4	0.0	3.8	8.2
0.0	0.0	0.0	0.0	63.2	0.0	10.6	26.2
10.9	5.3	2.0	11.6	35.8	2.6	4.1	12.6
14.5	8.6	6.3	6.1	15.4	2.8	2.8	5.7
13.6	8.8	6.7	7.5	14.6	2.9	3.5	6.7
18.7	7.8	5.6	3.5	18.5	3.0	1.2	6.2
15.7	11.1	6.1	4.0	19.0	2.7	2.5	4.4
14.5	8.7	7.4	5.3	18.6	3.2	2.1	4.1
9.3	6.9	4.7	3.1	43.4	1.6	1.5	2.0
10.0	7.0	5.4	3.4	44.3	2.0	2.1	1.9
9.9	7.5	4.5	2.3	42.5	1.5	1.0	2.0
10.7	9.1	4.3	3.2	46.8	1.0	0.7	2.1
7.2	5.9	4.5	3.0	49.9	1.4	1.7	2.3

1－20(续11)

	人均天花费(美元/人天)	人均天花费构成(%)				
		长途交通	飞 机	火 车	汽 车	轮 船
九 江	160.53	30.6	18.7	8.8	2.3	0.8
外国人	157.18	24.7	21.4	0.8	2.5	0.0
香港同胞	159.39	24.5	13.0	8.7	2.8	0.0
澳门同胞	166.80	26.4	13.3	10.3	2.8	0.0
台湾同胞	168.67	32.0	22.2	7.4	1.5	0.9
鹰 潭	157.77	31.1	17.9	8.9	3.7	0.6
外国人	158.32	26.7	20.0	2.8	3.9	0.0
香港同胞	156.79	25.6	13.7	9.4	2.5	0.0
澳门同胞	149.71	25.4	15.1	8.1	2.2	0.0
台湾同胞	157.25	29.1	18.5	8.3	1.4	0.9
赣 州	163.30	32.0	19.8	5.6	4.8	1.8
外国人	174.26	26.8	18.6	3.2	5.0	0.0
香港同胞	145.86	37.8	22.0	8.7	7.1	0.0
澳门同胞	162.14	57.2	37.8	6.9	8.9	3.6
台湾同胞	160.51	25.9	16.1	5.3	3.3	1.2
吉 安	179.34	32.0	22.1	6.0	3.2	0.7
外国人	178.19	26.3	20.9	2.3	3.1	0.0
香港同胞	171.48	33.2	21.5	6.8	4.4	0.5
澳门同胞	204.85	28.3	20.6	5.5	2.2	0.0
台湾同胞	184.76	40.2	31.8	5.9	2.2	0.3
济 南	224.12	33.2	22.6	5.2	3.8	1.6
外国人	225.08	26.9	20.2	3.3	3.2	0.2
香港同胞	215.76	35.3	20.8	6.0	6.3	2.2
澳门同胞	180.67	10.5	7.7	1.4	1.4	0.0
台湾同胞	265.70	23.7	8.5	10.0	5.2	0.0
青 岛	235.51	30.6	18.0	5.5	1.7	5.4
外国人	243.95	24.1	18.9	3.0	1.6	0.6
香港同胞	221.87	18.6	11.4	1.5	2.1	3.6
澳门同胞	168.86	20.5	10.4	3.6	2.1	4.4
台湾同胞	193.10	42.0	11.4	15.8	3.7	11.1

住宿	餐饮	景区游览	娱乐	购物	市内交通	邮电通信	其他
9.7	7.4	7.1	3.0	33.4	2.9	2.4	3.5
11.1	8.0	8.2	4.0	35.1	3.0	1.6	4.3
10.3	7.6	6.1	1.9	33.2	3.6	8.7	4.1
8.9	8.4	5.1	2.2	37.0	1.9	8.1	2.0
8.1	6.7	6.9	3.4	36.9	3.4	0.7	1.9
10.8	8.4	6.9	4.8	26.7	2.2	3.8	5.3
11.7	9.0	7.4	5.1	28.8	2.2	4.1	5.0
11.6	9.7	7.6	4.8	28.0	2.7	4.9	5.1
13.6	10.3	3.6	8.5	32.3	1.4	0.0	4.9
8.6	6.7	7.3	3.1	27.7	3.0	3.6	10.9
8.9	6.9	5.6	9.2	29.6	2.1	1.7	4.0
9.4	7.5	6.7	5.8	36.5	1.8	1.8	3.7
12.5	9.2	4.4	2.0	22.4	2.2	2.2	7.3
7.7	7.0	4.2	3.6	16.8	2.1	0.7	0.7
5.9	4.1	3.9	33.8	20.4	2.5	0.4	3.1
9.9	9.2	6.2	6.4	20.8	2.8	2.4	10.3
10.7	11.0	7.7	6.3	21.0	2.2	2.8	12.0
8.7	7.4	5.0	6.9	23.9	2.3	1.4	11.2
16.3	12.8	3.8	10.8	16.3	8.5	2.1	1.1
9.4	6.7	5.5	5.1	17.9	2.5	2.8	9.9
15.1	6.9	3.4	6.3	22.1	2.5	2.7	7.8
16.0	7.9	3.2	6.2	24.5	2.7	3.1	9.5
14.7	5.5	5.0	2.7	26.5	2.8	2.0	5.5
11.3	3.8	1.4	3.9	50.5	0.0	5.8	12.8
15.8	8.8	2.8	8.2	21.8	2.3	5.0	11.6
12.3	7.1	4.1	8.5	22.2	2.4	2.2	10.6
13.5	7.3	3.8	9.9	25.5	2.2	1.9	11.8
13.4	14.2	5.6	7.4	24.9	3.0	4.3	8.6
13.3	7.0	5.1	4.0	28.6	5.3	3.0	13.2
12.3	5.5	5.7	3.9	9.8	3.7	3.1	14.0

1－20(续12)

	人均天花费(美元/人天)	人均天花费构成(%)				
		长途交通	飞机	火车	汽车	轮船
烟台	258.71	49.1	28.7	1.1	3.1	16.2
外国人	262.07	51.5	30.0	0.0	3.2	18.3
香港同胞	267.27	36.7	31.8	1.1	2.3	1.5
澳门同胞	254.82	32.3	32.3	0.0	0.0	0.0
台湾同胞	241.75	32.9	25.1	3.9	3.9	0.0
潍坊	167.06	36.2	30.4	3.0	2.6	0.2
外国人	184.70	29.9	27.3	1.7	0.9	0.0
香港同胞	149.72	25.8	24.3	1.2	0.2	0.1
澳门同胞	109.54	56.4	31.3	0.0	25.1	0.0
台湾同胞	153.65	33.5	26.0	7.4	0.1	0.0
曲阜	164.11	39.0	24.7	7.9	3.7	2.7
外国人	170.07	18.5	12.9	0.7	4.9	0.0
香港同胞	133.09	35.7	20.7	6.1	5.3	3.6
澳门同胞	208.96	22.7	17.4	5.3	0.0	0.0
台湾同胞	124.02	39.6	11.1	22.1	6.4	0.0
泰安	138.71	33.8	18.3	8.8	4.1	2.6
外国人	140.26	15.6	8.3	2.2	5.1	0.0
香港同胞	99.62	45.2	28.0	3.9	8.0	5.3
澳门同胞	—	—	—	—	—	—
台湾同胞	150.26	24.5	0.0	18.7	5.8	0.0
威海	192.30	28.8	13.0	5.8	4.2	5.8
外国人	189.07	23.1	13.0	0.0	4.3	5.8
香港同胞	244.81	43.6	43.6	0.0	0.0	0.0
澳门同胞	—	—	—	—	—	—
台湾同胞	217.21	18.5	4.2	10.1	4.2	0.0
日照	197.30	34.3	16.9	10.1	2.9	4.4
外国人	230.14	32.9	8.7	5.0	2.4	16.8
香港同胞	165.02	32.1	17.5	7.1	4.3	3.2
澳门同胞	170.75	11.2	0.0	9.6	0.0	1.6
台湾同胞	144.38	33.0	8.1	18.6	3.8	2.5

住宿	餐饮	景区游览	娱乐	购物	市内交通	邮电通信	其他
12.2	5.9	4.1	7.4	13.7	3.1	1.4	3.1
13.5	6.3	2.9	8.1	10.4	3.0	1.2	3.1
13.1	6.1	6.9	3.3	22.1	5.0	1.2	5.6
15.6	12.3	12.0	8.0	12.2	4.2	0.0	3.4
13.6	7.1	4.6	11.2	23.4	3.1	1.9	2.2
12.9	6.8	5.9	6.5	16.6	2.8	5.2	7.1
10.6	5.1	14.1	4.9	22.0	2.7	6.5	4.2
18.1	8.4	1.5	11.1	15.5	1.1	1.9	16.6
17.1	8.6	2.8	1.3	1.4	1.1	0.0	11.3
15.6	11.7	2.8	14.2	11.3	4.0	0.0	6.9
10.1	4.8	3.9	8.8	21.9	2.1	2.3	7.1
12.3	6.1	5.0	11.8	31.8	2.7	3.6	8.2
9.0	4.3	6.5	0.8	19.1	3.0	1.5	20.1
14.8	4.7	2.9	8.1	30.7	2.2	2.5	11.4
18.6	8.2	3.8	6.6	16.9	2.0	1.9	2.4
12.8	5.8	5.1	10.2	19.6	2.3	2.7	7.7
15.3	7.0	6.0	13.8	26.5	3.0	3.6	9.2
15.1	3.6	7.7	0.0	17.0	3.7	3.5	4.2
—	—	—	—	—	—	—	—
19.2	8.2	6.2	8.2	25.2	1.9	2.6	4.0
10.3	5.6	4.7	9.2	24.1	2.9	2.3	12.1
10.5	5.7	5.3	10.2	25.6	3.1	2.7	13.8
19.3	8.9	1.0	4.1	5.4	4.2	0.4	13.1
—	—	—	—	—	—	—	—
13.6	6.3	2.2	6.4	40.0	1.3	2.2	9.5
9.5	6.9	2.8	4.9	32.8	2.1	1.3	5.4
7.2	5.5	2.1	4.5	40.1	1.9	1.3	4.5
12.9	7.8	4.8	3.5	27.9	2.2	1.1	7.7
7.5	4.9	2.3	1.1	52.8	0.8	4.6	14.8
14.1	9.4	3.2	4.9	25.9	2.4	1.1	6.0

1－20(续13)

	人均天花费(美元/人天)	人均天花费构成(%)				
		长途交通	飞　机	火　车	汽　车	轮　船
郑　　州	173.39	44.5	23.9	9.1	11.5	0.0
外 国 人	195.33	47.1	26.7	8.5	11.9	0.0
香港同胞	114.46	31.8	12.7	7.4	11.7	0.0
澳门同胞	155.08	2.8	0.0	2.8	0.0	0.0
台湾同胞	106.24	22.9	17.1	1.6	4.2	0.0
开　　封	188.77	24.4	14.3	2.9	7.2	0.0
外 国 人	193.35	25.7	14.3	3.1	8.3	0.0
香港同胞	170.60	17.4	9.4	3.3	4.7	0.0
澳门同胞	207.89	2.0	0.0	2.0	0.0	0.0
台湾同胞	143.05	1.6	0.0	0.4	1.2	0.0
洛　　阳	108.61	41.3	23.2	5.1	13.0	0.0
外 国 人	114.16	42.3	23.7	5.0	13.6	0.0
香港同胞	76.42	23.2	1.5	8.3	13.4	0.0
澳门同胞	21.36	0.0	0.0	0.0	0.0	0.0
台湾同胞	40.86	15.0	15.0	0.0	0.0	0.0
三 门 峡	168.40	25.8	18.4	3.2	4.2	0.0
外 国 人	174.17	29.2	19.9	3.8	5.5	0.0
香港同胞	176.58	10.5	0.0	4.5	6.0	0.0
澳门同胞	198.72	5.0	0.0	5.0	0.0	0.0
台湾同胞	149.10	6.6	3.1	1.6	1.9	0.0
武　　汉	186.51	38.9	23.2	6.6	3.2	5.9
外 国 人	190.85	38.7	24.6	7.7	2.4	4.0
香港同胞	184.38	37.0	25.5	6.1	4.6	0.8
澳门同胞	154.67	29.9	16.4	12.8	0.7	0.0
台湾同胞	186.89	35.6	20.8	3.0	1.3	10.5
十　　堰	159.66	40.9	18.2	6.0	6.3	10.4
外 国 人	161.18	31.5	15.8	6.1	6.4	3.2
香港同胞	173.06	38.7	25.5	7.1	6.1	0.0
澳门同胞	114.51	30.2	26.8	0.5	2.9	0.0
台湾同胞	159.67	46.2	14.7	4.2	8.2	19.1

住宿	餐饮	景区游览	娱乐	购物	市内交通	邮电通信	其他
14.1	5.4	8.4	6.5	8.3	5.8	1.9	5.1
13.4	5.3	7.9	6.0	8.1	5.9	1.9	4.4
17.5	8.2	13.7	1.7	10.3	7.8	0.9	8.1
29.4	6.8	14.1	12.4	12.0	9.1	4.3	9.1
22.1	7.4	12.6	0.7	13.9	9.1	3.7	7.6
9.1	4.6	5.1	4.3	30.0	4.3	4.1	14.1
9.0	4.2	5.2	4.4	28.2	4.8	4.3	14.2
12.4	8.2	6.4	1.5	32.8	3.0	4.8	13.5
13.3	2.2	4.9	6.5	49.2	4.5	0.3	17.1
4.9	1.5	2.5	0.0	77.9	2.1	3.2	6.3
13.1	4.6	8.6	6.1	11.5	6.9	0.9	7.0
13.2	4.5	8.7	6.2	10.6	7.3	0.9	6.3
16.0	6.9	11.0	0.0	22.0	6.4	1.3	13.2
0.0	0.0	0.0	0.0	100.0	0.0	0.0	0.0
14.4	11.6	15.9	0.0	16.5	2.0	0.0	24.6
8.7	3.7	4.2	4.7	39.9	3.3	3.2	6.5
8.4	4.0	4.0	4.2	36.7	3.6	3.0	6.9
10.2	4.6	5.7	0.9	55.6	3.0	3.9	5.6
16.4	5.1	5.4	6.8	50.9	3.6	3.6	3.2
10.5	3.7	5.0	1.8	52.1	3.6	5.0	11.7
15.1	5.8	2.6	7.8	16.4	2.0	2.6	8.8
15.0	4.8	2.7	7.6	19.3	2.2	2.9	6.8
17.3	7.2	4.0	8.9	13.6	1.9	2.3	7.8
9.8	3.9	1.2	7.4	29.5	2.1	3.5	12.7
16.3	7.1	1.8	5.9	14.8	1.9	2.3	14.3
9.8	6.1	9.8	6.5	15.7	2.0	2.0	7.2
9.4	5.9	11.1	8.9	16.0	2.9	2.6	11.7
13.8	5.5	11.0	5.5	15.7	1.4	1.8	6.6
5.8	3.7	6.7	0.0	42.1	2.2	5.2	4.1
8.4	9.7	7.1	3.4	16.1	1.7	2.0	5.4

1－20(续14)

	人均天花费(美元/人天)	人均天花费构成(%)				
		长途交通	飞 机	火 车	汽 车	轮 船
宜 昌	219.78	35.8	24.9	3.4	3.9	3.6
外国人	227.22	35.1	25.7	2.5	4.7	2.2
香港同胞	165.06	22.5	15.1	6.0	1.4	0.0
澳门同胞	—	—	—	—	—	—
台湾同胞	163.42	44.4	18.7	2.4	0.0	23.3
襄 阳	247.14	20.6	9.6	3.2	4.6	3.2
外国人	246.42	20.5	10.0	3.4	4.5	2.6
香港同胞	280.39	10.2	9.3	0.3	0.6	0.0
澳门同胞	226.56	10.4	8.6	1.4	0.4	0.0
台湾同胞	253.92	23.1	4.5	3.0	0.0	15.6
荆 州	188.50	35.8	14.6	2.3	1.9	17.0
外国人	179.01	34.4	17.4	4.2	2.6	10.2
香港同胞	199.85	24.0	20.3	1.6	2.1	0.0
澳门同胞	178.23	12.1	10.8	0.3	1.0	0.0
台湾同胞	195.61	36.8	7.7	2.2	0.0	26.9
湖北游船	171.77	42.4	17.8	5.7	4.4	14.5
外国人	169.05	38.9	16.8	6.4	4.9	10.8
香港同胞	195.69	40.0	30.9	1.1	2.3	5.7
澳门同胞	110.43	27.9	19.2	0.4	1.5	6.8
台湾同胞	192.25	60.2	14.6	6.0	0.0	39.6
长 沙	184.95	33.6	23.5	4.7	4.4	1.0
外国人	187.62	32.3	23.6	3.2	4.6	0.9
香港同胞	184.64	36.1	27.7	7.7	0.7	0.0
澳门同胞	159.38	17.7	17.7	0.0	0.0	0.0
台湾同胞	158.96	17.8	16.4	0.0	1.4	0.0
湘 潭	155.42	48.7	40.6	4.6	2.8	0.7
外国人	151.69	48.3	42.8	1.9	3.0	0.6
香港同胞	174.09	41.8	29.9	9.2	2.7	0.0
澳门同胞	143.57	15.5	7.6	3.9	2.0	2.0
台湾同胞	158.20	41.9	31.5	7.0	3.4	0.0

住宿	餐饮	景区游览	娱乐	购物	市内交通	邮电通信	其他
11.8	3.8	3.7	3.9	24.1	1.4	1.1	14.4
12.1	3.8	3.6	4.0	23.6	1.5	1.2	15.1
16.7	3.2	6.1	1.7	36.9	1.8	0.1	11.0
—	—	—	—	—	—	—	—
13.7	6.1	0.9	1.1	14.8	1.0	0.7	17.3
11.3	7.0	3.0	9.9	32.8	2.4	4.1	8.9
11.4	6.3	2.9	10.1	33.3	2.4	4.2	8.9
14.8	14.7	6.2	8.3	30.7	2.4	4.6	8.1
13.4	10.4	3.6	8.7	34.8	2.9	4.2	11.6
8.9	10.6	2.2	8.9	32.9	1.9	4.3	7.2
10.0	3.2	3.8	6.8	34.2	1.6	0.7	3.9
12.6	3.3	3.4	10.8	26.6	2.2	0.8	5.9
14.6	3.8	7.5	4.3	40.3	1.8	0.7	3.0
1.7	0.6	0.4	0.0	78.0	1.0	1.4	4.8
7.2	4.6	1.8	0.0	45.6	1.6	0.7	1.7
12.5	3.9	4.0	5.5	23.4	2.1	1.9	4.3
13.6	3.5	3.4	5.9	26.1	2.2	2.1	4.3
15.9	4.2	10.2	5.2	16.9	1.7	1.4	4.5
6.4	5.1	2.3	1.7	51.4	1.5	0.6	3.1
6.9	7.0	2.4	1.3	16.0	1.1	1.7	3.4
10.0	6.9	6.8	4.5	20.5	3.0	2.9	11.8
9.9	6.5	7.1	4.5	21.8	2.9	3.1	11.9
11.2	10.2	6.2	3.1	15.5	3.5	1.2	13.0
13.7	12.7	5.8	9.7	17.5	7.2	2.1	13.6
18.0	10.9	6.0	5.2	25.5	3.9	2.6	10.1
7.9	7.2	5.3	7.7	10.5	1.6	1.3	9.8
7.8	6.6	6.0	7.6	10.7	1.7	1.4	9.9
8.5	8.6	4.9	10.6	12.9	1.9	1.4	9.4
16.2	9.7	8.1	3.4	34.6	1.8	0.4	10.3
9.4	11.4	4.2	6.7	10.5	1.5	0.0	14.4

1－20(续15)

	人均天花费(美元/人天)	人均天花费构成(%)				
		长途交通	飞机	火车	汽车	轮船
衡阳	147.56	38.2	28.9	3.5	5.8	0.0
外国人	144.22	36.7	27.9	2.0	6.8	0.0
香港同胞	183.94	44.1	39.9	2.5	1.7	0.0
澳门同胞	113.83	0.0	0.0	0.0	0.0	0.0
台湾同胞	151.50	3.9	0.0	0.0	3.9	0.0
岳阳	202.07	38.6	28.9	4.4	3.9	1.4
外国人	198.44	38.2	28.7	3.3	4.7	1.5
香港同胞	201.91	38.0	28.6	6.9	2.0	0.5
澳门同胞	192.65	10.6	9.2	0.0	0.0	1.4
台湾同胞	223.58	28.7	23.9	1.6	2.2	1.0
张家界	227.66	21.5	16.1	0.0	5.4	0.0
外国人	227.66	21.5	16.1	0.0	5.4	0.0
香港同胞	—	—	—	—	—	—
澳门同胞	—	—	—	—	—	—
台湾同胞	—	—	—	—	—	—
广州	180.22	40.5	29.6	3.9	2.3	4.7
外国人	192.99	38.9	28.8	3.7	1.8	4.6
香港同胞	155.39	43.4	31.4	4.3	3.1	4.6
澳门同胞	158.11	27.6	17.5	2.8	2.8	4.5
台湾同胞	182.82	38.9	27.9	2.8	2.2	6.0
深圳	180.61	35.6	25.9	2.9	2.0	4.8
外国人	189.15	36.3	27.0	2.8	1.7	4.8
香港同胞	168.63	30.2	19.5	2.9	2.5	5.3
澳门同胞	181.41	9.1	5.1	0.4	3.6	0.0
台湾同胞	191.93	31.5	21.5	6.1	0.9	3.0
汕头	167.00	28.8	19.9	4.4	3.2	1.3
外国人	165.01	35.9	23.2	6.2	4.9	1.6
香港同胞	168.73	18.6	17.2	0.0	0.9	0.5
澳门同胞	161.13	18.1	13.8	3.0	0.7	0.6
台湾同胞	183.64	20.3	17.0	0.0	1.5	1.8

住 宿	餐 饮	景 区 游 览	娱 乐	购 物	市 内 交 通	邮 电 通 信	其 他
12.0	7.8	8.9	5.1	12.1	2.8	3.2	9.9
12.6	7.9	9.7	5.5	11.8	2.9	3.3	9.6
10.6	6.9	6.8	0.0	14.6	2.5	2.6	11.9
18.6	21.6	8.7	0.0	24.4	4.9	4.7	17.1
14.9	10.9	7.7	4.9	26.1	3.7	5.2	22.7
9.7	6.6	6.1	5.7	18.5	2.4	4.1	8.3
9.6	6.6	6.7	5.7	18.4	2.6	4.6	7.6
11.8	7.5	6.6	8.5	16.5	2.1	3.2	5.8
11.8	12.0	4.8	5.7	25.5	2.7	4.1	22.8
11.3	7.9	4.3	4.1	25.1	2.2	2.4	14.0
7.7	5.2	6.7	2.8	43.5	2.5	2.8	7.3
7.7	5.2	6.7	2.8	43.5	2.5	2.8	7.3
—	—	—	—	—	—	—	—
—	—	—	—	—	—	—	—
—	—	—	—	—	—	—	—
14.2	7.5	3.1	5.6	16.9	1.8	1.3	9.1
14.3	7.2	2.3	5.9	19.1	2.0	1.4	8.9
14.4	8.1	4.4	5.4	13.4	1.7	1.3	7.9
17.2	10.6	4.6	5.0	17.0	2.0	1.4	14.6
16.4	8.9	3.5	3.8	15.6	1.5	0.9	10.5
12.0	8.6	4.6	8.4	24.2	1.6	1.5	3.5
12.0	7.0	3.5	8.3	26.8	1.6	1.6	2.9
13.5	11.8	6.4	9.5	20.7	1.9	1.4	4.6
14.0	17.6	3.2	12.4	34.8	4.3	1.0	3.6
10.6	6.4	4.5	6.2	33.6	1.6	2.2	3.4
18.5	13.1	11.6	5.1	14.0	1.1	1.7	6.1
20.3	13.4	5.2	3.7	13.5	1.3	1.6	5.1
16.1	11.9	32.2	6.3	7.4	0.6	1.4	5.5
17.0	12.4	4.5	10.8	19.9	1.4	2.5	13.4
18.0	16.7	5.1	7.5	24.7	0.6	2.4	4.7

1－20（续16）

	人均天花费（美元/人天）	人均天花费构成（%）				
		长途交通				
			飞 机	火 车	汽 车	轮 船
佛 山	154.72	42.9	33.5	3.8	2.5	3.1
外 国 人	165.91	44.4	35.9	2.9	2.4	3.2
香港同胞	120.79	39.4	24.9	8.4	3.4	2.7
澳门同胞	98.49	47.5	35.9	1.5	5.8	4.3
台湾同胞	177.81	30.3	23.6	2.2	2.5	2.0
江 门	146.06	54.4	25.8	20.8	2.3	5.5
外 国 人	164.85	56.0	24.8	27.3	1.8	2.1
香港同胞	121.76	43.4	24.1	5.4	4.4	9.5
澳门同胞	113.06	24.2	10.8	0.0	5.2	8.2
台湾同胞	150.97	36.1	27.7	1.0	1.8	5.6
湛 江	123.61	47.3	33.2	5.9	4.3	3.9
外 国 人	144.02	47.8	37.4	5.4	2.8	2.2
香港同胞	99.06	38.6	22.3	8.9	6.6	0.8
澳门同胞	86.13	45.3	26.5	3.3	10.0	5.5
台湾同胞	118.08	30.9	24.8	0.8	1.8	3.5
惠 州	200.11	38.6	29.8	4.2	1.8	2.8
外 国 人	206.29	37.8	28.8	4.3	1.8	2.9
香港同胞	76.61	2.5	0.0	0.0	2.4	0.1
澳门同胞	—	—	—	—	—	—
台湾同胞	—	—	—	—	—	—
东 莞	230.33	32.4	25.2	0.7	1.2	5.3
外 国 人	229.85	32.0	27.3	0.7	0.9	3.1
香港同胞	229.07	12.1	0.0	0.0	3.8	8.3
澳门同胞	237.19	10.6	0.0	0.0	5.3	5.3
台湾同胞	233.00	28.3	21.2	1.0	1.0	5.1
桂 林	228.39	24.7	20.0	3.2	1.5	0.0
外 国 人	237.19	27.3	22.7	3.0	1.6	0.0
香港同胞	214.36	15.3	13.6	0.0	1.7	0.0
澳门同胞	266.86	3.3	3.3	0.0	0.0	0.0
台湾同胞	181.40	11.1	11.1	0.0	0.0	0.0

住宿	餐饮	景区游览	娱乐	购物	市内交通	邮电通信	其他
9.4	7.2	4.0	8.5	13.9	1.7	1.9	10.5
10.2	6.9	4.7	9.1	14.5	1.7	1.9	6.6
9.7	9.2	1.9	8.4	19.5	2.4	2.0	7.5
13.1	9.8	2.7	3.3	12.9	2.9	0.0	7.8
6.8	10.1	4.6	8.4	9.8	1.3	0.3	28.4
10.7	6.6	1.9	4.8	11.7	1.7	2.6	5.6
11.4	6.7	1.8	5.5	10.3	2.0	1.4	4.9
15.0	8.9	3.0	4.9	11.4	2.2	3.6	7.6
13.2	10.7	2.0	4.5	29.5	2.1	7.6	6.2
14.7	9.3	3.5	4.1	14.5	2.5	4.0	11.3
11.6	9.9	4.1	6.6	12.7	2.0	1.4	4.4
11.2	9.8	4.3	6.4	13.5	2.3	1.3	3.4
12.4	11.8	4.0	8.3	15.2	2.3	2.2	5.2
15.1	10.6	3.7	3.5	11.8	2.2	1.3	6.5
17.6	13.2	6.8	8.8	11.6	1.5	1.3	8.3
11.2	11.4	1.1	13.5	12.6	1.9	1.6	8.1
11.4	11.4	1.2	13.6	12.6	1.9	1.7	8.4
14.6	20.4	0.0	24.0	25.7	2.6	2.1	8.1
—	—	—	—	—	—	—	—
—	—	—	—	—	—	—	—
12.7	7.2	1.2	15.1	17.1	3.4	0.8	10.1
13.6	7.4	1.3	16.1	15.8	3.5	0.8	9.5
13.4	8.8	1.0	16.8	26.3	3.8	0.8	17.0
12.3	7.5	1.5	15.5	37.6	3.6	0.7	10.7
13.2	7.9	1.3	14.6	19.0	3.8	0.8	11.1
11.7	5.1	7.1	6.7	31.3	2.9	1.9	8.6
12.0	5.3	7.2	7.5	27.1	2.9	1.9	8.8
10.5	7.3	9.0	1.3	47.9	2.7	0.3	5.7
8.5	3.0	7.7	1.4	58.9	5.3	0.2	11.7
14.1	3.9	6.4	2.9	46.5	2.6	2.6	9.9

1－20(续17)

	人均天花费(美元/人天)	人均天花费构成(%)				
		长途交通	飞 机	火 车	汽 车	轮 船
梧 州	149.22	28.9	15.6	8.7	4.6	0.0
外国人	153.93	31.2	20.0	7.6	3.6	0.0
香港同胞	155.00	23.0	12.1	7.9	3.0	0.0
澳门同胞	139.50	22.9	9.7	5.0	8.2	0.0
台湾同胞	142.31	24.2	14.8	4.7	4.7	0.0
北 海	220.44	25.3	16.4	7.4	1.5	0.0
外国人	221.70	22.8	18.7	2.3	1.8	0.0
香港同胞	212.38	21.4	15.3	6.1	0.0	0.0
澳门同胞	223.97	6.6	6.6	0.0	0.0	0.0
台湾同胞	223.08	11.4	10.9	0.0	0.5	0.0
防城港	139.96	7.6	0.0	0.0	7.6	0.0
外国人	140.04	7.5	0.0	0.0	7.5	0.0
香港同胞	137.53	8.1	0.0	0.0	8.1	0.0
澳门同胞	144.02	8.0	0.0	0.0	8.0	0.0
台湾同胞	—	—	—	—	—	—
贺 州	188.34	29.5	21.5	6.7	1.3	0.0
外国人	213.31	37.2	30.0	5.4	1.8	0.0
香港同胞	201.72	15.2	14.5	0.0	0.7	0.0
澳门同胞	140.71	3.9	2.7	0.0	1.2	0.0
台湾同胞	175.53	15.1	14.1	0.0	1.0	0.0
崇 左	173.04	62.3	57.1	0.5	4.7	0.0
外国人	155.77	59.8	54.7	0.4	4.7	0.0
香港同胞	189.65	61.5	56.6	0.0	4.9	0.0
澳门同胞	192.78	55.3	50.8	0.0	4.5	0.0
台湾同胞	203.88	67.4	62.5	0.0	4.9	0.0
海 口	168.61	28.8	22.3	1.0	1.6	3.9
外国人	169.10	24.4	18.5	0.7	0.8	4.4
香港同胞	157.48	23.9	20.5	0.0	2.1	1.3
澳门同胞	176.15	16.0	13.7	1.8	0.5	0.0
台湾同胞	174.58	23.8	19.8	3.2	0.8	0.0

住宿	餐饮	景区游览	娱乐	购物	市内交通	邮电通信	其他
10.9	7.1	5.8	7.9	27.7	3.9	2.1	5.7
9.1	5.4	6.2	10.5	22.8	3.4	2.4	9.0
12.8	7.9	7.2	7.2	32.7	3.9	1.6	3.7
10.9	5.4	1.4	7.1	34.9	8.1	3.4	5.9
13.3	8.3	4.4	6.9	33.1	3.3	2.5	4.0
11.6	5.7	5.0	3.4	33.5	2.6	0.8	12.1
12.7	6.0	5.4	4.3	31.5	2.5	0.4	14.4
11.7	6.3	6.2	2.0	36.5	3.6	1.0	11.3
18.7	6.5	0.0	0.0	49.9	5.6	0.0	12.7
10.7	4.9	3.6	1.4	57.6	1.4	0.0	9.0
10.8	13.7	8.8	11.1	24.2	4.1	4.7	15.0
10.9	13.7	8.6	10.8	24.6	4.1	4.7	15.1
10.4	13.6	9.8	12.2	20.8	3.6	5.0	16.5
9.1	13.4	12.2	15.8	19.8	4.5	5.0	12.2
—	—	—	—	—	—	—	—
12.2	5.0	8.0	4.9	19.3	5.0	2.4	13.7
11.8	4.1	7.1	5.4	16.0	3.9	2.1	12.4
15.0	7.6	10.5	4.9	22.3	4.9	2.8	16.8
13.7	0.7	0.7	0.3	34.4	19.2	4.4	22.7
17.6	4.0	7.0	3.9	29.3	3.2	3.2	16.7
6.3	5.1	5.2	6.3	7.0	2.2	0.9	4.7
6.4	5.2	5.1	7.4	7.8	2.2	1.0	5.1
7.0	5.2	6.6	4.7	7.6	2.5	0.9	4.0
9.3	4.9	4.4	4.6	9.3	6.1	1.0	5.1
6.2	5.4	4.1	5.0	5.3	1.7	0.8	4.1
15.3	9.3	5.4	4.2	22.8	2.6	2.2	9.4
16.5	9.7	5.4	3.9	24.2	2.6	2.7	10.6
15.2	11.1	5.1	3.3	27.0	2.0	1.2	11.2
12.0	6.2	3.1	6.0	38.9	1.6	2.9	13.3
12.9	12.3	10.0	6.2	27.0	3.0	0.8	4.0

1－20(续18)

	人均天花费(美元/人天)	人均天花费构成(%)				
		长途交通	飞　机	火　车	汽　车	轮　船
三　亚	185.16	20.6	17.5	0.3	2.5	0.3
外国人	187.56	11.3	9.8	0.2	1.0	0.3
香港同胞	167.01	14.9	13.9	0.0	1.0	0.0
澳门同胞	169.49	16.2	16.2	0.0	0.0	0.0
台湾同胞	183.42	20.1	18.7	0.0	1.4	0.0
重　庆	192.13	33.6	16.8	6.3	2.7	7.8
外国人	200.87	32.1	16.5	6.6	2.2	6.8
香港同胞	175.88	30.4	15.7	3.5	0.8	10.4
澳门同胞	180.24	18.4	12.1	2.4	1.0	2.9
台湾同胞	155.28	19.7	7.8	1.9	3.8	6.2
重庆游船	174.70	38.3	18.4	6.3	1.8	11.8
外国人	184.17	35.5	19.1	4.5	2.5	9.4
香港同胞	171.48	52.5	21.0	11.7	0.6	19.2
澳门同胞	144.71	13.9	13.9	0.0	0.0	0.0
台湾同胞	93.65	25.2	25.2	0.0	0.0	0.0
成　都	189.63	35.7	26.4	1.2	2.8	5.3
外国人	194.55	36.9	25.8	1.1	2.5	7.5
香港同胞	186.95	31.6	27.1	1.2	3.0	0.3
澳门同胞	182.53	34.9	29.6	1.7	3.6	0.0
台湾同胞	162.98	35.5	28.6	2.4	4.0	0.5
绵　阳	172.09	41.1	28.1	2.3	5.7	5.0
外国人	171.47	42.6	28.7	2.3	6.3	5.3
香港同胞	191.82	34.8	30.2	0.0	4.6	0.0
澳门同胞	172.25	20.8	17.3	0.0	3.5	0.0
台湾同胞	163.42	34.8	29.8	0.0	5.0	0.0
乐　山	217.92	20.8	17.5	1.0	2.1	0.2
外国人	222.16	21.1	18.7	0.0	2.1	0.3
香港同胞	214.20	20.1	18.4	0.0	1.7	0.0
澳门同胞	221.88	20.0	16.4	0.9	2.7	0.0
台湾同胞	203.60	17.5	15.4	0.0	2.1	0.0

住宿	餐饮	景区游览	娱乐	购物	市内交通	邮电通信	其他
19.3	9.7	4.8	5.2	21.7	3.0	1.1	14.6
22.1	10.8	4.7	5.1	25.1	3.4	1.3	16.2
13.6	8.8	5.4	11.8	24.2	1.4	3.1	16.8
24.2	7.5	3.9	3.2	26.5	3.0	0.4	15.1
16.7	14.1	11.3	4.5	19.8	1.5	1.2	10.8
10.3	5.2	3.9	4.2	22.3	3.0	3.7	13.8
9.8	5.1	3.8	4.1	22.7	2.7	4.6	15.1
10.6	6.1	7.4	6.0	24.5	5.1	1.1	8.8
10.3	3.9	2.6	3.5	42.8	1.3	0.9	16.3
5.9	3.5	2.6	3.2	43.6	1.2	4.8	15.5
12.2	5.1	3.9	3.5	19.0	4.1	2.5	11.4
11.9	5.2	3.6	3.0	23.1	3.9	0.5	13.3
12.5	5.4	2.2	2.4	10.0	5.3	2.6	7.1
18.1	7.4	0.0	0.0	14.7	0.0	2.0	43.9
38.0	36.8	0.0	0.0	0.0	0.0	0.0	0.0
14.9	8.7	5.8	5.1	16.5	3.6	1.3	8.4
15.0	8.6	5.4	5.0	16.6	3.1	1.2	8.2
14.6	9.9	7.0	5.3	17.5	4.1	1.8	8.2
14.6	9.4	7.5	7.0	12.7	4.1	2.3	7.5
14.2	7.5	6.5	5.1	14.7	6.9	1.6	8.0
14.2	7.6	7.1	8.6	12.6	2.3	2.0	4.5
14.7	7.2	7.1	8.6	11.2	2.3	1.8	4.5
13.9	8.2	5.1	7.6	20.1	2.5	1.7	6.1
13.7	7.0	5.1	8.2	35.7	2.1	0.4	7.0
13.6	9.4	10.5	9.8	12.4	2.2	1.9	5.4
9.4	5.3	6.0	3.7	35.7	3.5	4.8	10.8
10.2	5.9	6.5	4.4	34.1	3.3	4.6	9.9
8.1	4.9	5.8	1.9	37.5	3.6	4.5	13.6
9.4	4.5	6.7	2.1	32.5	3.7	7.6	13.5
7.7	3.7	5.1	2.3	42.9	4.3	5.5	11.0

1－20(续19)

	人均天花费(美元/人天)	人均天花费构成(%)				
		长途交通	飞 机	火 车	汽 车	轮 船
阿 坝	147.49	33.2	27.6	0.0	4.5	1.1
外国人	150.02	33.3	27.6	0.0	4.6	1.1
香港同胞	136.19	34.2	30.3	0.0	3.9	0.0
澳门同胞	142.94	37.9	33.0	0.0	4.9	0.0
台湾同胞	132.48	30.0	25.6	0.0	4.4	0.0
贵 阳	197.09	26.0	18.1	2.9	5.0	0.0
外国人	221.83	27.3	18.5	3.0	5.8	0.0
香港同胞	173.51	11.5	7.8	2.1	1.6	0.0
澳门同胞	168.50	13.1	12.4	0.0	0.7	0.0
台湾同胞	174.87	11.3	8.4	0.0	2.9	0.0
安 顺	156.85	31.4	24.6	0.0	6.8	0.0
外国人	236.78	32.0	22.6	0.0	9.4	0.0
香港同胞	93.96	1.4	0.0	0.0	1.4	0.0
澳门同胞	89.47	0.0	0.0	0.0	0.0	0.0
台湾同胞	112.03	6.9	2.4	0.0	4.5	0.0
黔东南	135.42	38.0	29.1	2.0	6.9	0.0
外国人	152.97	40.0	30.5	2.3	7.2	0.0
香港同胞	93.79	17.8	13.7	0.0	4.1	0.0
澳门同胞	82.50	11.3	0.0	0.0	11.3	0.0
台湾同胞	77.26	4.3	0.0	0.0	4.3	0.0
昆 明	204.47	33.4	22.5	7.1	3.8	0.0
外国人	206.33	33.6	22.8	7.2	3.6	0.0
香港同胞	190.83	25.9	19.3	0.1	6.5	0.0
澳门同胞	212.07	25.9	25.3	0.0	0.6	0.0
台湾同胞	193.38	27.4	27.4	0.0	0.0	0.0
景 洪	193.84	32.4	22.9	6.3	3.2	0.0
外国人	193.84	32.4	22.9	6.3	3.2	0.0
香港同胞	—	—	—	—	—	—
澳门同胞	—	—	—	—	—	—
台湾同胞	—	—	—	—	—	—

住宿	餐饮	景区游览	娱乐	购物	市内交通	邮电通信	其他
14.0	8.7	9.6	4.3	14.5	5.8	1.7	8.2
14.4	9.0	9.7	4.4	14.1	5.7	1.7	7.7
12.3	7.6	9.6	3.3	16.6	4.6	1.7	10.1
12.8	6.5	10.1	3.0	13.4	5.3	0.9	10.1
11.9	6.3	8.4	4.1	17.6	6.7	2.1	12.9
10.5	7.3	4.1	6.6	29.4	3.0	2.1	11.0
11.9	8.2	3.6	6.8	27.2	3.0	2.1	9.9
3.9	3.2	3.1	2.4	52.3	1.6	3.5	18.5
6.6	4.0	2.1	3.2	47.4	2.1	3.8	17.7
9.5	6.8	2.9	3.5	45.3	1.9	1.0	17.8
11.0	7.1	4.8	9.0	20.0	3.6	3.2	9.9
14.7	9.6	4.4	7.6	16.9	3.3	2.8	8.7
1.2	1.1	0.0	0.0	63.3	0.6	0.0	32.4
0.0	0.0	0.0	0.0	74.4	0.0	0.0	25.6
12.9	7.9	0.5	0.8	48.5	0.0	0.0	22.5
11.9	7.8	5.1	7.6	15.9	4.3	2.0	7.4
12.4	8.2	5.2	7.3	15.4	3.7	1.6	6.2
5.1	3.1	2.7	4.0	59.5	5.1	0.0	2.7
24.9	16.9	7.5	3.8	21.2	0.0	0.0	14.4
13.7	8.2	0.0	0.0	39.2	0.0	7.7	26.9
13.6	8.8	4.9	6.0	22.6	3.3	2.1	5.3
13.7	9.0	5.0	6.0	22.2	3.4	2.1	5.0
13.9	7.9	4.6	4.9	27.1	3.7	1.8	10.2
14.8	9.8	4.5	8.0	24.5	2.5	3.8	6.2
15.1	8.9	5.4	7.6	26.6	3.7	1.1	4.2
9.0	7.9	8.3	5.0	26.1	2.8	1.1	7.4
9.0	7.9	8.3	5.0	26.1	2.8	1.1	7.4
—	—	—	—	—	—	—	—
—	—	—	—	—	—	—	—
—	—	—	—	—	—	—	—

1-20(续20)

	人均天花费（美元/人天）	人均天花费构成(%)				
		长途交通	飞机	火车	汽车	轮船
大理	189.98	16.8	12.4	2.3	2.1	0.0
外国人	169.43	17.0	12.5	2.4	2.1	0.0
香港同胞	169.26	10.4	4.3	1.0	5.1	0.0
澳门同胞	—	—	—	—	—	—
台湾同胞	431.52	4.0	2.9	1.1	0.0	0.0
拉萨	197.67	33.7	12.7	8.0	13.0	0.0
外国人	198.62	33.5	12.6	8.3	12.6	0.0
香港同胞	189.82	31.1	13.4	6.1	11.6	0.0
澳门同胞	191.97	35.1	13.0	5.4	16.7	0.0
台湾同胞	189.89	36.5	13.7	6.1	16.7	0.0
西安	189.27	37.3	29.9	6.8	0.6	0.0
外国人	196.68	37.9	30.9	6.4	0.6	0.0
香港同胞	138.50	14.6	13.1	1.5	0.0	0.0
澳门同胞	106.26	11.9	11.0	0.7	0.2	0.0
台湾同胞	169.83	31.3	21.1	9.4	0.8	0.0
咸阳	166.26	37.5	31.3	6.2	0.0	0.0
外国人	169.20	37.7	31.4	6.3	0.0	0.0
香港同胞	85.46	17.2	17.2	0.0	0.0	0.0
澳门同胞	—	—	—	—	—	—
台湾同胞	—	—	—	—	—	—
兰州	147.98	37.4	23.0	8.8	5.6	0.0
外国人	150.10	37.0	24.2	7.9	4.9	0.0
香港同胞	152.54	33.5	8.5	14.3	10.7	0.0
澳门同胞	146.07	28.8	11.0	13.1	4.7	0.0
台湾同胞	135.73	24.4	10.4	6.1	7.9	0.0

住宿	餐饮	景区游览	娱乐	购物	市内交通	邮电通信	其他
10.5	7.2	5.3	2.4	48.4	1.5	1.9	6.0
10.4	7.2	5.3	2.3	48.3	1.6	1.9	6.0
20.9	12.6	7.5	0.4	32.4	2.6	1.6	11.6
—	—	—	—	—	—	—	—
16.0	9.4	7.6	0.0	55.9	1.5	1.7	3.9
11.8	6.0	5.5	4.0	25.4	0.6	4.2	8.8
11.9	5.9	5.6	4.0	25.6	0.6	4.2	8.7
13.0	6.9	4.2	3.9	26.0	1.0	3.9	10.0
12.0	6.0	5.4	3.4	23.2	0.7	4.5	9.7
10.8	6.0	4.3	3.6	24.4	0.8	4.6	9.0
13.5	6.2	6.7	7.2	16.9	4.3	2.3	5.6
13.4	6.2	6.8	7.2	16.5	4.4	2.4	5.2
10.1	5.5	3.8	3.0	41.0	0.8	6.4	14.8
4.9	1.2	2.1	1.4	56.6	0.4	3.6	17.9
15.4	5.7	7.3	4.3	22.2	3.1	2.2	8.5
14.4	6.9	7.6	6.3	13.3	5.1	2.4	6.5
14.6	6.3	7.1	6.4	13.6	5.2	2.3	6.8
8.0	12.4	9.3	0.0	3.2	0.0	30.5	19.4
—	—	—	—	—	—	—	—
—	—	—	—	—	—	—	—
15.8	9.6	8.1	1.9	15.6	0.9	2.3	8.4
16.3	9.5	8.1	1.9	15.2	1.0	2.4	8.6
17.6	10.2	8.4	1.6	18.0	0.7	2.2	7.8
16.1	13.1	8.9	1.3	18.5	0.7	2.5	10.1
16.4	10.6	11.5	2.3	20.2	0.7	2.3	11.6

1－20（续21）

	人均天花费（美元/人天）	人均天花费构成（%）				
		长途交通	飞　机	火　车	汽　车	轮　船
敦　煌	169.72	37.2	22.6	8.3	6.3	0.0
外国人	167.88	36.1	22.3	7.8	6.0	0.0
香港同胞	180.51	37.4	19.1	11.6	6.7	0.0
澳门同胞	172.53	29.9	14.2	12.5	3.2	0.0
台湾同胞	166.12	25.9	14.3	7.0	4.6	0.0
西　宁	169.83	29.3	19.2	7.2	2.9	0.0
外国人	166.69	30.4	19.5	7.8	3.1	0.0
香港同胞	190.89	23.4	15.3	5.9	2.2	0.0
澳门同胞	187.42	50.1	38.1	12.0	0.0	0.0
台湾同胞	183.87	33.5	26.3	5.4	1.8	0.0
黄　南	128.22	31.3	20.3	7.7	3.3	0.0
外国人	123.10	30.8	21.6	5.4	3.8	0.0
香港同胞	213.93	19.4	10.7	7.7	1.0	0.0
澳门同胞	—	—	—	—	—	—
台湾同胞	143.26	33.5	22.5	8.2	2.8	0.0
格尔木	165.69	28.1	15.8	9.8	2.5	0.0
外国人	147.24	33.6	18.9	11.2	3.5	0.0
香港同胞	228.21	17.6	10.9	5.5	1.2	0.0
澳门同胞	84.64	19.6	0.0	19.6	0.0	0.0
台湾同胞	167.72	30.0	20.8	7.0	2.2	0.0
银　川	166.11	31.5	21.9	2.8	6.8	0.0
外国人	164.23	33.9	23.3	3.3	7.3	0.0
香港同胞	178.05	40.3	30.5	4.1	5.7	0.0
澳门同胞	98.54	38.4	38.4	0.0	0.0	0.0
台湾同胞	217.04	31.7	30.3	0.0	1.4	0.0

住宿	餐饮	景区游览	娱乐	购物	市内交通	邮电通信	其他
13.2	8.1	11.0	1.5	17.9	1.0	2.3	7.8
13.4	7.9	11.1	1.4	17.9	0.9	2.6	8.7
14.9	8.4	11.3	2.2	16.4	1.4	1.6	6.4
14.2	11.7	11.6	1.2	20.7	1.2	2.1	7.4
13.4	9.4	13.2	1.8	24.9	1.3	2.2	7.9
12.3	6.7	6.0	3.8	25.7	2.8	2.2	11.2
12.5	7.0	6.5	2.1	26.5	0.9	2.3	11.8
14.0	6.9	4.9	9.4	22.8	4.4	2.1	12.1
14.9	6.6	7.9	2.5	16.7	1.3	0.0	0.0
13.1	5.7	5.2	0.0	30.2	0.5	1.9	9.9
10.7	5.9	6.5	5.1	20.6	2.9	6.8	10.2
11.2	6.0	5.2	6.1	20.7	2.4	7.9	9.7
5.8	5.9	13.8	2.8	30.1	1.8	2.1	18.3
—	—	—	—	—	—	—	—
11.9	8.7	4.9	0.9	24.0	1.3	8.8	6.0
11.7	5.8	4.8	0.0	38.8	2.5	1.6	6.7
14.0	6.9	5.3	0.0	33.0	0.1	1.8	5.3
8.3	4.0	4.4	0.0	52.9	1.8	1.2	9.8
21.5	12.9	19.6	0.0	21.0	0.0	2.5	2.9
13.0	7.2	4.9	0.0	35.3	0.0	3.9	5.7
17.6	7.0	6.6	9.0	12.4	4.2	2.0	9.7
19.2	7.8	6.9	3.2	12.2	4.6	2.4	9.8
31.2	1.0	2.1	1.6	18.0	1.8	0.2	3.8
15.1	5.4	4.5	0.0	31.3	0.2	0.0	5.1
13.9	3.1	6.7	24.7	8.6	2.0	0.0	9.3

1-20(续22)

	人均天花费(美元/人天)	人均天花费构成(%)				
		长途交通	飞机	火车	汽车	轮船
乌鲁木齐	190.31	27.2	17.1	5.0	5.1	0.0
外国人	190.20	27.3	17.2	5.0	5.1	0.0
香港同胞	184.13	20.4	20.4	0.0	0.0	0.0
澳门同胞	220.93	45.6	37.9	7.7	0.0	0.0
台湾同胞	184.74	33.7	26.1	7.6	0.0	0.0
吐鲁番	154.57	53.4	42.1	7.4	3.9	0.0
外国人	157.22	55.1	43.6	7.3	4.2	0.0
香港同胞	150.49	32.0	28.0	4.0	0.0	0.0
澳门同胞	135.85	54.5	47.7	6.2	0.6	0.0
台湾同胞	140.68	47.1	38.5	7.6	1.0	0.0
库尔勒	187.55	35.4	23.1	7.2	5.1	0.0
外国人	187.66	35.3	23.1	7.2	5.0	0.0
香港同胞	184.13	37.7	37.7	0.0	0.0	0.0
澳门同胞	186.00	41.0	33.8	7.2	0.0	0.0
台湾同胞	—	—	—	—	—	—
喀什	187.75	24.4	15.8	5.1	3.5	0.0
外国人	186.74	26.5	17.4	5.5	3.6	0.0
香港同胞	184.13	16.8	16.8	0.0	0.0	0.0
澳门同胞	220.93	36.7	29.5	5.9	1.3	0.0
台湾同胞	182.54	15.7	10.5	5.2	0.0	0.0
伊宁	148.45	49.7	39.3	7.2	3.2	0.0
外国人	142.93	49.2	39.3	7.0	2.9	0.0
香港同胞	177.97	52.0	51.6	0.0	0.4	0.0
澳门同胞	178.94	37.8	30.6	7.2	0.0	0.0
台湾同胞	168.35	46.1	40.7	4.8	0.6	0.0

住宿	餐饮	景区游览	娱乐	购物	市内交通	邮电通信	其他
8.9	5.3	24.5	6.8	13.8	5.8	2.3	5.4
8.8	5.2	25.1	6.9	13.6	5.8	2.3	5.0
9.7	4.3	0.0	0.0	39.1	0.0	0.0	26.5
17.2	9.1	2.8	0.0	13.6	0.0	2.2	9.5
17.8	10.7	1.6	8.2	19.4	1.8	0.0	6.8
11.6	3.8	8.2	5.2	4.9	2.3	0.4	10.2
11.7	3.9	8.3	5.6	4.1	2.5	0.4	8.4
9.8	3.2	4.8	1.3	3.1	0.1	0.1	45.6
16.1	4.4	9.6	1.4	11.3	0.0	0.0	2.7
14.2	3.8	9.9	3.0	16.1	1.9	0.0	4.0
10.6	7.2	10.0	11.1	13.1	2.1	3.1	7.4
10.6	7.2	10.1	11.1	12.9	2.0	3.0	7.8
18.0	8.0	0.0	0.0	36.2	0.0	0.0	0.1
13.4	7.6	3.8	0.0	22.2	0.0	0.0	12.0
—	—	—	—	—	—	—	—
7.2	4.9	21.5	8.2	18.8	2.9	4.4	7.7
7.6	5.1	17.1	9.6	18.2	3.2	4.8	7.9
8.0	3.6	0.0	0.0	52.5	0.0	5.4	13.7
9.2	6.0	20.7	4.3	16.5	0.0	4.3	2.3
10.0	7.5	30.9	2.2	24.9	1.4	0.0	7.4
12.8	3.6	12.0	4.4	9.0	1.7	0.2	6.6
12.2	3.1	12.6	4.4	10.0	1.6	0.0	6.9
20.1	5.7	11.2	0.1	2.8	0.3	0.0	7.8
21.4	5.9	7.4	1.8	15.0	0.1	0.6	10.0
18.0	7.6	9.1	5.6	4.5	3.0	0.1	6.0

二、入境游客停留时间

2－1　2014 年入境过夜游客停留时间
（按外国人、港澳台胞、团体及散客分组）

		调查人数（人）	调查人数（%）	1～3 天（%）	4～7 天（%）	8～14 天（%）	15 天及以上（%）
全　国	**总计**	**11 556**	**100**	**47.3**	**30.8**	**14.0**	**7.9**
	团体	2 729	100	39.5	43.6	12.5	4.4
	散客	8 827	100	49.7	26.8	14.5	8.9
外国人	小计	8 276	100	42.1	32.2	16.0	9.7
	团体	2 230	100	43.0	38.5	13.1	5.3
	散客	6 046	100	41.7	29.9	17.1	11.3
香港同胞	小计	1 796	100	74.0	18.6	5.8	1.6
	团体	181	100	30.9	62.4	6.1	0.6
	散客	1 615	100	78.8	13.7	5.8	1.7
澳门同胞	小计	290	100	57.9	33.4	7.2	1.4
	团体	63	100	41.3	55.6	3.2	0.0
	散客	227	100	62.6	27.3	8.4	1.8
台湾同胞	小计	1 194	100	40.7	38.7	14.3	6.3
	团体	255	100	14.5	71.8	13.7	0.0
	散客	939	100	47.8	29.7	14.5	8.0

2-2 2014年入境过夜游客停留时间

（按性别、职业、团体及散客分组）

		调查人数（人）	调查人数（%）	1~3天（%）	4~7天（%）	8~14天（%）	15天及以上（%）
全　国	**总计**	**11 556**	**100**	**47.3**	**30.8**	**14.0**	**7.9**
	团体	2 729	100	39.5	43.6	12.5	4.4
	散客	8 827	100	49.7	26.8	14.5	8.9
男　性	小计	7 140	100	48.2	30.0	13.6	8.2
	团体	1 354	100	39.7	43.5	12.3	4.5
	散客	5 786	100	50.2	26.9	13.9	9.0
女　性	小计	4 416	100	45.8	32.1	14.8	7.3
	团体	1 375	100	39.3	43.6	12.7	4.4
	散客	3 041	100	48.7	26.8	15.7	8.8
政府工作人员	小计	443	100	45.1	30.2	16.0	8.7
	团体	162	100	40.1	33.3	15.4	11.2
	散客	281	100	48.0	28.5	16.4	7.1
专业技术人员	小计	1 790	100	49.4	27.3	14.6	8.7
	团体	261	100	35.2	46.7	15.3	2.8
	散客	1 529	100	51.9	24.0	14.5	9.6
职　员	小计	2 343	100	46.4	32.9	14.4	6.3
	团体	495	100	28.1	56.4	12.9	2.6
	散客	1 848	100	51.4	26.7	14.8	7.1
技工/工人	小计	463	100	60.0	28.1	8.0	3.9
	团体	66	100	65.2	28.7	6.1	0.0
	散客	397	100	59.2	28.0	8.3	4.5
商贸人员	小计	2 422	100	56.2	28.0	10.0	5.8
	团体	300	100	58.0	33.3	6.0	2.7
	散客	2 122	100	55.9	27.2	10.6	6.3
服务员/推销员	小计	444	100	66.9	19.4	9.5	4.2
	团体	78	100	62.8	26.9	5.1	5.2
	散客	366	100	67.8	17.8	10.4	4.0
退休人员	小计	847	100	34.8	38.0	18.4	8.8
	团体	439	100	33.0	44.0	17.5	5.5
	散客	408	100	36.8	31.6	19.4	12.2
家庭妇女	小计	741	100	49.4	31.4	13.9	5.3
	团体	301	100	52.5	38.5	8.3	0.7
	散客	440	100	47.3	26.6	17.7	8.4
军　人	小计	42	100	59.5	33.4	7.1	0.0
	团体	9	100	77.8	22.2	0.0	0.0
	散客	33	100	54.5	36.4	9.1	0.0
学　生	小计	1 095	100	30.0	34.2	18.9	16.9
	团体	347	100	34.9	46.7	9.5	8.9
	散客	748	100	27.8	28.5	23.3	20.4
其　他	小计	926	100	37.1	35.3	17.4	10.2
	团体	271	100	31.7	44.6	18.8	4.9
	散客	655	100	39.4	31.5	16.8	12.3

2-3 2014年入境过夜游客停留时间

（按年龄、旅游目的、团体及散客分组）

		调查人数（人）	调查人数（%）	1~3天（%）	4~7天（%）	8~14天（%）	15天及以上（%）
全　国	**总计**	**11 556**	**100**	**47.3**	**30.8**	**14.0**	**7.9**
	团体	2 729	100	39.5	43.6	12.5	4.4
	散客	8 827	100	49.7	26.8	14.5	8.9
65岁及以上	小计	680	100	39.3	35.0	15.6	10.1
	团体	313	100	41.2	39.3	12.8	6.7
	散客	367	100	37.6	31.3	18.0	13.1
45~64岁	小计	3 776	100	46.1	32.7	14.2	7.0
	团体	1 027	100	37.7	44.3	15.1	2.9
	散客	2 749	100	49.3	28.4	13.8	8.5
25~44岁	小计	5 622	100	51.0	29.0	13.0	7.0
	团体	963	100	40.9	44.8	10.3	4.0
	散客	4 659	100	53.1	25.7	13.6	7.6
15~24岁	小计	1 419	100	39.4	31.6	17.0	12.0
	团体	409	100	38.4	43.8	11.0	6.8
	散客	1 010	100	39.8	26.7	19.4	14.1
14岁及以下	小计	59	100	55.9	11.9	13.6	18.6
	团体	17	100	70.6	5.9	11.8	11.7
	散客	42	100	50.0	14.3	14.3	21.4
观光游览	小计	3 092	100	35.1	44.7	15.7	4.5
	团体	1 552	100	35.2	48.8	12.6	3.4
	散客	1 540	100	34.9	40.6	18.8	5.7
休闲度假	小计	2 225	100	50.5	30.0	13.6	5.9
	团体	625	100	31.7	44.3	17.8	6.2
	散客	1 600	100	57.8	24.4	12.0	5.8
探亲访友	小计	1 249	100	43.5	24.3	18.9	13.3
	团体	62	100	40.3	37.1	14.5	8.1
	散客	1 187	100	43.6	23.7	19.1	13.6
商　务	小计	3 026	100	50.4	25.6	14.0	10.0
	团体	119	100	66.4	19.3	7.6	6.7
	散客	2 907	100	49.7	25.9	14.3	10.1
会　议	小计	548	100	68.6	20.4	8.2	2.8
	团体	64	100	64.1	28.1	3.1	4.7
	散客	484	100	69.2	19.4	8.9	2.5
宗教朝拜	小计	59	100	52.5	40.7	3.4	3.4
	团体	16	100	43.8	56.2	0.0	0.0
	散客	43	100	55.8	34.9	4.7	4.6
文体交流	小计	370	100	42.4	33.5	9.2	14.9
	团体	51	100	19.6	56.9	15.7	7.8
	散客	319	100	46.1	29.8	8.2	15.9
购　物	小计	415	100	83.6	11.3	3.1	2.0
	团体	151	100	86.8	13.2	0.0	0.0
	散客	264	100	81.8	10.2	4.9	3.1
医疗保健	小计	94	100	52.1	33.0	8.5	6.4
	团体	22	100	50.0	50.0	0.0	0.0
	散客	72	100	52.8	27.8	11.1	8.3
其　他	小计	478	100	48.5	19.0	14.6	17.9
	团体	67	100	44.8	32.8	9.0	13.4
	散客	411	100	49.1	16.8	15.6	18.5

2-4　2014年外国过夜游客停留时间

（按国别分组）

	调查人数（人）	调查人数（%）	1~3天（%）	4~7天（%）	8~14天（%）	15天及以上
日　　本	1 007	100	43.7	38.3	11.8	6.2
菲律宾	102	100	41.2	30.4	18.6	9.8
泰　　国	254	100	38.6	44.9	9.4	7.1
新加坡	426	100	41.1	42.7	14.6	1.6
印度尼西亚	78	100	38.5	37.2	17.9	6.4
马来西亚	253	100	32.4	45.5	17.8	4.3
韩　　国	1 556	100	53.8	30.5	9.3	6.4
朝　　鲜	43	100	65.1	18.6	16.3	—
蒙　　古	217	100	86.6	7.8	4.6	1.0
印　　度	201	100	36.3	29.9	23.4	10.4
越　　南	50	100	50.0	36.0	8.0	6.0
缅　　甸	50	100	54.0	40.0	4.0	2.0
哈萨克斯坦	80	100	45.0	38.7	16.3	—
英　　国	385	100	28.3	28.1	30.6	13.0
法　　国	184	100	37.0	32.1	19.6	11.3
德　　国	213	100	24.9	35.7	24.4	15.0
西班牙	69	100	21.7	37.7	26.1	14.5
意大利	119	100	37.0	28.6	24.4	10.0
荷　　兰	94	100	39.4	27.7	12.8	20.1
瑞　　典	59	100	18.6	33.9	22.0	25.5
俄罗斯	929	100	65.7	25.5	7.0	1.8
瑞　　士	67	100	32.8	37.3	22.4	7.5
乌克兰	62	100	50.0	33.9	16.1	—
美　　国	783	100	17.2	28.7	28.5	25.6
加拿大	222	100	30.2	30.6	23.4	15.8
澳大利亚	198	100	25.8	41.4	20.2	12.6
新西兰	121	100	33.9	40.5	14.0	11.6
非洲国家	66	100	24.2	16.7	30.3	28.8
中南美洲国家	62	100	16.1	32.3	30.6	21.0
其他国家	326	100	25.5	28.8	23.0	22.7

2-5 2014年入境过夜游客平均停留时间

单位:天/人

	平均停留	团　体	散　客
总平均	**7.0**	**5.7**	**7.4**
外国人	7.8	5.9	8.5
香港同胞	3.6	4.6	3.5
澳门同胞	4.3	4.4	4.3
台湾同胞	6.9	5.2	7.4
男　性	7.1	5.8	7.4
女　性	6.8	5.7	7.3
65岁及以上	7.1	6.0	8.1
45~64岁	6.7	5.5	7.2
25~44岁	6.5	5.4	6.7
15~24岁	9.6	7.0	10.6
14岁及以下	8.8	5.7	10.0
观光游览	6.1	5.6	6.6
休闲度假	5.7	6.2	5.5
探亲访友	8.3	7.2	8.3
商　务	7.7	5.2	7.8
会　议	4.2	4.3	4.2
宗教朝拜	4.5	3.5	4.9
文体交流	11.9	8.2	12.5
购　物	3.2	3.1	3.3
医疗保健	6.5	3.5	7.4
其　他	13.4	12.1	13.6
政府工作人员	7.0	6.6	7.3
专业技术人员	7.1	5.8	7.4
职　员	6.4	5.6	6.6
技工/工人	4.8	3.6	5.0
商贸人员	5.8	4.4	6.0
服务员/推销员	4.9	5.2	4.8
退休人员	7.0	6.3	7.7
家庭妇女	5.7	4.3	6.7
军　人	4.1	2.9	4.4
学　生	11.8	7.5	13.7
其　他	8.6	6.1	9.6

2－6　2014年入境过夜游客平均停留时间
（按外国人、港澳台胞、团体及散客、性别、年龄分组）

单位：天/人

		平均停留	性别		年龄				
			男性	女性	14岁及以下	15～24岁	25～44岁	45～64岁	65岁及以上
全国	**平均**	**7.0**	**7.1**	**6.8**	**8.8**	**9.6**	**6.5**	**6.7**	**7.1**
	团体	5.7	5.8	5.7	5.7	7.0	5.4	5.5	6.0
	散客	7.4	7.4	7.3	10.0	10.6	6.7	7.2	8.1
外国人	小计	7.8	7.9	7.7	9.1	11.2	7.3	7.4	7.2
	团体	5.9	6.0	5.9	5.6	7.4	5.6	5.6	6.2
	散客	8.5	8.4	8.6	10.8	13.0	7.7	8.1	8.3
香港同胞	小计	3.6	3.5	3.8	10.1	4.4	3.2	3.7	5.4
	团体	4.6	5.0	4.2	—	4.8	3.9	4.9	5.6
	散客	3.5	3.4	3.7	10.1	4.3	3.2	3.5	5.4
澳门同胞	小计	4.3	4.3	4.4	2.4	5.0	4.1	4.4	4.2
	团体	4.4	4.0	4.7	—	5.3	4.4	4.1	2.1
	散客	4.3	4.3	4.3	2.4	4.8	4.1	4.5	4.8
台湾同胞	小计	6.9	7.4	6.2	4.9	7.0	6.9	6.7	8.3
	团体	5.2	5.1	5.2	7.0	5.3	5.1	5.2	5.0
	散客	7.4	7.9	6.5	3.9	7.3	7.3	7.2	10.0

2-7 2014年入境过夜游客平均停留时间

		平均停留	职业				
			政府工作人员	专业技术人员	职员	技工/工人	商贸人员
全国	**平均**	**7.0**	**7.0**	**7.1**	**6.4**	**4.8**	**5.8**
	团体	5.7	6.6	5.8	5.6	3.6	4.4
	散客	7.4	7.3	7.4	6.6	5.0	6.0
外国人	小计	7.8	7.6	8.3	7.2	5.7	6.2
	团体	5.9	6.9	6.0	5.7	3.5	4.4
	散客	8.5	8.0	8.8	7.7	6.2	6.5
香港同胞	小计	3.6	5.2	3.2	3.3	2.6	3.4
	团体	4.6	5.1	4.3	4.8	2.0	4.3
	散客	3.5	5.3	3.1	3.2	2.6	3.3
澳门同胞	小计	4.3	4.0	3.0	4.9	3.1	3.6
	团体	4.4	4.1	2.9	5.4	3.6	2.8
	散客	4.3	4.0	3.0	4.7	2.9	3.7
台湾同胞	小计	6.9	4.7	6.4	6.7	7.1	6.9
	团体	5.2	5.0	4.9	5.7	5.2	4.5
	散客	7.4	4.5	6.6	7.1	7.4	7.2

（按外国人、港澳台胞、团体及散客、职业分组）

单位：天/人

服务员/推销员	退休人员	家庭妇女	军人	学生	其他
4.9	**7.0**	**5.7**	**4.1**	**11.8**	**8.6**
5.2	6.3	4.3	2.9	7.5	6.1
4.8	7.7	6.7	4.4	13.7	9.6
6.9	7.3	6.0	4.2	13.2	8.8
5.7	6.6	4.2	2.8	8.1	6.4
7.3	8.5	7.7	4.7	15.7	9.8
2.2	5.1	4.4	2.1	5.7	5.8
3.0	5.2	4.8	—	4.3	5.1
2.1	5.1	4.4	2.1	6.3	6.1
4.0	6.1	4.5	2.4	5.4	4.2
4.7	4.3	6.2	—	5.4	3.6
3.8	6.8	4.1	2.4	5.4	4.6
5.8	7.0	6.0	4.9	8.5	9.3
3.6	5.2	5.3	3.0	5.9	5.4
6.6	8.6	6.2	5.2	8.9	11.0

2-8 2014年入境过夜游客平均停留时间

		平均停留	旅游目的			
			观光游览	休闲度假	探亲访友	商务
全国	平均	**7.0**	**6.1**	**5.7**	**8.3**	**7.7**
	团体	5.7	5.6	6.2	7.2	5.2
	散客	7.4	6.6	5.5	8.3	7.8
外国人	小计	7.8	6.4	6.7	10.4	8.2
	团体	5.9	5.7	6.4	7.8	5.7
	散客	8.5	7.0	6.9	10.6	8.4
香港同胞	小计	3.6	4.9	3.0	4.1	3.2
	团体	4.6	4.6	5.3	4.8	2.6
	散客	3.5	5.1	2.9	4.1	3.3
澳门同胞	小计	4.3	4.8	4.2	5.4	3.8
	团体	4.4	5.0	5.0	1.0	2.5
	散客	4.3	4.7	4.0	5.6	4.0
台湾同胞	小计	6.9	5.9	6.4	7.6	8.7
	团体	5.2	5.3	5.4	6.0	3.4
	散客	7.4	6.6	6.7	7.7	8.8

（按外国人、港澳台胞、团体及散客、旅游目的分组）

单位:天/人

会议	宗教朝拜	文化/体育/科技交流	购物	医疗保健	其他
4.2	**4.5**	**11.9**	**3.2**	**6.5**	**13.4**
4.3	3.5	8.2	3.1	3.5	12.1
4.2	4.9	12.5	3.3	7.4	13.6
4.7	6.2	14.3	3.4	6.7	14.4
4.5	3.5	9.4	3.1	3.5	12.8
4.7	7.0	15.1	3.6	8.3	14.7
2.9	3.1	4.0	2.3	4.4	5.4
2.3	—	4.6	5.0	—	6.3
2.9	3.1	3.8	2.3	4.4	5.3
3.0	4.1	3.8	5.4	4.8	3.2
3.1	4.1	2.1	2.1	—	3.1
3.0	4.0	4.3	7.1	4.8	3.2
4.3	3.2	5.8	8.1	8.0	9.4
3.3	3.4	6.7	4.0	—	—
4.3	2.8	5.7	8.7	8.0	9.4

2－9 2014年外国过夜游客

	平均停留	职业				
		政府工作人员	专业技术人员	职员	技工/工人	商贸人员
日本	6.9	5.5	5.9	7.2	6.1	5.4
菲律宾	8.4	6.9	7.4	7.2	4.3	3.6
泰国	6.5	6.4	4.3	5.1	3.9	4.7
新加坡	5.3	4.4	4.2	5.6	4.3	4.6
印度尼西亚	7.1	6.0	8.1	6.5	4.5	3.6
马来西亚	6.1	5.7	6.4	6.2	6.2	4.9
韩国	6.5	4.0	9.2	5.6	4.4	5.8
朝鲜	4.6	5.8	2.7	4.8	3.0	5.5
蒙古	2.7	2.1	3.3	3.7	3.5	2.3
印度	8.5	5.8	7.6	10.6	3.9	7.1
越南	5.3	2.4	6.4	6.3	3.6	5.0
缅甸	4.4	6.9	3.6	10.9	1.2	3.5
哈萨克斯坦	5.3	3.6	4.6	4.3	5.2	3.7
英国	11.0	12.3	10.0	8.7	7.8	10.3
法国	9.9	6.5	9.9	8.7	8.3	6.5
德国	10.1	6.4	10.4	8.4	31.6	6.1
西班牙	10.5	15.8	10.1	19.5	—	7.7
意大利	7.5	4.2	7.0	7.2	8.5	6.0
荷兰	11.1	12.9	3.9	15.5	9.7	6.1
瑞典	13.5	7.6	10.7	21.5	5.2	9.5
俄罗斯	4.1	5.1	3.5	4.9	3.9	3.9
瑞士	7.7	5.7	6.3	9.5	4.9	4.2
乌克兰	4.9	1.0	5.4	5.1	4.0	4.9
美国	13.1	11.8	12.1	10.7	9.9	11.0
加拿大	10.0	7.4	8.2	8.5	9.6	8.0
澳大利亚	8.5	7.5	9.7	7.6	6.1	6.6
新西兰	7.9	11.1	6.8	7.5	10.8	6.0
非洲国家	14.3	31.0	6.6	18.6	—	11.4
中南美洲国家	13.9	18.3	14.3	9.2	—	9.4
其他国家	12.5	13.8	19.6	6.7	5.3	10.4

平均停留时间(按国别、职业分组)

单位：天/人

服务员/推销员	退休人员	家庭妇女	军人	学生	其他
7.5	5.4	7.7	1.0	14.6	4.7
6.1	9.7	5.7	—	10.5	14.3
5.0	6.8	5.9	7.3	13.8	5.2
3.4	6.5	5.8	5.6	6.0	5.8
—	10.5	9.4	2.4	15.4	5.2
10.9	7.4	6.3	6.1	6.4	5.8
4.1	4.6	5.3	9.7	10.9	5.9
3.6	2.1	6.9	4.5	5.7	3.3
2.0	2.6	3.1	3.0	3.9	2.3
6.1	6.3	11.7	4.9	31.1	2.9
2.8	7.6	4.3	—	4.1	6.4
—	3.4	7.1	—	5.2	3.3
3.8	6.7	4.1	—	9.3	8.5
15.8	12.1	3.9	—	12.8	13.5
6.0	8.5	4.9	4.9	20.3	12.3
12.7	13.8	7.3	2.0	23.1	9.9
4.3	7.8	4.9	—	9.2	7.1
7.6	8.4	10.1	6.1	7.7	10.6
5.1	9.3	4.8	—	32.5	12.4
7.3	20.0	14.6	1.0	20.7	7.6
3.6	4.0	3.5	2.7	4.6	3.6
3.1	9.6	6.1	—	24.5	7.5
1.2	7.8	7.8	7.3	4.9	5.3
8.5	15.2	11.3	—	17.9	15.2
5.3	10.6	9.3	4.9	14.2	16.1
6.3	8.4	6.0	—	8.7	12.1
5.5	8.7	5.7	—	8.3	9.2
—	8.5	3.0	—	24.6	8.2
11.3	7.0	5.4	—	18.3	45.6
15.9	13.1	7.4	—	20.6	11.3

2－10　2014年外国过夜游客平均停留时间

（按国别、旅游目的分组）

单位：天/人

	平均停留	旅游目的									
		观光游览	休闲度假	探亲访友	商务	会议	宗教朝拜	文体交流	购物	医疗保健	其他
日本	6.9	5.2	5.1	9.4	7.3	4.3	2.4	9.6	6.7	4.1	20.8
菲律宾	8.4	9.3	8.0	6.4	4.7	2.5	3.6	2.6	2.6	4.9	17.9
泰国	6.5	5.0	5.6	11.6	4.9	4.7	7.3	12.0	3.3	3.2	14.9
新加坡	5.3	5.7	4.5	6.7	4.3	3.1	3.7	4.1	6.1	—	9.6
印度尼西亚	7.1	4.9	6.3	10.8	4.8	3.5	—	21.1	—	3.6	5.4
马来西亚	6.1	6.0	6.0	8.3	5.9	4.9	—	6.1	2.4	1.2	5.4
韩国	6.5	4.4	5.4	7.1	7.6	3.7	24.3	9.7	4.9	4.0	17.5
朝鲜	4.6	6.2	4.1	4.8	3.0	6.1	—	2.8	3.6	4.9	3.0
蒙古	2.7	4.3	3.0	9.1	2.4	2.4	—	2.0	2.0	1.2	2.2
印度	8.5	5.9	6.1	11.2	8.9	5.8	—	39.7	—	55.9	2.5
越南	5.3	5.1	5.7	5.3	5.2	—	14.6	6.7	4.9	4.3	3.4
缅甸	4.4	4.5	6.3	5.2	4.1	6.1	—	3.6	—	1.2	2.1
哈萨克斯坦	5.3	5.8	5.3	8.1	3.2	2.4	—	—	—	4.7	—
英国	11.0	9.0	8.1	17.6	12.1	3.3	—	25.8	—	5.5	11.9
法国	9.9	7.8	7.0	6.8	7.6	5.2	5.5	27.8	2.4	2.4	30.4
德国	10.1	7.7	8.6	12.6	11.9	4.7	—	11.9	—	8.5	18.7
西班牙	10.5	9.6	7.7	13.0	10.8	11.1	4.3	56.5	4.9	—	4.9
意大利	7.5	7.0	6.4	5.5	8.3	4.0	6.1	28.1	14.6	3.6	6.5
荷兰	11.1	12.1	7.9	15.1	4.9	2.7	4.8	20.8	6.1	—	68.2
瑞典	13.5	8.6	9.7	28.8	10.8	2.9	—	16.8	—	—	28.5
俄罗斯	4.1	4.3	4.6	4.5	4.1	3.1	2.8	4.2	3.2	4.6	3.3
瑞士	7.7	6.1	7.4	2.4	9.5	6.1	—	21.0	—	—	2.4
乌克兰	4.9	6.0	5.3	3.9	3.6	1.8	—	3.6	1.2	—	8.5
美国	13.1	10.4	12.3	17.3	13.1	6.5	—	18.2	10.3	23.7	19.8
加拿大	10.0	7.1	8.3	19.0	9.1	4.5	4.4	19.4	3.4	14.0	29.0
澳大利亚	8.5	9.7	7.8	12.1	8.3	5.1	3.1	4.6	4.9	—	7.3
新西兰	7.9	7.2	7.5	10.7	5.0	6.4	—	28.7	—	4.1	11.6
非洲国家	14.3	9.5	7.9	26.3	14.0	1.2	—	17.0	12.5	—	24.1
中南美洲国家	13.9	8.8	8.6	15.2	14.7	21.8	—	26.2	—	—	41.2
其他国家	12.5	10.7	9.9	12.4	11.4	11.6	—	33.9	12.5	—	21.4

2－11　2014年外国过夜游客平均停留时间

（按国别、性别、年龄分组）

单位：天/人

	平均停留	性别		年龄				
		男性	女性	14岁及以下	15~24岁	25~44岁	45~64岁	65岁及以上
日本	6.9	7.1	6.4	10.0	11.3	6.5	6.6	6.6
菲律宾	8.4	8.4	8.5	4.9	12.0	6.7	9.0	9.7
泰国	6.5	5.1	8.2	18.2	10.2	5.9	4.7	7.4
新加坡	5.3	5.6	5.0	—	5.5	4.8	5.7	7.0
印度尼西亚	7.1	5.3	10.0	—	17.9	6.4	5.7	4.5
马来西亚	6.1	6.0	6.1	—	7.5	5.5	6.6	5.9
韩国	6.5	6.8	6.0	3.6	9.1	6.8	5.7	5.1
朝鲜	4.6	3.8	5.5	—	5.6	4.5	3.2	7.1
蒙古	2.7	2.9	2.6	—	3.5	2.9	2.3	3.1
印度	8.5	8.5	8.8	6.1	33.0	6.9	7.3	5.8
越南	5.3	4.6	6.4	—	4.9	5.0	6.3	2.8
缅甸	4.4	3.8	5.4	8.5	3.4	4.6	4.1	5.2
哈萨克斯坦	5.3	5.4	5.1	2.4	9.9	4.5	4.2	4.8
英国	11.0	12.1	9.3	6.7	13.1	9.9	11.7	11.3
法国	9.9	10.3	9.2	17.0	16.9	6.4	11.5	8.1
德国	10.1	10.4	9.7	—	15.8	8.6	10.0	14.9
西班牙	10.5	8.9	13.3	—	9.8	12.4	7.0	—
意大利	7.5	6.8	9.1	—	6.9	8.3	6.6	7.3
荷兰	11.1	10.1	12.7	—	32.7	9.9	6.8	20.8
瑞典	13.5	13.9	12.8	—	20.0	14.2	11.3	4.9
俄罗斯	4.1	3.9	4.3	6.1	4.1	4.3	3.9	3.4
瑞士	7.7	7.4	8.2	—	13.0	6.1	6.7	17.2
乌克兰	4.9	4.6	5.6	—	9.7	4.2	5.1	6.9
美国	13.1	12.6	13.9	14.5	17.9	11.1	12.9	14.2
加拿大	10.0	7.4	12.7	—	11.1	9.8	9.6	11.3
澳大利亚	8.5	9.0	7.5	10.3	8.1	7.8	9.2	9.7
新西兰	7.9	7.4	8.5	—	9.9	8.1	6.6	9.4
非洲国家	14.3	12.1	19.8	—	21.4	10.4	17.0	—
中南美洲国家	13.9	16.8	9.5	20.7	26.8	12.7	9.4	4.1
其他国家	12.5	12.7	12.3	49.8	12.0	12.2	12.9	8.9

2－12 2014 年入境过夜游客在各城市平均停留时间
（按外国人、港澳台胞分组）

单位：天/人

	平均停留	外国人	香港同胞	澳门同胞	台湾同胞
北　　京	3.5	3.5	2.6	3.3	3.3
天　　津	3.3	3.6	2.0	2.8	2.1
石 家 庄	1.8	1.8	2.0	1.5	1.6
唐　　山	2.1	2.1	2.2	—	1.9
秦 皇 岛	6.7	7.5	2.6	1.9	1.9
保　　定	2.9	2.9	3.2	3.0	2.3
承　　德	3.2	3.2	5.9	2.4	2.9
廊　　坊	2.4	2.5	1.7	1.7	1.6
太　　原	2.8	2.7	3.0	4.0	—
大　　同	1.5	1.4	1.4	—	1.5
晋　　城	1.3	1.3	—	—	1.0
晋　　中	2.4	2.3	2.8	2.5	3.0
运　　城	1.7	1.6	1.6	1.5	1.9
忻　　州	1.7	1.6	2.0	2.0	1.3
呼和浩特	4.4	4.4	4.0	4.9	4.6
满 洲 里	3.0	3.0	—	—	—
二连浩特	1.7	1.7	—	—	—
包　　头	6.0	7.9	3.4	1.0	1.8
沈　　阳	1.8	1.7	1.9	—	2.4
大　　连	3.4	3.4	3.8	3.2	3.1
鞍　　山	4.3	4.4	2.0	1.0	1.0
抚　　顺	3.6	3.7	3.0	3.8	3.0
本　　溪	1.1	1.0	1.1	1.1	1.2
丹　　东	3.5	3.6	5.0	2.0	1.5
锦　　州	1.6	1.6	2.0	2.0	2.0
营　　口	3.5	3.5	3.0	—	—
盘　　锦	1.3	1.4	1.1	1.0	1.0
葫 芦 岛	2.1	2.1	2.0	2.0	2.0
长　　春	2.4	2.5	1.6	2.3	2.2
吉　　林	2.2	2.2	—	—	—
通　　化	2.8	2.4	3.6	7.3	2.8
松　　原	1.0	1.0	1.0	1.0	1.0
延　　吉	3.1	3.2	—	2.0	2.0

2－12(续1) 单位：天/人

	平均停留	外国人	香港同胞	澳门同胞	台湾同胞
哈尔滨	3.5	3.5	2.9	3.3	3.3
齐齐哈尔	1.0	1.0	1.0	—	1.0
大庆	1.6	1.7	1.0	—	—
佳木斯	1.8	1.8	—	—	—
牡丹江	2.6	2.6	—	—	—
上海	2.8	2.8	3.3	2.9	2.8
南京	2.4	2.4	2.5	1.6	1.9
无锡	1.5	1.6	1.2	1.2	1.2
苏州	2.7	2.7	2.9	2.3	2.8
南通	2.9	3.0	2.0	2.8	2.8
扬州	2.4	2.5	1.9	2.7	2.3
杭州	2.8	2.8	2.8	2.4	2.6
宁波	2.4	2.5	2.3	2.3	2.1
温州	2.4	2.4	2.3	4.0	2.2
绍兴	2.4	2.5	2.5	2.3	2.0
金华	3.1	3.2	1.8	—	1.8
合肥	2.2	2.2	1.8	—	2.0
芜湖	3.8	3.9	3.0	—	2.8
马鞍山	2.4	2.4	—	—	—
铜陵	1.8	1.8	1.5	1.0	2.2
安庆	1.4	1.4	3.0	2.0	1.3
黄山	2.6	2.6	2.7	2.6	2.6
滁州	1.6	1.6	1.3	—	2.0
亳州	1.7	1.7	1.5	1.0	1.3
池州	2.9	3.0	2.4	2.3	2.5
宣城	1.8	1.8	2.3	1.3	1.5
福州	4.8	5.2	4.0	4.1	4.6
厦门	4.9	5.8	2.8	3.4	3.0
泉州	2.8	2.8	3.1	2.6	2.5
漳州	2.0	2.1	2.3	1.6	1.8
武夷山	2.1	2.0	2.2	2.7	2.0
南昌	2.6	2.7	2.1	2.2	3.1
景德镇	1.7	1.7	1.6	1.9	1.6
九江	2.1	2.2	2.0	1.9	1.9
鹰潭	1.6	1.7	1.6	1.7	1.5
赣州	2.4	2.9	2.0	1.4	2.1
吉安	1.7	1.6	1.6	2.2	1.8

2－12(续2)　　单位：天/人

	平均停留	外国人	香港同胞	澳门同胞	台湾同胞
济　　南	2.3	2.4	2.1	1.9	2.0
青　　岛	3.5	3.5	2.8	3.9	3.6
烟　　台	2.1	2.2	1.5	3.0	2.1
潍　　坊	4.0	4.5	3.0	3.6	3.7
曲　　阜	1.7	1.8	1.4	1.6	1.9
泰　　安	1.3	1.3	1.7	—	1.1
威　　海	3.1	3.0	4.0	—	3.2
日　　照	1.8	1.9	2.0	1.5	1.8
郑　　州	2.6	2.4	3.7	2.5	2.3
开　　封	1.4	1.3	1.8	3.0	1.8
洛　　阳	2.9	3.1	1.6	2.0	2.3
三 门 峡	1.5	1.5	1.3	1.4	1.6
武　　汉	3.4	3.5	3.4	2.5	3.3
十　　堰	2.8	2.6	3.0	1.5	3.5
宜　　昌	3.1	3.0	2.9	—	4.4
襄　　阳	2.8	2.7	3.5	4.8	3.0
荆　　州	1.5	1.9	1.5	1.1	1.2
湖北游船	2.9	2.9	2.9	3.0	3.3
长　　沙	2.8	2.7	3.3	3.6	2.8
湘　　潭	1.9	1.9	1.3	2.2	2.5
衡　　阳	1.4	1.5	1.0	1.0	1.0
岳　　阳	1.8	1.8	1.6	1.7	1.7
张 家 界	3.0	3.0	—	—	—
广　　州	2.9	3.5	1.8	2.2	2.4
深　　圳	2.7	3.1	2.3	2.3	2.5
汕　　头	3.6	3.8	3.2	3.0	3.1
佛　　山	3.8	4.8	1.8	2.0	2.1
江　　门	3.0	3.4	2.6	2.2	2.5
湛　　江	3.6	3.7	3.2	3.1	4.7
惠　　州	5.4	5.3	8.0	—	—
东　　莞	5.1	5.7	2.9	2.3	4.1
桂　　林	2.4	2.4	2.2	2.5	2.5
梧　　州	1.9	2.0	2.0	1.8	2.0
北　　海	2.6	2.8	2.3	2.5	2.0

2－12(续3)　　单位：天/人

	平均停留	外国人	香港同胞	澳门同胞	台湾同胞
防城港	1.0	1.0	1.0	1.0	—
贺州	1.7	1.7	1.6	1.8	1.7
崇左	1.1	1.1	1.2	1.1	1.1
海口	3.0	3.1	2.5	2.9	2.8
三亚	5.3	5.7	3.5	3.5	3.6
重庆	2.4	2.4	2.5	2.0	2.7
重庆游船	2.8	2.4	3.6	2.5	7.0
成都	3.1	3.2	2.7	2.8	2.8
绵阳	2.2	2.4	1.6	1.8	2.1
乐山	1.5	1.4	1.4	1.2	1.8
阿坝	1.8	1.8	1.9	1.9	1.7
贵阳	1.6	1.7	1.5	1.8	1.6
安顺	1.0	1.0	1.0	1.0	1.0
黔东南	1.2	1.2	1.2	2.0	1.0
昆明	3.9	3.9	4.0	3.7	4.0
景洪	3.7	3.7	—	—	—
大理	3.4	3.5	3.0	—	2.5
拉萨	7.4	7.5	6.6	6.2	6.7
西安	2.6	2.6	2.8	2.2	2.4
咸阳	3.1	3.1	3.0	—	—
兰州	1.5	1.5	1.7	1.3	1.5
敦煌	1.1	1.1	1.2	1.2	1.1
西宁	2.8	2.8	2.3	3.3	2.9
黄南	1.7	1.7	1.3	—	2.0
格尔木	2.5	2.8	2.0	2.0	1.5
银川	1.9	1.9	1.8	2.3	1.6
乌鲁木齐	1.7	1.7	1.0	2.0	1.4
吐鲁番	2.7	2.7	1.8	2.5	3.0
库尔勒	1.2	1.2	1.0	1.0	—
喀什	1.5	1.6	1.3	1.3	1.2
伊宁	3.0	3.0	3.6	2.5	3.0

2－13 2014年入境过夜游客在各城市平均停留时间
（按性别、年龄分组）

单位：天/人

	平均停留	性别		年龄				
		男性	女性	14岁及以下	15～24岁	25～44岁	45～64岁	65岁及以上
北京	3.5	3.4	3.5	3.5	4.3	3.3	3.4	3.9
天津	3.3	3.5	3.1	3.4	4.5	3.2	2.8	3.5
石家庄	1.8	1.8	1.7	1.5	1.5	1.7	2.0	2.0
唐山	2.1	2.0	2.4	1.0	1.8	2.1	1.9	7.3
秦皇岛	6.7	6.1	7.2	—	3.5	4.9	7.9	7.3
保定	2.9	2.7	3.1	—	2.9	2.6	3.2	3.4
承德	3.2	3.2	3.2	2.7	3.5	3.2	2.6	3.3
廊坊	2.4	2.3	2.7	4.0	2.3	2.4	2.5	1.5
太原	2.8	2.8	2.7	—	4.0	2.5	2.9	2.9
大同	1.5	1.5	1.4	—	1.1	1.5	1.6	1.0
晋城	1.3	1.3	1.3	—	1.0	1.3	1.3	1.4
晋中	2.4	2.4	2.3	3.0	2.0	2.4	2.3	2.0
运城	1.7	1.8	1.5	—	1.3	1.6	1.8	1.3
忻州	1.7	1.6	1.8	—	1.5	1.6	1.8	2.0
呼和浩特	4.4	4.8	3.9	—	5.1	4.3	4.2	2.5
满洲里	3.0	3.0	3.0	—	—	3.0	—	—
二连浩特	1.7	2.0	1.5	1.0	2.2	1.7	1.5	2.2
包头	6.0	6.9	4.5	—	10.8	5.3	6.9	3.1
沈阳	1.8	1.7	1.9	—	1.8	2.0	1.5	1.0
大连	3.4	3.4	3.4	3.5	3.1	3.3	3.4	3.8
鞍山	4.3	4.3	4.4	—	2.7	2.5	7.3	6.3
抚顺	3.6	3.8	3.4	3.0	2.8	3.7	3.6	4.0
本溪	1.1	1.2	1.1	1.2	1.1	1.1	1.1	1.0
丹东	3.5	3.7	3.4	—	2.6	3.4	3.8	3.2
锦州	1.6	1.5	1.8	—	2.0	1.6	1.6	1.8
营口	3.5	3.6	2.7	—	—	3.5	3.5	—
盘锦	1.3	1.4	1.2	—	1.1	1.4	1.3	1.0
葫芦岛	2.1	2.2	2.0	—	2.0	2.2	2.0	2.0
长春	2.4	2.3	2.4	—	2.6	2.3	2.7	2.0
吉林	2.2	2.1	2.3	2.0	1.5	2.3	2.3	2.3

2－13(续1)　　　　单位：天/人

	平均停留	性别		年龄				
		男性	女性	14岁及以下	15～24岁	25～44岁	45～64岁	65岁及以上
通化	2.8	2.8	2.8	—	2.8	2.5	2.9	3.9
松原	1.0	1.0	1.0	1.0	1.0	1.0	1.0	1.0
延吉	3.1	3.1	3.2	—	3.5	3.1	3.1	3.0
哈尔滨	3.5	3.7	3.2	—	3.8	3.5	3.1	3.8
齐齐哈尔	1.0	1.0	1.0	—	—	1.0	1.0	1.0
大庆	1.6	1.6	1.6	—	1.3	1.6	1.8	—
佳木斯	1.8	1.7	1.9	2.0	1.7	1.7	1.9	2.0
牡丹江	2.6	2.4	2.7	2.5	2.5	2.2	2.5	4.0
上海	2.8	2.8	2.8	2.0	2.9	2.8	2.8	3.2
南京	2.4	2.4	2.3	—	1.9	2.4	2.5	1.7
无锡	1.5	1.5	1.4	—	1.6	1.5	1.5	1.3
苏州	2.7	3.0	2.3	1.0	2.1	2.5	3.1	3.8
南通	2.9	2.9	2.8	—	2.1	2.7	3.4	3.1
扬州	2.4	2.4	2.3	—	1.9	2.1	2.8	2.5
杭州	2.8	2.7	2.9	2.5	2.7	2.9	2.7	2.6
宁波	2.4	2.4	2.4	1.0	3.5	2.3	2.1	2.7
温州	2.4	2.3	2.4	—	2.2	2.2	2.6	3.5
绍兴	2.4	2.4	2.4	1.0	2.5	2.4	2.5	2.5
金华	3.1	3.5	2.6	8.0	5.1	3.0	2.4	1.5
合肥	2.2	2.7	1.9	1.5	1.6	2.3	2.3	1.9
芜湖	3.8	4.2	2.8	10.0	2.3	4.0	3.7	4.9
马鞍山	2.4	1.8	3.3	—	1.9	2.4	2.7	1.0
铜陵	1.8	1.8	1.9	2.0	—	1.8	1.8	—
安庆	1.4	1.5	1.3	—	1.0	1.5	1.2	1.0
黄山	2.6	2.7	2.5	2.0	2.2	2.6	2.7	2.4
滁州	1.6	1.6	1.1	—	1.2	1.6	1.6	1.0
亳州	1.7	1.7	1.5	—	1.5	1.6	1.7	1.8
池州	2.9	3.1	2.7	2.0	2.8	2.9	2.9	3.0
宣城	1.8	1.8	1.8	—	2.1	1.7	1.8	1.7
福州	4.8	5.3	4.2	4.0	5.4	3.7	5.8	5.6
厦门	4.9	6.1	3.3	6.5	4.1	5.0	5.1	4.1
泉州	2.8	2.4	3.4	16.5	2.9	2.7	2.3	3.3
漳州	2.0	2.3	1.8	—	1.6	1.8	2.1	2.5
武夷山	2.1	2.0	2.1	—	2.0	2.0	2.1	2.1
南昌	2.6	2.3	2.9	—	2.7	2.9	2.4	2.1
景德镇	1.7	1.8	1.4	—	—	1.7	1.7	1.6

2-13(续2) 单位：天/人

	平均停留	性别		年龄				
		男性	女性	14岁及以下	15~24岁	25~44岁	45~64岁	65岁及以上
九江	2.1	2.3	2.0	—	2.8	2.0	2.3	2.2
鹰潭	1.6	1.7	1.5	—	1.1	1.8	1.5	1.8
赣州	2.4	2.6	2.1	—	2.7	2.3	2.5	1.3
吉安	1.7	1.8	1.5	—	1.8	1.7	1.7	1.3
济南	2.3	2.2	2.3	2.0	2.5	2.4	2.1	1.7
青岛	3.5	3.7	3.1	—	2.5	3.9	2.9	4.8
烟台	2.1	2.2	1.9	—	2.0	2.2	2.0	2.0
潍坊	4.0	4.4	3.0	3.0	3.3	4.0	4.2	5.0
曲阜	1.7	1.8	1.7	2.0	1.5	1.8	1.7	1.9
泰安	1.3	1.4	1.3	—	1.1	1.5	1.3	1.0
威海	3.1	3.3	2.8	—	4.8	3.1	2.9	2.5
日照	1.8	1.9	1.7	—	1.0	2.0	1.8	1.5
郑州	2.6	2.5	2.8	—	—	2.6	2.5	—
开封	1.4	1.4	1.4	—	1.3	1.5	1.5	1.1
洛阳	2.9	3.0	2.8	1.1	3.4	3.2	2.7	3.6
三门峡	1.5	1.6	1.4	—	1.8	1.4	1.4	2.0
武汉	3.4	3.6	3.2	3.0	4.2	3.3	3.1	3.0
十堰	2.8	3.0	2.5	—	1.7	2.6	3.3	2.0
宜昌	3.1	3.5	2.3	3.0	2.5	2.9	3.6	1.8
襄阳	2.8	2.7	3.1	—	—	2.9	2.6	3.3
荆州	1.5	1.7	1.3	—	1.3	1.7	1.5	1.4
湖北游船	2.9	2.9	3.0	3.0	3.0	3.0	3.0	2.9
长沙	2.8	2.8	2.8	1.0	3.5	2.7	2.8	2.1
湘潭	1.9	1.9	1.9	—	1.5	1.9	2.0	1.8
衡阳	1.4	1.4	1.4	1.0	1.4	1.3	1.4	1.8
岳阳	1.8	1.8	1.7	1.0	1.2	1.7	1.9	2.0
张家界	3.0	3.0	3.0	—	3.1	3.0	3.0	2.9
广州	2.9	3.0	2.8	3.1	2.5	2.8	3.2	3.2
深圳	2.7	2.8	2.5	4.0	3.0	2.6	2.8	2.3
汕头	3.6	3.7	3.4	2.3	3.6	3.2	3.9	3.6
佛山	3.8	3.7	4.1	—	6.8	4.1	2.8	2.5
江门	3.0	2.8	3.1	1.5	2.2	2.7	3.6	3.8
湛江	3.6	3.7	3.5	—	3.4	3.5	3.6	5.4
惠州	5.4	5.3	5.4	4.0	3.0	5.4	5.9	6.0
东莞	5.1	5.3	4.7	—	5.9	5.1	4.0	—
桂林	2.4	2.5	2.3	—	2.9	2.4	2.4	1.8
梧州	1.9	2.0	1.9	—	1.9	1.9	2.0	2.1
北海	2.6	2.5	2.7	—	2.7	2.3	2.6	5.0

	平均停留	性别		年龄				
		男性	女性	14岁及以下	15~24岁	25~44岁	45~64岁	65岁及以上
防城港	1.0	1.0	1.0	1.0	1.1	1.0	1.0	1.0
贺州	1.7	1.6	1.7	—	1.5	1.7	1.7	1.7
崇左	1.1	1.1	1.1	—	1.3	1.1	1.1	2.0
海口	3.0	3.2	2.6	—	2.9	3.1	2.6	4.1
三亚	5.3	5.3	5.3	4.8	4.2	4.6	6.1	9.8
重庆	2.4	2.6	2.1	3.0	2.3	2.3	2.7	2.0
重庆游船	2.8	2.8	2.9	2.0	2.5	3.3	2.9	2.3
成都	3.1	3.0	3.2	4.4	3.3	3.1	3.0	3.3
绵阳	2.2	2.4	1.8	—	1.8	2.3	2.2	1.9
乐山	1.5	1.5	1.5	1.6	1.3	1.5	1.5	1.6
阿坝	1.8	1.7	1.8	2.0	1.7	1.7	1.8	1.9
贵阳	1.6	1.6	1.6	1.0	1.8	1.5	2.1	1.6
安顺	1.0	1.0	1.0	—	1.0	1.0	1.0	1.0
黔东南	1.2	1.3	1.0	1.0	1.0	1.2	1.2	1.3
昆明	3.9	4.0	3.9	6.0	4.2	3.8	4.0	3.1
景洪	3.7	3.5	4.0	—	3.6	3.6	3.7	4.0
大理	3.4	3.6	3.1	—	2.8	3.5	2.5	—
拉萨	7.4	7.4	7.5	7.4	7.6	7.4	7.4	7.7
西安	2.6	2.7	2.5	2.1	2.6	2.9	2.3	2.6
咸阳	3.1	3.1	3.1	—	1.9	3.1	3.5	3.5
兰州	1.5	1.5	1.4	1.7	1.5	1.4	1.6	1.6
敦煌	1.1	1.1	1.2	1.0	1.2	1.2	1.1	1.0
西宁	2.8	3.0	2.7	—	2.8	2.8	3.0	2.2
黄南	1.7	1.7	1.6	—	1.6	1.8	1.6	1.8
格尔木	2.5	2.4	2.8	5.0	4.3	2.5	2.4	1.3
银川	1.9	1.9	2.0	—	1.8	1.9	1.9	1.8
乌鲁木齐	1.7	1.6	1.7	—	1.8	1.7	1.3	—
吐鲁番	2.7	2.8	2.5	—	2.0	2.5	2.7	2.7
库尔勒	1.2	1.2	1.2	—	2.5	1.3	1.1	1.0
喀什	1.5	1.5	1.8	—	2.0	1.7	1.4	1.0
伊宁	3.0	3.0	3.0	—	—	2.5	3.1	3.3

2－14 2014年入境过夜游客在各城市

	平均停留	职业				
		政府工作人员	专业技术人员	职员	技工/工人	商贸人员
北京	3.5	3.0	3.3	3.1	2.7	3.4
天津	3.3	2.6	3.3	3.0	2.3	2.8
石家庄	1.8	2.0	1.6	1.7	1.8	1.7
唐山	2.1	1.7	2.3	1.8	1.8	2.0
秦皇岛	6.7	4.5	5.5	7.8	7.7	5.5
保定	2.9	4.2	2.9	2.4	2.3	3.2
承德	3.2	3.3	2.8	2.9	2.8	4.5
廊坊	2.4	—	2.4	2.4	2.8	3.0
太原	2.8	2.6	3.0	2.7	2.8	2.7
大同	1.5	—	2.0	1.8	—	1.3
晋城	1.3	1.6	1.1	1.4	1.0	1.4
晋中	2.4	2.3	2.2	2.4	3.3	2.2
运城	1.7	1.5	1.8	1.6	1.7	2.1
忻州	1.7	2.0	1.8	1.6	2.0	1.6
呼和浩特	4.4	3.5	4.7	4.2	6.0	3.9
满洲里	3.0	—	—	3.0	—	3.0
二连浩特	1.7	3.0	1.6	1.4	1.1	1.9
包头	6.0	3.5	11.4	2.3	5.7	6.1
沈阳	1.8	1.4	2.1	1.9	1.2	1.8
大连	3.4	2.8	2.9	3.4	4.0	3.4
鞍山	4.3	3.6	4.2	3.4	3.0	2.1
抚顺	3.6	4.0	3.8	3.2	3.6	3.4
本溪	1.1	1.1	1.1	1.1	1.1	1.0
丹东	3.5	3.6	3.1	3.6	4.3	3.5
锦州	1.6	1.7	1.3	1.7	—	1.8
营口	3.5	—	3.4	3.3	3.2	3.7
盘锦	1.3	—	1.6	1.2	1.8	1.6
葫芦岛	2.1	2.0	2.3	2.0	—	2.0
长春	2.4	2.2	3.1	2.2	2.3	2.5
吉林	2.2	2.1	2.4	2.0	2.3	2.8

平均停留时间（按职业分组）

单位：天/人

服务员/推销员	退休人员	家庭妇女	军人	学生	其他
3.1	3.6	3.7	3.2	4.3	4.4
6.0	3.2	5.4	4.8	3.7	2.6
1.8	2.9	2.1	2.5	1.1	2.1
1.5	2.0	1.0	—	2.7	2.4
5.4	7.8	9.8	12.5	3.6	—
2.0	3.6	3.1	—	2.6	2.3
2.6	2.9	2.8	—	3.5	2.5
3.5	2.0	5.0	1.0	1.7	1.2
2.8	—	3.0	2.0	3.0	2.0
—	2.0	—	—	1.1	—
—	1.2	1.6	—	1.0	—
1.8	2.0	1.9	—	2.9	2.1
3.0	1.4	1.3	—	1.3	2.0
1.2	2.0	1.0	1.5	1.0	—
4.3	2.8	5.2	5.0	5.5	5.5
—	—	—	—	—	—
2.2	2.1	1.5	1.0	1.5	1.6
14.5	3.0	7.0	2.0	1.9	1.9
1.0	1.0	1.5	—	2.5	1.5
2.7	3.8	4.4	7.0	3.3	3.8
5.9	9.2	5.6	6.5	2.9	5.8
3.5	3.8	4.3	—	2.6	4.4
1.0	1.3	—	—	—	—
4.0	3.7	2.8	—	2.6	3.8
1.8	1.7	—	2.0	—	—
—	5.0	—	—	—	—
1.5	1.0	1.1	—	1.1	1.2
2.0	2.0	—	—	2.0	—
2.2	2.0	1.7	—	2.0	2.3
2.5	2.5	2.4	—	2.0	1.9

2-14(续1)

	平均停留	职业				
		政府工作人员	专业技术人员	职员	技工/工人	商贸人员
通化	2.8	3.0	2.6	2.7	2.3	3.0
松原	1.0	1.0	1.0	1.0	1.0	1.0
延吉	3.1	2.0	3.5	3.2	3.5	2.8
哈尔滨	3.5	2.7	4.5	3.0	5.0	3.0
齐齐哈尔	1.0	1.0	1.0	1.0	1.0	1.0
大庆	1.6	—	2.3	1.3	1.4	1.0
佳木斯	1.8	2.0	1.8	1.6	1.9	2.0
牡丹江	2.6	2.0	1.9	2.4	2.7	2.0
上海	2.8	2.7	2.9	2.4	2.6	3.2
南京	2.4	2.0	2.3	2.2	3.4	2.8
无锡	1.5	1.0	1.6	1.5	1.5	1.6
苏州	2.7	3.5	2.6	2.4	2.2	3.2
南通	2.9	2.1	3.6	3.2	1.7	2.8
扬州	2.4	2.5	2.3	2.4	3.2	2.4
杭州	2.8	2.6	2.8	2.7	2.4	3.1
宁波	2.4	3.8	1.8	2.2	3.6	2.5
温州	2.4	2.0	2.8	2.5	1.3	2.1
绍兴	2.4	2.3	2.2	1.6	—	3.0
金华	3.1	2.0	2.7	2.3	4.7	3.0
合肥	2.2	1.5	2.5	2.1	2.7	3.1
芜湖	3.8	1.7	4.5	3.5	4.6	3.2
马鞍山	2.4	1.6	2.4	2.8	5.3	1.6
铜陵	1.8	2.0	2.0	2.0	—	1.8
安庆	1.4	—	1.7	1.2	1.8	1.3
黄山	2.6	2.4	2.7	2.1	2.7	3.1
滁州	1.6	1.0	1.6	1.8	1.4	1.7
亳州	1.7	2.0	1.9	1.6	—	1.9
池州	2.9	2.4	2.9	2.9	2.8	3.1
宣城	1.8	2.4	2.1	1.4	2.0	2.1
福州	4.8	2.7	4.2	3.6	5.7	4.9
厦门	4.9	3.4	3.2	3.1	36.1	3.2
泉州	2.8	2.5	2.5	2.6	—	2.8
漳州	2.0	1.7	2.3	1.5	2.5	2.7
武夷山	2.1	2.6	2.3	1.9	2.0	2.1
南昌	2.6	2.4	2.2	2.9	6.0	2.5
景德镇	1.7	1.0	1.6	1.6	1.4	2.2

单位：天/人

服务员/推销员	退休人员	家庭妇女	军人	学生	其他
3.0	2.6	2.6	—	2.8	3.3
1.0	1.0	1.0	—	1.0	—
3.0	3.0	3.4	—	3.6	3.0
2.5	3.0	3.7	2.0	3.6	3.1
1.0	1.0	1.0	—	1.0	1.0
—	1.0	2.5	—	1.5	—
1.4	1.9	2.0	2.5	1.6	2.0
2.5	3.3	2.5	—	2.4	2.7
3.2	3.1	2.9	2.8	3.2	2.6
2.2	1.8	2.4	2.0	1.6	2.8
1.0	1.2	1.3	—	1.0	1.1
2.1	3.9	2.5	—	2.1	3.4
2.4	3.8	2.0	—	1.9	2.5
1.8	2.4	2.3	2.0	1.8	2.7
2.5	2.6	2.7	3.0	3.0	2.7
2.4	2.0	2.5	5.0	2.6	1.2
3.4	2.8	3.0	1.0	2.5	2.0
2.0	1.0	6.0	5.0	2.8	3.0
5.3	8.0	3.5	10.0	2.8	2.8
2.3	1.8	1.8	—	1.1	1.8
1.0	—	—	—	3.0	2.6
1.0	1.2	3.3	—	1.3	1.5
—	—	—	—	—	1.6
2.0	1.2	1.1	—	1.7	—
2.4	2.2	2.6	2.0	2.0	2.7
—	2.0	—	—	1.1	1.0
1.0	1.6	1.5	—	1.0	1.5
2.7	3.0	2.9	—	3.0	3.1
2.0	1.4	1.3	1.0	2.0	2.0
4.3	8.5	4.7	3.0	5.7	4.0
3.0	3.5	3.2	14.0	4.1	3.4
—	2.7	3.2	3.0	4.7	1.6
2.0	1.9	1.4	—	1.3	2.2
2.0	2.0	2.0	—	—	1.8
2.0	2.4	2.5	—	2.7	2.9
1.7	1.5	1.4	—	2.5	1.6

2-14(续2)

	平均停留	职业				
		政府工作人员	专业技术人员	职员	技工/工人	商贸人员
九江	2.1	2.5	1.7	2.0	—	2.1
鹰潭	1.6	—	1.8	1.6	—	2.1
赣州	2.4	2.5	5.4	2.0	2.5	1.9
吉安	1.7	1.6	1.7	1.5	1.3	1.9
济南	2.3	1.9	2.5	1.9	4.1	2.3
青岛	3.5	3.0	3.6	3.6	2.0	3.5
烟台	2.1	2.0	2.1	2.1	2.0	2.3
潍坊	4.0	2.0	6.0	3.2	2.8	4.3
曲阜	1.7	1.4	1.5	1.6	1.0	2.6
泰安	1.3	1.2	1.3	1.5	1.4	1.5
威海	3.1	1.5	3.2	3.3	2.0	3.2
日照	1.8	2.0	1.5	1.6	1.5	2.6
郑州	2.6	2.5	2.6	2.7	2.5	2.2
开封	1.4	1.2	1.8	1.6	1.4	1.0
洛阳	2.9	3.4	3.8	2.9	3.2	1.6
三门峡	1.5	2.5	1.4	1.5	1.5	1.2
武汉	3.4	3.7	4.6	2.8	2.5	3.0
十堰	2.8	3.5	3.0	2.8	2.0	3.7
宜昌	3.1	5.0	7.3	2.0	1.5	2.0
襄阳	2.8	2.8	2.8	2.6	4.0	2.3
荆州	1.5	1.9	1.9	1.5	1.0	1.6
湖北游船	2.9	3.0	2.9	2.9	3.3	2.6
长沙	2.8	2.7	3.2	2.8	3.2	3.0
湘潭	1.9	2.3	3.0	1.5	1.0	2.1
衡阳	1.4	1.0	1.3	1.5	1.7	1.5
岳阳	1.8	2.6	2.0	1.7	1.8	1.7
张家界	3.0	3.1	3.0	3.0	3.1	2.9
广州	2.9	3.5	3.6	2.4	2.5	3.0
深圳	2.7	2.1	2.8	2.6	2.7	2.9
汕头	3.6	4.2	4.3	3.5	4.9	3.2
佛山	3.8	2.0	6.3	5.6	2.5	2.8
江门	3.0	2.4	3.1	2.2	3.4	3.6
湛江	3.6	3.8	3.2	3.5	3.1	3.7
惠州	5.4	—	2.5	8.0	2.0	8.0
东莞	5.1	5.0	6.0	4.7	4.4	4.9
桂林	2.4	2.1	3.0	2.4	2.2	2.1
梧州	1.9	1.8	1.9	2.0	1.8	2.3

单位：天/人

服务员/推销员	退休人员	家庭妇女	军人	学生	其他
1.8	2.2	2.5	2.5	1.9	3.0
2.0	1.7	1.6	—	1.2	1.3
1.5	1.2	1.9	1.0	1.8	2.1
1.0	2.1	1.4	—	2.2	1.4
—	2.0	2.3	2.0	2.4	1.8
3.1	4.3	2.8	—	2.8	5.1
2.7	2.0	1.6	—	1.3	1.8
4.0	4.2	3.0	—	2.0	3.3
2.8	1.9	1.4	—	1.6	2.4
1.5	1.0	1.6	3.0	1.1	1.0
4.0	2.6	2.6	—	3.0	2.8
1.0	1.4	1.7	—	1.0	2.5
2.3	2.5	4.3	2.0	4.0	2.0
1.3	1.4	1.0	1.0	1.0	4.0
2.8	2.2	1.0	—	1.5	2.6
1.4	1.8	1.3	1.0	1.8	1.1
4.0	2.9	4.1	—	4.8	3.6
1.0	3.1	1.5	—	1.9	2.5
1.8	2.0	4.0	—	2.1	4.0
—	3.3	4.0	—	2.5	4.0
—	1.4	1.2	—	1.0	2.3
3.0	2.8	3.1	3.0	3.0	3.2
3.7	2.2	2.3	—	2.5	2.9
1.0	2.1	1.0	4.0	1.2	1.4
1.3	1.6	1.0	—	1.2	1.0
1.7	1.9	1.9	1.0	1.1	1.5
3.0	3.0	3.0	2.7	—	3.0
2.8	2.7	2.9	3.7	2.6	2.9
1.6	2.5	3.2	2.0	3.3	3.0
3.4	3.0	3.0	2.5	3.7	3.8
2.0	3.3	3.3	2.0	3.1	3.3
2.3	3.4	3.8	—	2.2	3.1
4.0	3.9	3.9	6.0	3.0	4.0
—	6.0	6.3	4.5	3.3	6.0
5.0	3.9	4.3	5.8	8.0	8.0
2.6	2.2	2.1	—	2.9	2.5
2.5	2.1	1.9	—	1.8	1.9

2－14(续3)

	平均停留	职业				
		政府工作人员	专业技术人员	职员	技工/工人	商贸人员
北海	2.6	1.5	2.3	2.3	2.5	2.8
防城港	1.0	1.0	1.1	1.0	1.0	1.0
贺州	1.7	1.5	1.8	1.6	2.0	1.5
崇左	1.1	1.0	1.2	1.1	—	1.0
海口	3.0	3.0	4.1	2.6	2.6	3.2
三亚	5.3	6.5	5.4	4.4	5.0	4.9
重庆	2.4	2.8	4.0	2.1	1.8	2.8
重庆游船	2.8	3.3	3.3	1.0	2.7	2.3
成都	3.1	3.0	2.8	2.7	3.1	3.8
绵阳	2.2	1.7	2.5	2.2	2.3	2.3
乐山	1.5	1.5	1.4	1.4	1.3	1.5
阿坝	1.8	1.8	1.7	1.8	1.3	1.9
贵阳	1.6	1.4	1.3	1.6	1.5	2.7
安顺	1.0	1.0	1.0	1.0	—	1.2
黔东南	1.2	1.0	1.2	1.2	—	1.2
昆明	3.9	3.7	4.0	3.9	3.8	4.0
景洪	3.7	3.0	5.7	2.5	2.0	3.2
大理	3.4	3.5	3.1	4.1	—	4.0
拉萨	7.4	8.0	7.1	7.3	7.6	7.4
西安	2.6	2.3	3.0	2.6	5.0	2.5
咸阳	3.1	3.4	3.8	3.1	3.0	3.4
兰州	1.5	1.6	1.6	1.3	1.7	1.5
敦煌	1.1	1.1	1.1	1.1	1.3	1.2
西宁	2.8	3.1	2.6	3.1	2.0	3.0
黄南	1.7	4.0	1.7	1.7	—	1.0
格尔木	2.5	2.6	2.9	2.2	2.4	2.3
银川	1.9	2.5	1.7	1.7	1.7	2.2
乌鲁木齐	1.7	1.0	1.2	1.5	2.0	3.1
吐鲁番	2.7	3.0	2.0	2.4	3.2	2.9
库尔勒	1.2	1.1	1.1	1.1	1.7	1.7
喀什	1.5	1.1	1.2	1.5	1.9	1.9
伊宁	3.0	3.0	2.3	3.3	3.2	2.1

单位：天/人

服务员/推销员	退休人员	家庭妇女	军人	学生	其他
3.0	3.5	3.6	—	3.0	2.5
1.1	1.0	1.0	—	1.0	1.0
—	2.0	2.0	—	1.9	2.0
2.0	2.0	1.0	—	1.2	1.1
1.8	3.7	2.4	2.7	2.5	2.9
4.5	8.4	4.0	2.0	5.6	6.1
1.4	2.3	2.7	7.0	2.2	1.5
5.0	2.7	3.0	—	2.7	1.0
3.2	3.0	3.2	3.8	2.9	3.2
1.3	1.8	2.5	—	1.2	1.8
1.6	1.6	1.5	3.0	1.3	2.0
1.9	1.8	1.9	1.0	1.7	1.4
3.0	1.5	3.3	3.0	1.9	3.0
—	1.0	1.0	—	1.0	1.0
1.0	1.0	1.0	—	1.2	2.0
3.5	4.1	3.8	—	4.4	3.7
2.5	3.2	6.7	—	3.8	2.9
—	3.0	3.0	—	2.8	3.0
7.4	8.0	7.8	6.8	7.2	7.1
2.5	2.3	2.4	1.0	2.4	2.4
4.0	3.0	3.5	—	1.3	3.8
1.3	1.5	1.5	2.0	1.6	1.5
1.0	1.0	1.2	—	1.2	1.2
3.0	2.3	2.4	—	2.8	2.9
1.0	1.5	2.0	—	1.3	1.7
2.0	1.7	3.0	3.0	4.5	3.0
1.0	2.5	1.5	1.0	2.0	2.0
—	—	—	—	—	—
2.1	2.8	2.6	4.3	2.1	2.4
—	—	—	—	—	—
2.0	—	—	—	—	—
3.2	3.2	3.3	2.5	2.9	2.8

2－15 2014年入境过夜游客在各城市平均停留时间

（按旅游目的分组）

单位：天/人

	平均停留	旅游目的									
		观光游览	休闲度假	探亲访友	商务	会议	宗教朝拜	文体交流	购物	医疗保健	其他
北京	3.5	3.4	3.6	4.7	3.5	2.6	2.8	3.9	3.3	4.2	4.3
天津	3.3	2.5	4.5	3.0	3.2	3.0	7.3	3.7	2.7	3.9	3.8
石家庄	1.8	1.6	1.9	1.8	1.8	1.7	1.0	1.8	—	2.0	2.2
唐山	2.1	2.2	2.9	1.7	2.2	1.8	—	2.1	—	1.0	1.6
秦皇岛	6.7	5.3	9.0	1.9	2.5	4.9	5.3	6.0	1.0	—	3.5
保定	2.9	3.1	3.0	3.1	2.5	3.2	3.0	2.8	—	2.0	2.0
承德	3.2	2.6	3.6	3.6	4.2	2.3	3.0	5.8	2.3	—	9.3
廊坊	2.4	2.1	2.6	2.1	2.2	4.5	—	—	—	—	1.0
太原	2.8	2.7	2.5	2.9	2.8	2.5	3.0	2.5	3.2	—	—
大同	1.5	1.9	1.4	—	1.3	—	—	—	—	—	—
晋城	1.3	1.3	1.2	1.3	1.6	1.5	2.0	1.0	—	—	—
晋中	2.4	2.3	2.5	—	2.0	2.4	—	—	2.0	—	—
运城	1.7	1.5	1.4	1.4	2.6	1.8	2.1	2.3	2.0	1.0	1.3
忻州	1.7	1.8	1.8	1.3	1.2	1.0	1.3	1.0	2.0	—	—
呼和浩特	4.4	4.9	3.9	4.3	4.6	4.0	4.7	5.2	4.0	—	5.5
满洲里	3.0	3.0	—	—	—	3.0	—	—	3.0	—	—
二连浩特	1.7	2.0	1.5	1.5	1.8	2.0	—	1.0	1.7	1.9	1.2
包头	6.0	2.2	2.6	5.4	11.3	1.8	—	2.0	—	—	7.8
沈阳	1.8	1.2	1.4	3.2	1.9	1.7	—	2.3	—	—	1.5
大连	3.4	3.4	4.2	3.7	3.1	2.8	—	2.9	3.0	—	2.9
鞍山	4.3	2.3	2.1	2.2	2.2	1.8	—	2.9	1.0	9.4	2.0
抚顺	3.6	3.5	3.1	3.9	3.4	3.2	—	3.3	—	4.0	4.6
本溪	1.1	1.2	1.0	1.1	1.2	1.0	1.0	—	1.0	—	—
丹东	3.5	3.1	3.9	3.6	2.0	—	—	—	—	—	4.7
锦州	1.6	1.7	1.5	2.0	1.9	1.4	1.5	—	—	—	—
营口	3.5	2.0	2.2	5.0	3.5	2.8	—	2.3	—	—	6.0
盘锦	1.3	1.0	1.2	2.0	1.6	2.0	—	1.8	—	—	1.5
葫芦岛	2.1	2.0	2.5	—	2.0	—	—	—	—	—	—
长春	2.4	1.9	1.7	5.0	2.6	3.0	—	2.8	—	5.0	2.7
吉林	2.2	2.2	2.2	—	3.2	—	1.2	2.0	—	—	3.0
通化	2.8	2.6	2.5	2.7	2.7	—	—	4.0	4.0	—	5.6
松原	1.0	1.0	1.0	1.0	1.0	1.0	1.0	1.0	—	—	1.0

2－15(续1)　　单位：天/人

	平均停留	旅游目的									
		观光游览	休闲度假	探亲访友	商务	会议	宗教朝拜	文体交流	购物	医疗保健	其他
延吉	3.1	3.5	2.7	3.7	2.8	3.0	—	4.0	3.1	2.5	—
哈尔滨	3.5	3.4	3.6	4.6	2.7	3.1	—	7.5	—	—	3.8
齐齐哈尔	1.0	1.0	1.0	—	—	—	—	—	—	—	—
大庆	1.6	1.5	1.2	2.1	1.0	3.0	—	—	—	—	—
佳木斯	1.8	1.9	1.0	—	—	—	—	—	1.8	1.0	2.0
牡丹江	2.6	1.7	2.2	3.0	1.5	2.0	—	2.8	2.7	10.7	—
上海	2.8	2.9	3.2	3.3	2.7	2.4	—	3.3	3.6	2.7	2.1
南京	2.4	1.9	2.6	2.3	2.8	2.1	1.0	2.5	3.5	2.5	2.7
无锡	1.5	1.2	1.8	1.3	1.6	1.6	1.0	2.2	1.0	—	—
苏州	2.7	2.1	2.7	2.2	3.2	2.7	—	2.3	2.7	9.7	3.5
南通	2.9	3.5	3.4	1.7	3.1	1.5	2.0	2.0	—	2.0	2.0
扬州	2.4	2.4	2.1	1.9	2.6	2.5	3.0	1.8	—	3.0	3.0
杭州	2.8	2.5	3.0	2.9	3.0	2.4	—	3.0	2.0	1.0	1.9
宁波	2.4	2.3	2.4	2.3	2.5	1.7	4.9	2.4	—	4.0	2.3
温州	2.4	1.6	2.6	3.0	2.6	2.3	—	1.5	—	—	1.0
绍兴	2.4	1.9	3.5	1.3	3.0	1.3	—	3.0	—	—	1.0
金华	3.1	2.2	3.1	1.3	2.9	2.0	—	5.3	3.0	9.0	4.5
合肥	2.2	1.9	1.9	1.8	3.4	2.2	1.3	2.0	2.0	2.0	2.0
芜湖	3.8	3.7	1.8	2.8	4.5	2.8	—	2.1	2.0	—	1.0
马鞍山	2.4	3.0	1.9	1.9	2.6	1.3	—	1.1	—	—	1.3
铜陵	1.8	1.5	1.7	2.0	3.0	—	1.7	2.8	—	—	—
安庆	1.4	1.1	1.2	1.8	1.4	1.0	—	1.9	—	2.0	—
黄山	2.6	2.2	2.5	3.8	3.5	3.0	—	3.6	3.3	4.5	3.3
滁州	1.6	1.0	3.7	1.7	1.6	2.1	—	1.2	—	—	2.0
亳州	1.7	1.5	1.3	2.0	1.9	1.7	2.0	2.0	2.0	2.0	1.5
池州	2.9	2.9	3.0	—	3.6	—	2.8	2.7	—	—	—
宣城	1.8	1.5	2.1	2.0	1.7	2.5	1.0	2.0	—	—	—
福州	4.8	4.3	5.8	6.0	4.5	4.2	3.2	4.3	—	3.5	3.8
厦门	4.9	3.3	3.4	3.3	7.2	2.9	1.7	4.8	4.0	7.0	15.3
泉州	2.8	3.7	2.4	3.0	2.8	3.0	2.3	2.2	—	—	1.8
漳州	2.0	1.9	1.8	2.2	2.6	1.8	1.9	2.0	—	—	1.0
武夷山	2.1	2.1	2.0	3.0	2.0	3.0	1.0	1.0	—	—	2.0
南昌	2.6	2.3	3.3	2.8	2.7	2.3	—	3.0	—	3.0	1.9
景德镇	1.7	1.5	1.4	2.8	2.8	—	—	—	1.7	—	1.6
九江	2.1	1.9	2.9	3.3	2.9	3.3	2.3	1.7	—	—	2.5

2-15(续2) 单位：天/人

	平均停留	旅游目的									
		观光游览	休闲度假	探亲访友	商务	会议	宗教朝拜	文体交流	购物	医疗保健	其他
鹰潭	1.6	1.5	1.4	2.0	2.3	—	3.0	2.0	—	—	1.5
赣州	2.4	1.9	1.9	1.9	3.6	2.2	—	—	—	2.0	2.4
吉安	1.7	2.0	1.3	1.5	1.5	3.2	2.0	2.0	—	1.0	1.8
济南	2.3	1.9	2.4	1.6	2.9	1.6	—	2.8	3.0	1.0	2.2
青岛	3.5	3.5	3.5	3.0	4.1	1.9	—	2.8	3.5	—	1.0
烟台	2.1	1.8	1.8	2.5	2.3	2.0	—	1.0	—	—	2.5
潍坊	4.0	2.6	3.3	3.9	4.9	3.4	—	2.5	4.0	—	4.8
曲阜	1.7	1.5	1.9	1.8	2.4	2.3	—	1.7	—	3.0	2.0
泰安	1.3	1.1	1.6	2.8	1.6	2.0	—	1.0	—	—	2.6
威海	3.1	2.4	3.7	2.0	3.8	1.7	2.3	3.6	—	2.0	2.0
日照	1.8	1.4	2.4	—	2.3	1.5	—	1.3	—	—	2.0
郑州	2.6	2.8	2.3	—	2.3	—	2.0	—	—	—	4.0
开封	1.4	1.2	2.0	1.5	1.4	1.2	1.0	—	—	—	—
洛阳	2.9	2.6	2.2	1.0	4.0	1.0	4.4	1.2	2.0	1.0	—
三门峡	1.5	1.3	1.5	2.4	1.6	2.3	1.0	1.8	—	—	2.0
武汉	3.4	2.9	3.2	3.7	3.5	2.5	—	4.9	—	4.0	5.8
十堰	2.8	2.7	2.6	1.5	4.0	2.0	3.2	—	—	—	—
宜昌	3.1	2.0	2.4	4.2	5.4	2.9	—	1.3	—	—	10.5
襄阳	2.8	3.3	—	4.7	2.3	2.8	3.7	2.9	—	3.0	2.4
荆州	1.5	1.1	1.9	2.5	2.0	2.6	—	3.0	—	—	—
湖北游船	2.9	2.9	2.9	5.0	3.0	2.0	—	3.0	3.0	—	—
长沙	2.8	2.0	3.4	4.3	3.1	2.8	4.5	2.5	—	3.5	6.1
湘潭	1.9	1.1	1.9	2.2	2.8	2.6	—	2.6	—	—	1.4
衡阳	1.4	1.5	1.2	1.0	4.0	1.0	1.1	1.5	—	—	—
岳阳	1.8	1.6	2.0	1.8	1.6	1.4	—	3.1	—	—	1.9
张家界	3.0	3.0	3.0	3.0	3.0	3.0	3.0	3.0	3.0	—	—
广州	2.9	2.2	3.2	3.0	3.0	2.8	4.2	3.6	3.2	3.1	2.3
深圳	2.7	2.3	2.7	3.3	3.0	2.5	3.0	3.1	2.2	2.2	2.5
汕头	3.6	3.7	3.6	4.1	3.2	2.8	4.6	2.9	3.3	3.5	2.9
佛山	3.8	2.0	3.6	2.2	4.1	2.8	3.0	4.4	4.5	2.0	16.3
江门	3.0	2.7	2.6	4.0	3.9	1.7	1.7	1.5	2.0	—	2.5
湛江	3.6	3.0	3.6	4.7	3.4	3.3	3.8	3.0	2.3	5.7	3.3
惠州	5.4	4.7	6.3	7.0	8.0	—	5.3	2.7	2.0	—	5.5
东莞	5.1	4.9	5.1	6.0	5.0	3.6	3.0	—	2.7	4.0	5.0
桂林	2.4	2.4	2.4	2.5	2.9	1.7	—	2.0	1.0	—	2.3
梧州	1.9	2.1	2.0	1.7	2.1	1.9	—	1.6	1.7	—	2.0

2-15(续3) 单位：天/人

	平均停留	旅游目的									
		观光游览	休闲度假	探亲访友	商务	会议	宗教朝拜	文体交流	购物	医疗保健	其他
北海	2.6	2.2	2.4	4.3	2.8	2.2	—	2.5	—	—	8.0
防城港	1.0	1.0	1.1	1.0	1.0	1.0	—	1.0	1.0	1.0	1.0
贺州	1.7	1.6	1.8	2.0	1.5	—	—	2.5	—	—	2.0
崇左	1.1	1.1	1.1	1.5	1.1	1.0	—	1.0	—	—	1.0
海口	3.0	2.6	3.0	2.4	3.7	3.4	2.5	2.1	1.0	2.0	3.1
三亚	5.3	4.7	6.5	3.3	3.5	2.3	2.3	3.0	8.0	8.5	9.0
重庆	2.4	2.5	2.1	2.5	3.5	2.1	5.0	2.6	1.7	—	1.6
重庆游船	2.8	2.8	3.2	—	2.5	2.0	—	3.0	—	—	—
成都	3.1	3.2	3.0	3.4	2.7	4.0	4.4	3.0	1.8	7.0	3.2
绵阳	2.2	1.4	1.9	3.3	2.6	1.9	1.0	1.8	—	3.9	1.5
乐山	1.5	1.4	1.6	1.6	1.6	1.6	1.7	1.6	2.6	2.0	2.5
阿坝	1.8	1.8	1.7	—	—	2.0	2.0	—	—	—	2.0
贵阳	1.6	1.6	1.7	1.7	2.0	2.1	4.0	1.5	—	—	1.0
安顺	1.0	1.0	1.0	1.0	—	1.0	—	1.0	—	—	—
黔东南	1.2	1.1	1.1	2.0	1.3	—	—	2.3	—	—	—
昆明	3.9	4.1	3.6	4.1	3.9	3.8	3.4	4.2	4.0	3.0	3.4
景洪	3.7	2.9	6.1	—	2.9	2.5	—	3.0	2.0	—	2.4
大理	3.4	3.5	3.3	—	—	—	—	3.0	2.0	—	—
拉萨	7.4	7.5	7.4	7.4	7.2	7.7	7.4	7.3	9.0	5.6	7.3
西安	2.6	2.3	2.6	2.2	3.6	2.3	2.0	3.1	4.2	2.0	10.5
咸阳	3.1	3.2	3.0	3.0	3.0	3.0	—	—	—	—	4.0
兰州	1.5	1.3	1.4	2.0	1.8	2.0	1.7	2.1	—	—	2.3
敦煌	1.1	1.1	1.1	1.0	1.8	—	—	2.0	—	—	1.5
西宁	2.8	2.5	3.1	3.0	2.9	3.5	3.5	2.1	—	—	5.0
黄南	1.7	1.5	2.0	1.0	—	5.0	3.0	—	—	1.0	—
格尔木	2.5	2.2	3.3	4.0	2.3	3.1	2.5	3.5	—	—	2.0
银川	1.9	1.9	1.8	2.2	1.8	2.5	—	1.9	—	1.0	1.5
乌鲁木齐	1.7	1.2	1.5	1.2	2.2	2.0	—	—	—	—	—
吐鲁番	2.7	2.7	2.5	3.0	2.6	4.5	3.0	—	—	—	—
库尔勒	1.2	1.1	1.0	1.2	1.7	1.0	—	—	—	—	—
喀什	1.5	1.3	1.1	1.3	2.0	3.0	—	—	—	—	—
伊宁	3.0	3.2	3.1	3.0	2.6	2.5	—	—	4.0	2.0	3.3

三、入境游客来华(内地)旅游次数

3-1 2014 年入境游客来华(内地)旅游次数

(按团体及散客、外国人、港澳台胞分组)

		调查人数		次数构成(%)		
		(人)	(%)	第 1 次	第 2~3 次	≥4 次
全　国	**总计**	**14 333**	**100.0**	**28.8**	**34.2**	**37.0**
	团体	3 266	100.0	50.3	29.3	20.4
	散客	11 067	100.0	22.4	35.7	41.9
外国人	小计	10 039	100.0	33.9	34.1	32.0
	团体	2 702	100.0	51.7	29.4	18.9
	散客	7 337	100.0	27.4	35.9	36.7
香港同胞	小计	2 609	100.0	12.4	32.4	55.2
	团体	232	100.0	44.8	26.3	28.9
	散客	2 377	100.0	9.3	33.0	57.7
澳门同胞	小计	330	100.0	38.8	44.5	16.7
	团体	68	100.0	67.6	26.5	5.9
	散客	262	100.0	31.3	49.2	19.5
台湾同胞	小计	1 355	100.0	19.8	36.0	44.2
	团体	264	100.0	36.4	31.4	32.2
	散客	1 091	100.0	15.8	37.1	47.1

3-2 2014年入境游客来华(内地)旅游次数

		过夜游客		次数构成(%)		
		(人)	(%)	第1次	第2~3次	≥4次
全　国	**总计**	**11 556**	**100.0**	**28.7**	**35.8**	**35.5**
	团体	2 729	100.0	49.4	31.5	19.1
	散客	8 827	100.0	22.3	37.1	40.6
外国人	小计	8 276	100.0	32.9	35.5	31.6
	团体	2 230	100.0	51.2	32.1	16.7
	散客	6 046	100.0	26.2	36.8	37.0
香港同胞	小计	1 796	100.0	13.9	34.9	51.2
	团体	181	100.0	41.4	25.4	33.2
	散客	1 615	100.0	10.8	35.9	53.3
澳门同胞	小计	290	100.0	39.7	46.2	14.1
	团体	63	100.0	71.4	25.4	3.2
	散客	227	100.0	30.8	52.0	17.2
台湾同胞	小计	1 194	100.0	19.3	36.8	43.9
	团体	255	100.0	34.1	32.5	33.4
	散客	939	100.0	15.3	37.9	46.8

（按过夜与不过夜、团体及散客、外国人、港澳台胞分组）

一日游游客		次数构成（%）		
（人）	（%）	第1次	第2～3次	≥4次
2 777	**100.0**	**29.1**	**27.7**	**43.2**
537	100.0	54.9	17.9	27.2
2 240	100.0	22.9	30.0	47.1
1 763	100.0	38.7	27.6	33.7
472	100.0	54.2	16.7	29.1
1 291	100.0	33.1	31.6	35.3
813	100.0	9.1	27.1	63.8
51	100.0	56.9	29.4	13.7
762	100.0	5.9	26.9	67.2
40	100.0	32.5	32.5	35.0
5	100.0	20.0	40.0	40.0
35	100.0	34.3	31.4	34.3
161	100.0	23.0	30.4	46.6
9	100.0	100.0	0.0	0.0
152	100.0	18.4	32.2	49.4

3-3 2014年入境游客来华(内地)旅游次数

(按团体及散客、性别、年龄分组)

		调查人数		次数构成(%)		
		(人)	(%)	第1次	第2~3次	≥4次
全　国	**总计**	**14 333**	**100.0**	**28.8**	**34.2**	**37.0**
	团体	3 266	100.0	50.3	29.3	20.4
	散客	11 067	100.0	22.4	35.7	41.9
男　性	小计	8 618	100.0	25.8	33.9	40.3
	团体	1 605	100.0	49.2	31.2	19.6
	散客	7 013	100.0	20.4	34.5	45.1
女　性	小计	5 715	100.0	33.4	34.7	31.9
	团体	1 661	100.0	51.4	27.4	21.2
	散客	4 054	100.0	26.0	37.7	36.3
65岁及以上	小计	811	100.0	40.7	27.1	32.2
	团体	394	100.0	53.3	23.6	23.1
	散客	417	100.0	28.8	30.5	40.7
45~64岁	小计	4 570	100.0	28.8	34.8	36.4
	团体	1 235	100.0	52.1	29.6	18.3
	散客	3 335	100.0	20.1	36.8	43.1
25~44岁	小计	7 185	100.0	23.5	35.3	41.2
	团体	1 162	100.0	43.3	32.4	24.3
	散客	6 023	100.0	19.7	35.9	44.4
15~24岁	小计	1 701	100.0	44.3	31.7	24.0
	团体	457	100.0	59.5	26.3	14.2
	散客	1 244	100.0	38.7	33.7	27.6
14岁及以下	小计	66	100.0	53.0	27.3	19.7
	团体	18	100.0	77.8	5.6	16.6
	散客	48	100.0	43.8	35.4	20.8

3-4 2014年入境游客来华(内地)旅游次数

(按团体及散客、职业分组)

		调查人数		次数构成(%)		
		(人)	(%)	第1次	第2~3次	≥4次
全　国	**总计**	**14 333**	**100.0**	**28.8**	**34.2**	**37.0**
	团体	3 266	100.0	50.3	29.3	20.4
	散客	11 067	100.0	22.4	35.7	41.9
政府工作人员	小计	501	100.0	41.3	33.3	25.4
	团体	180	100.0	52.8	28.3	18.9
	散客	321	100.0	34.9	36.1	29.0
专业技术人员	小计	2 235	100.0	22.0	33.2	44.8
	团体	290	100.0	51.4	33.1	15.5
	散客	1 945	100.0	17.6	33.2	49.2
职　员	小计	2 813	100.0	27.0	39.7	33.3
	团体	559	100.0	51.5	37.9	10.6
	散客	2 254	100.0	20.9	40.2	38.9
技工/工人	小计	682	100.0	30.5	39.0	30.5
	团体	82	100.0	51.2	29.3	19.5
	散客	600	100.0	27.7	40.3	32.0
商贸人员	小计	2 974	100.0	15.6	33.2	51.2
	团体	469	100.0	27.1	26.9	46.0
	散客	2 505	100.0	13.5	34.4	52.1
服务员/推销员	小计	643	100.0	22.4	31.7	45.9
	团体	95	100.0	55.8	28.4	15.8
	散客	548	100.0	16.6	32.3	51.1
退休人员	小计	1 060	100.0	41.0	30.3	28.7
	团体	573	100.0	55.3	24.1	20.6
	散客	487	100.0	24.2	37.6	38.2
家庭妇女	小计	957	100.0	26.8	38.2	35.0
	团体	351	100.0	41.0	35.9	23.1
	散客	606	100.0	18.5	39.6	41.9
军　人	小计	62	100.0	46.8	27.4	25.8
	团体	12	100.0	75.0	25.0	0.0
	散客	50	100.0	40.0	28.0	32.0
学　生	小计	1 251	100.0	55.2	26.9	17.9
	团体	376	100.0	71.5	18.9	9.6
	散客	875	100.0	48.2	30.3	21.5
其　他	小计	1 155	100.0	38.1	33.3	28.6
	团体	279	100.0	53.8	29.4	16.8
	散客	876	100.0	33.1	34.6	32.3

3－5　2014年入境游客来华(内地)旅游次数

(按团体及散客、旅游目的分组)

		调查人数		次数构成(%)		
		(人)	(%)	第1次	第2～3次	≥4次
全　国	**总计**	**14 333**	**100.0**	**28.8**	**34.2**	**37.0**
	团体	3 266	100.0	50.3	29.3	20.4
	散客	11 067	100.0	22.4	35.7	41.9
观光游览	小计	3 558	100.0	46.6	36.8	16.6
	团体	1 815	100.0	55.5	28.6	15.9
	散客	1 743	100.0	37.4	45.4	17.2
休闲度假	小计	2 798	100.0	32.3	35.5	32.2
	团体	686	100.0	58.3	29.7	12.0
	散客	2 112	100.0	23.8	37.4	38.8
探亲访友	小计	1 569	100.0	15.9	38.3	45.8
	团体	69	100.0	47.8	34.8	17.4
	散客	1 500	100.0	14.5	38.5	47.0
商　务	小计	3 526	100.0	16.9	27.9	55.2
	团体	139	100.0	57.6	23.7	18.7
	散客	3 387	100.0	15.3	28.1	56.6
会　议	小计	709	100.0	23.4	35.0	41.6
	团体	72	100.0	44.4	34.7	20.9
	散客	637	100.0	21.0	35.0	44.0
宗教朝拜	小计	77	100.0	35.1	41.6	23.3
	团体	16	100.0	56.3	25.0	18.7
	散客	61	100.0	29.5	45.9	24.6
文体交流	小计	441	100.0	37.9	34.9	27.2
	团体	53	100.0	54.7	24.5	20.8
	散客	388	100.0	35.6	36.3	28.1
购　物	小计	794	100.0	7.8	37.3	54.9
	团体	321	100.0	6.5	31.5	62.0
	散客	473	100.0	8.7	41.2	50.1
医疗保健	小计	137	100.0	20.4	46.7	32.9
	团体	23	100.0	26.1	56.5	17.4
	散客	114	100.0	19.3	44.7	36.0
其　他	小计	724	100.0	37.0	30.9	32.1
	团体	72	100.0	36.1	27.8	36.1
	散客	652	100.0	37.1	31.3	31.6

3－6 2014年入境游客到各省(区、市)旅游次数

	调查人数		次数构成(%)		
	(人)	(%)	第1次	第2～3次	≥4次
北　　京	1 898	100.0	56.7	29.5	13.8
天　　津	500	100.0	52.6	34.0	13.4
河　　北	1 346	100.0	67.5	25.0	7.5
山　　西	695	100.0	88.6	10.9	0.5
内 蒙 古	491	100.0	31.6	31.0	37.4
辽　　宁	1 538	100.0	66.8	23.0	10.2
吉　　林	510	100.0	59.0	34.9	6.1
黑 龙 江	700	100.0	49.4	27.9	22.7
上　　海	1 800	100.0	39.9	34.5	25.6
江　　苏	1 123	100.0	53.3	33.7	13.0
浙　　江	1 079	100.0	43.0	37.2	19.8
安　　徽	1 729	100.0	64.0	28.9	7.1
福　　建	905	100.0	46.1	32.0	21.9
江　　西	700	100.0	72.0	22.0	6.0
山　　东	1 320	100.0	58.4	29.3	12.3
河　　南	732	100.0	80.5	16.7	2.8
湖　　北	1 024	100.0	67.0	27.3	5.7
湖　　南	1 539	100.0	81.7	14.9	3.4
广　　东	4 255	100.0	34.1	36.1	29.8
广　　西	700	100.0	65.0	29.7	5.3
海　　南	900	100.0	54.6	38.8	6.6
重　　庆	600	100.0	61.7	31.5	6.8
四　　川	3 039	100.0	65.3	24.6	10.1
贵　　州	584	100.0	66.4	31.7	1.9
云　　南	826	100.0	51.2	43.2	5.6
西　　藏	500	100.0	35.0	33.4	31.6
陕　　西	1 185	100.0	77.4	19.0	3.6
甘　　肃	700	100.0	87.7	11.0	1.3
青　　海	358	100.0	73.7	23.5	2.8
宁　　夏	150	100.0	56.0	31.3	12.7
新　　疆	600	100.0	81.0	17.8	1.2

3-7 2014年外国游客到各省(区、市)旅游次数

	调查人数		次数构成(%)		
	(人)	(%)	第1次	第2~3次	≥4次
北京	1 668	100.0	58.5	28.2	13.3
天津	394	100.0	50.3	35.8	13.9
河北	1 099	100.0	68.6	23.9	7.5
山西	579	100.0	89.6	10.2	0.2
内蒙古	422	100.0	24.4	32.7	42.9
辽宁	1 314	100.0	64.9	24.4	10.7
吉林	438	100.0	57.1	35.8	7.1
黑龙江	563	100.0	39.6	32.1	28.3
上海	1 516	100.0	43.7	32.3	24.0
江苏	789	100.0	53.4	33.0	13.6
浙江	866	100.0	43.0	36.1	20.9
安徽	1 551	100.0	64.1	28.8	7.1
福建	482	100.0	52.3	30.7	17.0
江西	412	100.0	72.8	21.8	5.4
山东	951	100.0	58.0	28.8	13.2
河南	533	100.0	83.1	14.3	2.6
湖北	604	100.0	68.4	27.3	4.3
湖南	1 329	100.0	84.4	12.6	3.0
广东	2 431	100.0	41.6	38.8	19.6
广西	422	100.0	63.7	31.3	5.0
海南	718	100.0	56.7	37.3	6.0
重庆	417	100.0	64.0	29.5	6.5
四川	2 221	100.0	66.6	23.3	10.1
贵州	298	100.0	67.4	30.2	2.4
云南	677	100.0	52.6	42.2	5.2
西藏	441	100.0	36.3	33.6	30.1
陕西	1 010	100.0	80.1	16.5	3.4
甘肃	450	100.0	88.4	10.4	1.2
青海	299	100.0	73.6	23.4	3.0
宁夏	132	100.0	53.8	32.6	13.6
新疆	521	100.0	79.7	19.2	1.1

3－8 2014年香港游客到各省(区、市)旅游次数

	调查人数		次数构成(%)		
	(人)	(%)	第1次	第2～3次	≥4次
北京	100	100.0	30.0	44.0	26.0
天津	44	100.0	61.4	29.5	9.1
河北	101	100.0	55.4	29.7	14.9
山西	45	100.0	84.4	13.3	2.3
内蒙古	31	100.0	74.2	16.1	9.7
辽宁	71	100.0	67.6	19.7	12.7
吉林	28	100.0	71.4	28.6	0.0
黑龙江	36	100.0	77.8	22.2	0.0
上海	138	100.0	16.7	44.2	39.1
江苏	118	100.0	54.2	35.6	10.2
浙江	122	100.0	39.3	44.3	16.4
安徽	73	100.0	54.8	34.2	11.0
福建	158	100.0	37.3	35.4	27.3
江西	125	100.0	65.6	24.8	9.6
山东	167	100.0	62.9	27.5	9.6
河南	95	100.0	76.8	20.0	3.2
湖北	191	100.0	63.9	28.8	7.3
湖南	100	100.0	59.0	34.0	7.0
广东	1 213	100.0	20.3	28.5	51.2
广西	120	100.0	66.7	24.2	9.1
海南	72	100.0	51.4	38.9	9.7
重庆	86	100.0	64.0	31.4	4.6
四川	293	100.0	65.5	26.6	7.9
贵州	132	100.0	62.9	34.1	3.0
云南	75	100.0	49.3	45.3	5.4
西藏	16	100.0	37.5	37.5	25.0
陕西	73	100.0	61.6	34.2	4.2
甘肃	92	100.0	84.8	14.1	1.1
青海	36	100.0	75.0	22.2	2.8
宁夏	6	100.0	100.0	0.0	0.0
新疆	19	100.0	100.0	0.0	0.0

3-9 2014年澳门游客到各省(区、市)旅游次数

	调查人数		次数构成(%)		
	(人)	(%)	第1次	第2~3次	≥4次
北　京	35	100.0	60.0	31.4	8.6
天　津	22	100.0	54.5	31.8	13.7
河　北	46	100.0	73.9	26.1	0.0
山　西	25	100.0	88.0	8.0	4.0
内蒙古	10	100.0	80.0	20.0	0.0
辽　宁	57	100.0	86.0	7.0	7.0
吉　林	14	100.0	50.0	50.0	0.0
黑龙江	3	100.0	33.3	66.7	0.0
上　海	34	100.0	32.4	38.2	29.4
江　苏	24	100.0	66.7	33.3	0.0
浙　江	26	100.0	46.2	50.0	3.8
安　徽	27	100.0	63.0	33.3	3.7
福　建	49	100.0	34.7	49.0	16.3
江　西	51	100.0	56.9	35.3	7.8
山　东	55	100.0	49.1	45.5	5.4
河　南	26	100.0	69.2	26.9	3.9
湖　北	56	100.0	62.5	32.1	5.4
湖　南	29	100.0	82.8	17.2	0.0
广　东	270	100.0	25.6	43.3	31.1
广　西	62	100.0	59.7	37.1	3.2
海　南	42	100.0	38.1	54.8	7.1
重　庆	43	100.0	48.8	41.9	9.3
四　川	115	100.0	58.3	32.2	9.5
贵　州	24	100.0	58.3	41.7	0.0
云　南	36	100.0	33.3	55.6	11.1
西　藏	20	100.0	25.0	20.0	55.0
陕　西	21	100.0	52.4	47.6	0.0
甘　肃	71	100.0	87.3	11.3	1.4
青　海	5	100.0	80.0	20.0	0.0
宁　夏	4	100.0	50.0	50.0	0.0
新　疆	16	100.0	87.5	12.5	0.0

3－10　2014 年台湾游客到各省(区、市)旅游次数

	调查人数		次数构成(%)		
	(人)	(%)	第 1 次	第 2～3 次	≥4 次
北　京	95	100.0	52.6	35.8	11.6
天　津	40	100.0	65.0	22.5	12.5
河　北	100	100.0	64.0	31.0	5.0
山　西	46	100.0	80.4	19.6	0.0
内蒙古	28	100.0	75.0	25.0	0.0
辽　宁	96	100.0	80.2	16.7	3.1
吉　林	30	100.0	80.0	20.0	0.0
黑龙江	98	100.0	95.9	4.1	0.0
上　海	112	100.0	18.8	51.8	29.4
江　苏	192	100.0	50.5	35.9	13.6
浙　江	65	100.0	49.2	32.3	18.5
安　徽	78	100.0	71.8	23.1	5.1
福　建	216	100.0	41.2	28.7	30.1
江　西	112	100.0	83.0	13.4	3.6
山　东	147	100.0	59.2	28.6	12.2
河　南	78	100.0	70.5	25.6	3.9
湖　北	173	100.0	67.1	24.3	8.6
湖　南	81	100.0	64.2	27.2	8.6
广　东	341	100.0	37.2	38.4	24.4
广　西	96	100.0	71.9	25.0	3.1
海　南	68	100.0	45.6	44.1	10.3
重　庆	54	100.0	50.0	38.9	11.1
四　川	410	100.0	60.2	28.0	11.8
贵　州	130	100.0	69.2	30.8	0.0
云　南	38	100.0	47.4	44.7	7.9
西　藏	23	100.0	17.4	39.1	43.5
陕　西	81	100.0	64.2	28.4	7.4
甘　肃	87	100.0	87.4	10.3	2.3
青　海	18	100.0	72.2	27.8	0.0
宁　夏	8	100.0	62.5	25.0	12.5
新　疆	44	100.0	86.4	11.4	2.2

四、入境游客的行程

4－1 2014 年入境游客游览城市座数及所占比重

		口岸调查人数		1 座	2 座	3 座
		（人）	（%）	（%）	（%）	（%）
全　国	**总计**	**14 333**	**100.0**	**61.5**	**17.6**	**10.3**
	团体	3 266	100.0	43.3	23.0	13.1
	散客	11 067	100.0	66.9	16.0	9.5
外国人	小计	10 039	100.0	55.3	19.7	12.2
	团体	2 702	100.0	43.2	21.5	13.8
	散客	7 337	100.0	59.8	19.1	11.5
香港同胞	小计	2 609	100.0	85.1	8.4	3.6
	团体	232	100.0	37.9	40.5	9.9
	散客	2 377	100.0	89.7	5.3	2.9
澳门同胞	小计	330	100.0	56.1	25.2	13.9
	团体	68	100.0	52.9	22.1	11.8
	散客	262	100.0	56.9	26.0	14.5
台湾同胞	小计	1 355	100.0	63.6	17.3	8.8
	团体	264	100.0	46.6	23.1	9.1
	散客	1 091	100.0	67.7	15.9	8.7

（按外国人、港澳台胞、团体及散客分组）

4座（%）	5座（%）	6座（%）	7座（%）	8座（%）	9座（%）	10座及以上（%）
4.8	**2.7**	**1.2**	**1.0**	**0.3**	**0.1**	**0.5**
9.4	5.0	2.1	3.0	0.5	0.0	0.6
3.4	2.0	0.9	0.4	0.3	0.1	0.5
5.9	3.1	1.4	1.3	0.3	0.0	0.8
9.8	4.8	2.1	3.6	0.3	0.0	0.9
4.5	2.4	1.1	0.5	0.3	0.1	0.7
1.4	0.8	0.3	0.0	0.1	0.0	0.3
7.3	1.3	1.7	0.0	0.9	0.0	0.5
0.8	0.8	0.1	0.0	0.0	0.0	0.4
2.4	0.9	0.0	0.3	1.2	0.0	0.0
5.9	0.0	0.0	1.5	5.8	0.0	0.0
1.5	1.1	0.0	0.0	0.0	0.0	0.0
3.3	3.9	1.5	0.2	0.5	0.2	0.7
7.2	11.3	2.3	0.0	0.4	0.0	0.0
2.4	2.1	1.3	0.3	0.5	0.3	0.8

4－2　2014年入境游客游览城市座数及所占比重

		口岸调查人数		1座	2座	3座
		(人)	(%)	(%)	(%)	(%)
全　国	**总计**	**14 333**	**100.0**	**61.5**	**17.6**	**10.3**
	团体	3 266	100.0	43.3	23.0	13.1
	散客	11 067	100.0	66.9	16.0	9.5
男　　性	小计	8 618	100.0	60.2	18.1	11.0
	团体	1 605	100.0	42.6	23.6	13.0
	散客	7 013	100.0	64.3	16.9	10.6
女　　性	小计	5 715	100.0	63.5	16.7	9.2
	团体	1 661	100.0	44.0	22.5	13.2
	散客	4 054	100.0	71.5	14.3	7.6
65岁及以上	小计	811	100.0	47.7	21.9	11.5
	团体	394	100.0	37.3	24.4	11.9
	散客	417	100.0	57.6	19.7	11.0
45～64岁	小计	4 570	100.0	56.4	20.2	11.4
	团体	1 235	100.0	37.5	26.0	13.1
	散客	3 335	100.0	63.4	18.1	10.8
25～44岁	小计	7 185	100.0	66.2	15.9	9.5
	团体	1 162	100.0	47.2	22.2	13.3
	散客	6 023	100.0	69.9	14.6	8.8
15～24岁	小计	1 701	100.0	62.2	15.5	10.2
	团体	457	100.0	53.6	16.4	13.8
	散客	1 244	100.0	65.4	15.2	8.8
14岁及以下	小计	66	100.0	60.6	18.2	9.1
	团体	18	100.0	66.7	5.6	16.7
	散客	48	100.0	58.3	22.9	6.3

(按性别、年龄、团体及散客分组)

4座 (%)	5座 (%)	6座 (%)	7座 (%)	8座 (%)	9座 (%)	10座及以上 (%)
4.8	**2.7**	**1.2**	**1.0**	**0.3**	**0.1**	**0.5**
9.4	5.0	2.1	3.0	0.5	0.0	0.6
3.4	2.0	0.9	0.4	0.3	0.1	0.5
4.6	2.8	1.1	1.0	0.4	0.0	0.8
9.2	5.3	1.9	3.3	0.6	0.0	0.5
3.5	2.3	0.9	0.4	0.3	0.1	0.7
5.1	2.4	1.2	1.0	0.3	0.1	0.5
9.6	4.8	2.2	2.7	0.4	0.1	0.5
3.3	1.5	0.9	0.3	0.2	0.1	0.3
7.3	3.5	2.2	3.9	0.5	0.1	1.4
9.9	5.1	2.5	7.1	0.5	0.0	1.3
4.8	1.9	1.9	1.0	0.5	0.2	1.4
4.9	3.2	1.2	1.5	0.4	0.1	0.7
10.4	5.2	2.3	4.4	0.6	0.1	0.4
2.9	2.5	0.8	0.4	0.3	0.1	0.7
4.4	2.0	0.9	0.3	0.2	0.0	0.6
9.0	4.5	1.9	0.9	0.5	0.0	0.5
3.5	1.5	0.7	0.2	0.2	0.0	0.6
4.8	3.9	1.4	1.1	0.5	0.0	0.4
7.4	6.1	1.3	1.1	0.0	0.0	0.3
3.9	3.1	1.4	1.0	0.6	0.0	0.6
4.5	0.0	0.0	0.0	1.5	0.0	6.1
0.0	0.0	0.0	0.0	0.0	0.0	11.0
6.3	0.0	0.0	0.0	2.1	0.0	4.1

4-3 2014年入境游客游览城市座数及所占比重

		口岸调查人数		1座	2座	3座
		(人)	(%)	(%)	(%)	(%)
全　国	**总计**	**14 333**	**100.0**	**61.5**	**17.6**	**10.3**
	团体	3 266	100.0	43.3	23.0	13.1
	散客	11 067	100.0	66.9	16.0	9.5
政府工作人员	小计	501	100.0	57.7	19.6	7.6
	团体	180	100.0	44.4	23.3	8.3
	散客	321	100.0	65.1	17.4	7.2
专业技术人员	小计	2 235	100.0	66.4	16.1	8.8
	团体	290	100.0	33.8	26.2	14.8
	散客	1 945	100.0	71.2	14.6	7.9
职　员	小计	2 813	100.0	66.8	15.7	9.0
	团体	559	100.0	44.4	22.9	14.0
	散客	2 254	100.0	72.4	13.9	7.8
技工/工人	小计	682	100.0	60.9	18.2	11.4
	团体	82	100.0	39.0	29.2	15.9
	散客	600	100.0	63.8	16.7	10.8
商贸人员	小计	2 974	100.0	62.1	19.2	10.2
	团体	469	100.0	63.1	20.5	6.0
	散客	2 505	100.0	61.9	19.0	11.0
服务员/推销员	小计	643	100.0	75.7	12.4	6.1
	团体	95	100.0	40.0	32.6	12.6
	散客	548	100.0	81.9	8.9	4.9
退休人员	小计	1 060	100.0	50.5	19.2	10.9
	团体	573	100.0	37.2	22.2	12.4
	散客	487	100.0	66.1	15.8	9.2
家庭妇女	小计	957	100.0	63.7	18.3	9.3
	团体	351	100.0	45.0	25.9	12.5
	散客	606	100.0	74.6	13.9	7.4
军　人	小计	62	100.0	69.4	17.7	6.5
	团体	12	100.0	33.3	41.7	16.7
	散客	50	100.0	78.0	12.0	4.0
学　生	小计	1 251	100.0	57.6	17.7	10.9
	团体	376	100.0	45.5	21.0	16.0
	散客	875	100.0	62.7	16.3	8.7
其　他	小计	1 155	100.0	44.2	20.1	19.5
	团体	279	100.0	27.6	18.6	22.6
	散客	876	100.0	49.5	20.5	18.5

（按职业、团体及散客分组）

4座（%）	5座（%）	6座（%）	7座（%）	8座（%）	9座（%）	10座及以上（%）
4.8	**2.7**	**1.2**	**1.0**	**0.3**	**0.1**	**0.5**
9.4	5.0	2.1	3.0	0.5	0.0	0.6
3.4	2.0	0.9	0.4	0.3	0.1	0.5
7.0	3.0	2.8	0.6	0.6	0.0	1.1
11.1	4.4	3.9	1.1	1.1	0.0	2.4
4.7	2.2	2.2	0.3	0.3	0.0	0.6
3.9	2.2	1.3	0.5	0.4	0.0	0.4
14.1	4.8	2.1	3.4	0.7	0.0	0.1
2.4	1.8	1.2	0.1	0.3	0.1	0.4
4.1	2.0	1.0	0.5	0.4	0.0	0.5
9.3	5.2	2.0	1.1	0.9	0.0	0.2
2.8	1.2	0.7	0.4	0.2	0.0	0.6
3.8	3.8	0.9	0.6	0.1	0.0	0.3
3.7	7.3	3.7	0.0	1.2	0.0	0.0
3.8	3.3	0.5	0.7	0.0	0.0	0.4
4.6	2.0	0.5	0.4	0.3	0.0	0.7
5.8	1.9	0.9	1.3	0.4	0.0	0.1
4.4	2.0	0.5	0.2	0.2	0.0	0.8
2.3	1.7	1.1	0.2	0.2	0.0	0.3
5.3	5.3	3.2	0.0	0.0	0.0	1.0
1.8	1.1	0.7	0.2	0.2	0.0	0.3
6.8	4.0	2.1	5.5	0.2	0.2	0.6
9.6	5.2	2.6	9.8	0.0	0.0	1.0
3.5	2.5	1.4	0.4	0.4	0.4	0.3
4.3	2.1	1.0	0.7	0.1	0.1	0.4
8.5	4.0	1.7	2.0	0.3	0.0	0.1
1.8	1.0	0.7	0.0	0.0	0.2	0.4
3.2	3.2	0.0	0.0	0.0	0.0	0.0
0.0	8.3	0.0	0.0	0.0	0.0	0.0
4.0	2.0	0.0	0.0	0.0	0.0	0.0
5.4	4.4	1.3	1.1	0.6	0.0	1.0
8.2	6.4	1.3	0.8	0.0	0.0	0.8
4.2	3.5	1.3	1.3	0.9	0.0	1.1
7.5	4.2	1.6	1.2	0.4	0.2	1.1
15.1	8.6	2.5	2.9	1.1	0.4	0.6
5.1	2.7	1.3	0.7	0.2	0.1	1.4

4－4 2014年入境游客游览城市座数及所占比重

		口岸调查人数		1座	2座	3座
		(人)	(%)	(%)	(%)	(%)
全　国	**总计**	**14 333**	**100.0**	**61.5**	**17.6**	**10.3**
	团体	3 266	100.0	43.3	23.0	13.1
	散客	11 067	100.0	66.9	16.0	9.5
观光游览	小计	3 558	100.0	48.7	22.9	12.9
	团体	1 815	100.0	41.0	25.1	12.8
	散客	1 743	100.0	56.8	20.7	13.0
休闲度假	小计	2 798	100.0	61.5	15.0	11.6
	团体	686	100.0	28.3	20.8	20.8
	散客	2 112	100.0	72.3	13.1	8.6
探亲访友	小计	1 569	100.0	74.1	12.5	6.9
	团体	69	100.0	43.5	14.5	14.5
	散客	1 500	100.0	75.5	12.4	6.5
商　务	小计	3 526	100.0	60.8	18.7	10.6
	团体	139	100.0	49.6	27.3	10.1
	散客	3 387	100.0	61.3	18.4	10.7
会　议	小计	709	100.0	76.0	14.7	4.8
	团体	72	100.0	52.8	33.3	2.8
	散客	637	100.0	78.6	12.6	5.0
宗教朝拜	小计	77	100.0	72.7	13.0	2.6
	团体	16	100.0	50.0	18.7	6.3
	散客	61	100.0	78.7	11.5	1.6
文体交流	小计	441	100.0	59.9	16.3	13.6
	团体	53	100.0	30.2	32.1	7.5
	散客	388	100.0	63.9	14.2	14.4
购　物	小计	794	100.0	88.4	6.2	3.9
	团体	321	100.0	88.2	8.4	3.1
	散客	473	100.0	88.8	4.7	4.4
医疗保健	小计	137	100.0	73.0	19.0	5.1
	团体	23	100.0	30.4	56.5	13.0
	散客	114	100.0	81.5	11.4	3.5
其　他	小计	724	100.0	54.6	22.9	10.9
	团体	72	100.0	36.1	29.2	12.5
	散客	652	100.0	56.6	22.2	10.7

（按旅游目的、团体及散客分组）

4座(%)	5座(%)	6座(%)	7座(%)	8座(%)	9座(%)	10座及以上(%)
4.8	**2.7**	**1.2**	**1.0**	**0.3**	**0.1**	**0.5**
9.4	5.0	2.1	3.0	0.5	0.0	0.6
3.4	2.0	0.9	0.4	0.3	0.1	0.5
7.1	3.7	1.3	2.2	0.5	0.1	0.6
9.3	4.8	1.9	3.9	0.6	0.1	0.5
4.8	2.6	0.7	0.3	0.5	0.1	0.5
5.6	2.8	1.5	1.0	0.3	0.1	0.6
13.4	8.0	3.5	3.4	0.6	0.0	1.2
3.0	1.1	0.8	0.3	0.1	0.1	0.6
2.7	2.0	0.8	0.3	0.0	0.1	0.6
11.6	10.1	1.4	2.9	0.0	0.0	1.5
2.3	1.7	0.8	0.2	0.0	0.1	0.5
4.7	2.4	1.2	0.4	0.4	0.0	0.8
6.5	3.6	2.9	0.0	0.0	0.0	0.0
4.6	2.4	1.1	0.4	0.4	0.0	0.7
2.1	1.0	0.8	0.3	0.1	0.0	0.2
6.9	2.8	1.4	0.0	0.0	0.0	0.0
1.6	0.8	0.8	0.3	0.2	0.0	0.1
5.2	5.2	0.0	0.0	0.0	0.0	1.3
25.0	0.0	0.0	0.0	0.0	0.0	0.0
0.0	6.6	0.0	0.0	0.0	0.0	1.6
4.1	2.5	1.6	1.1	0.5	0.0	0.4
24.5	0.0	1.9	0.0	1.9	0.0	1.9
1.3	2.8	1.5	1.3	0.3	0.0	0.3
0.8	0.3	0.4	0.0	0.0	0.0	0.0
0.3	0.0	0.0	0.0	0.0	0.0	0.0
1.1	0.4	0.6	0.0	0.0	0.0	0.0
0.7	1.5	0.7	0.0	0.0	0.0	0.0
0.0	0.0	0.0	0.0	0.0	0.0	0.1
0.9	1.8	0.9	0.0	0.0	0.0	0.0
3.6	4.0	0.8	1.1	0.6	0.0	1.5
6.9	11.1	1.4	2.8	0.0	0.0	0.0
3.2	3.2	0.8	0.9	0.6	0.0	1.8

五、入境游客的流向

5－1　2014 年入境游客的流向

国别(或地区)	调查人数	出境后将前往的		
		中国香港	中国澳门	中国台湾
总　　计	**36 448**	**8 566**	**1 577**	**2 762**
中国香港	8 126	7 022	338	120
中国澳门	1 464	224	964	100
中国台湾	2 979	322	97	2 326
日　　本	3 513	118	26	49
菲 律 宾	291	29	13	8
泰　　国	715	50	13	10
新 加 坡	1 202	91	13	12
印度尼西亚	235	15	7	3
马来西亚	639	38	5	7
韩　　国	4 104	137	21	38
朝　　鲜	203	13	1	0
蒙　　古	437	3	1	3
印　　度	405	17	2	1
越　　南	579	16	1	0
缅　　甸	234	9	4	6
哈萨克斯坦	233	5	1	0
英　　国	974	52	5	5
法　　国	845	49	6	4
德　　国	644	21	8	4
西 班 牙	246	11	3	5
意 大 利	356	25	4	3
荷　　兰	296	15	4	2
瑞　　典	247	13	5	3
俄 罗 斯	2 476	27	5	13
瑞　　士	221	9	0	0
乌 克 兰	183	9	1	0
美　　国	1 748	101	7	16
加 拿 大	561	26	3	2
澳大利亚	501	36	5	5
新 西 兰	297	15	2	1
非洲国家	176	4	3	0
中南美洲国家	93	3	1	0
其他国家	1 225	41	8	16

（按国别或地区分组）

单位：人

国家（或地区）							
日本	菲律宾	泰国	新加坡	印度尼西亚	马来西亚	韩国	朝鲜
3 527	**251**	**708**	**1 119**	**222**	**647**	**4 098**	**214**
83	15	26	53	15	41	126	7
20	8	15	12	4	7	26	2
50	7	10	12	3	4	34	3
3 125	8	18	13	2	2	45	4
9	173	9	4	4	3	6	0
10	6	556	13	0	3	7	5
18	7	15	936	6	13	29	0
1	2	5	2	174	7	5	1
11	4	1	14	1	519	8	0
58	7	17	15	2	17	3 700	10
0	0	0	0	0	1	2	170
1	0	0	0	0	0	4	0
5	0	3	3	1	3	3	1
0	0	0	1	0	0	5	0
3	0	5	2	0	1	3	0
0	1	0	0	0	0	0	0
10	0	8	3	1	1	20	1
21	1	1	2	0	2	7	1
5	0	1	1	1	1	2	1
3	0	0	1	0	1	3	1
1	0	0	1	0	1	3	0
4	0	1	1	0	2	3	1
7	1	0	1	0	1	1	2
7	3	0	1	1	4	10	1
3	0	0	0	0	0	2	1
1	0	0	0	0	0	1	0
41	1	5	8	1	2	13	1
9	0	3	2	0	1	2	0
2	1	1	2	2	1	3	0
0	1	0	1	0	0	6	1
1	1	1	0	1	0	1	0
0	0	0	1	0	1	0	0
18	4	7	14	3	8	18	0

5－1(续1)

国别(或地区)	调查人数	出境后将前往的				
		蒙古	印度	越南	缅甸	哈萨克斯坦
总计	**36 448**	**433**	**394**	**580**	**216**	**229**
中国香港	8 126	0	13	12	5	3
中国澳门	1 464	4	0	5	2	0
中国台湾	2 979	2	5	3	1	1
日本	3 513	1	3	4	0	1
菲律宾	291	0	2	2	1	2
泰国	715	0	2	1	5	0
新加坡	1 202	0	1	0	2	0
印度尼西亚	235	0	0	1	0	1
马来西亚	639	1	3	1	0	0
韩国	4 104	2	5	0	4	0
朝鲜	203	1	0	1	0	1
蒙古	437	416	4	1	1	0
印度	405	0	339	1	1	1
越南	579	1	0	539	0	0
缅甸	234	1	0	1	187	1
哈萨克斯坦	233	1	0	0	1	214
英国	974	0	5	1	0	0
法国	845	0	4	3	2	0
德国	644	2	0	0	1	1
西班牙	246	0	0	0	0	0
意大利	356	0	0	0	0	0
荷兰	296	0	0	0	0	0
瑞典	247	0	0	1	1	0
俄罗斯	2 476	0	0	0	0	0
瑞士	221	0	0	0	1	0
乌克兰	183	0	0	1	0	0
美国	1 748	0	4	1	0	2
加拿大	561	0	1	0	0	0
澳大利亚	501	0	0	0	0	0
新西兰	297	0	0	1	0	0
非洲国家	176	0	0	0	0	0
中南美洲国家	93	0	0	0	1	0
其他国家	1 225	1	3	0	0	1

单位：人

国家（地区）					
英国	法国	德国	西班牙	意大利	荷兰
926	**792**	**652**	**222**	**340**	**284**
22	22	29	7	8	4
4	4	5	2	3	7
7	6	4	2	5	0
5	8	2	3	1	6
1	4	6	1	2	2
3	2	3	1	0	3
2	4	3	1	3	1
1	1	0	0	0	0
3	2	0	0	0	1
5	2	4	3	3	0
1	3	0	1	1	1
0	0	0	0	1	0
5	0	1	1	2	0
2	1	0	1	0	0
0	1	0	0	0	0
0	0	0	0	0	0
790	11	7	0	3	1
4	680	8	1	6	3
1	8	548	2	2	1
1	3	2	185	1	1
2	3	2	1	286	3
1	3	0	0	0	242
0	1	0	0	0	0
1	1	2	5	3	1
2	2	0	0	1	0
0	0	0	0	0	0
29	8	9	2	4	1
3	1	1	0	1	2
4	1	3	0	2	1
12	3	6	0	1	1
0	0	0	0	0	0
0	1	1	0	0	0
15	6	6	3	1	2

5 - 1(续2)

国别(或地区)	调查人数	出境后将前往的				
		瑞典	俄罗斯	瑞士	乌克兰	美国
总计	**36 448**	**228**	**2 446**	**235**	**182**	**1 661**
中国香港	8 126	2	14	7	1	50
中国澳门	1 464	3	5	0	3	5
中国台湾	2 979	2	5	2	0	17
日本	3 513	5	0	1	3	29
菲律宾	291	0	1	1	1	1
泰国	715	0	4	0	0	4
新加坡	1 202	1	4	1	0	13
印度尼西亚	235	1	1	0	0	2
马来西亚	639	1	3	3	0	4
韩国	4 104	2	6	3	0	18
朝鲜	203	1	0	0	0	0
蒙古	437	0	0	0	0	0
印度	405	0	0	2	0	2
越南	579	0	1	1	0	3
缅甸	234	0	2	0	0	2
哈萨克斯坦	233	2	0	1	0	1
英国	974	1	3	4	2	15
法国	845	1	0	2	1	5
德国	644	3	0	1	1	6
西班牙	246	2	3	2	0	0
意大利	356	0	1	3	0	3
荷兰	296	1	1	1	1	1
瑞典	247	194	1	1	0	4
俄罗斯	2 476	0	2 372	1	2	5
瑞士	221	0	2	190	0	1
乌克兰	183	1	2	2	160	1
美国	1 748	1	6	2	2	1 427
加拿大	561	0	2	0	1	10
澳大利亚	501	1	2	2	0	8
新西兰	297	0	0	0	1	2
非洲国家	176	0	0	0	0	3
中南美洲国家	93	0	0	0	0	0
其他国家	1 225	3	5	2	3	19

单位：人

国　家（地　区）					
加拿大	澳大利亚	新西兰	非洲国家	中南美洲国家	其他国家
553	**465**	**313**	**174**	**88**	**1 344**
12	11	15	2	0	41
2	7	4	2	3	12
12	3	7	0	1	26
12	4	3	0	0	12
0	1	0	0	2	3
2	4	1	0	0	7
5	2	3	1	1	14
0	1	0	0	0	4
1	1	0	1	0	6
3	1	2	0	2	17
0	1	0	0	0	4
0	0	0	0	0	2
0	2	0	0	0	9
0	1	2	0	0	4
1	1	2	1	0	1
0	1	0	0	1	4
2	4	5	0	0	14
11	2	0	2	0	16
3	2	3	1	1	12
6	2	2	0	0	8
0	1	3	0	0	10
0	0	4	1	1	6
0	0	3	0	0	7
0	0	1	0	0	10
2	0	2	0	0	3
0	0	1	0	0	3
7	3	7	4	0	33
466	2	4	1	0	18
2	395	6	0	0	16
0	3	225	2	0	13
0	0	1	152	1	7
0	1	2	0	73	8
4	9	5	4	2	994

5-2 2014年入境游客的流向

	调查人数	将前往的					
		北京	天津	河北	山西	内蒙古	辽宁
总计	**11 116**	**2 205**	**251**	**55**	**101**	**60**	**184**
北京	524	0	25	14	3	4	33
天津	—	—	—	—	—	—	—
河北	810	478	196	22	6	0	7
山西	449	117	2	8	77	14	13
内蒙古	72	52	0	0	2	2	5
辽宁	67	22	1	0	0	0	7
吉林	86	14	2	0	0	0	12
黑龙江	321	57	0	10	0	39	49
上海	262	70	6	0	0	0	3
江苏	517	66	0	0	1	0	3
浙江	191	11	0	0	1	0	1
安徽	1 116	106	5	0	1	0	20
福建	252	15	0	0	0	0	0
江西	251	37	1	0	0	0	0
山东	577	124	4	0	0	0	5
河南	273	26	0	0	6	0	14
湖北	544	124	2	0	0	0	0
湖南	234	35	0	0	0	0	0
广东	—	—	—	—	—	—	—
广西	117	25	0	0	0	0	0
海南	59	7	0	0	0	0	0
重庆	—	—	—	—	—	—	—
四川	2 253	301	3	0	0	0	2
贵州	411	53	0	0	0	0	3
云南	—	—	—	—	—	—	—
西藏	—	—	—	—	—	—	—
陕西	783	285	3	1	4	1	6
甘肃	694	68	1	0	0	0	1
青海	103	35	0	0	0	0	0
宁夏	150	77	0	0	0	0	0
新疆	—	—	—	—	—	—	—

（按省〈区、市〉分组）

单位：人

省（区、市）								
吉　林	黑龙江	上　海	江　苏	浙　江	安　徽	福　建	江　西	山　东
64	**176**	**1 833**	**428**	**251**	**341**	**187**	**85**	**440**
11	5	100	26	27	5	10	0	24
—	—	—	—	—	—	—	—	—
3	9	67	0	4	0	1	0	3
0	0	25	1	4	0	3	0	27
0	0	5	0	0	0	1	0	1
3	1	15	2	1	0	0	0	2
39	17	2	0	0	0	0	0	0
1	130	10	0	2	0	2	0	1
0	2	0	67	67	3	3	3	7
0	0	300	100	5	1	0	0	0
0	0	94	29	35	1	3	0	0
5	7	294	144	54	317	7	12	29
0	0	47	4	3	1	134	1	2
0	0	60	1	10	4	10	68	0
0	0	63	18	6	4	0	0	321
0	1	10	4	0	0	0	0	0
0	0	79	7	1	1	8	0	5
0	0	1	0	0	0	0	0	0
—	—	—	—	—	—	—	—	—
0	3	29	1	1	0	0	0	0
0	0	8	0	0	0	0	0	0
—	—	—	—	—	—	—	—	—
0	0	281	3	5	4	1	0	11
0	0	28	1	1	0	1	0	1
—	—	—	—	—	—	—	—	—
—	—	—	—	—	—	—	—	—
2	0	244	13	18	0	1	1	4
0	1	38	2	2	0	0	0	0
0	0	12	2	0	0	0	0	1
0	0	21	3	5	0	2	0	1
—	—	—	—	—	—	—	—	—

5-2(续)

	调查人数	将前往的						
		河南	湖北	湖南	广东	广西	海南	重庆
总计	**11 116**	**224**	**237**	**202**	**580**	**154**	**55**	**161**
北京	524	11	6	8	23	13	10	16
天津	—	—	—	—	—	—	—	—
河北	810	1	0	0	6	0	0	4
山西	449	20	0	0	5	0	0	0
内蒙古	72	0	1	0	1	0	0	0
辽宁	67	0	1	1	5	0	0	0
吉林	86	0	0	0	0	0	0	0
黑龙江	321	0	0	0	12	0	0	0
上海	262	1	0	0	20	0	1	1
江苏	517	16	0	0	4	0	0	1
浙江	191	0	0	0	12	1	0	0
安徽	1 116	34	23	6	25	5	3	2
福建	252	1	1	0	38	0	0	1
江西	251	2	1	0	54	0	0	0
山东	577	0	1	0	17	0	0	0
河南	273	108	0	0	0	0	0	0
湖北	544	0	188	25	67	1	4	6
湖南	234	0	4	154	32	6	2	0
广东	—	—	—	—	—	—	—	—
广西	117	0	0	0	42	8	0	0
海南	59	2	0	0	16	0	26	0
重庆	—	—	—	—	—	—	—	—
四川	2 253	3	3	4	91	0	8	97
贵州	411	0	1	4	61	70	1	13
云南	—	—	—	—	—	—	—	—
西藏	—	—	—	—	—	—	—	—
陕西	783	24	7	0	21	49	0	20
甘肃	694	1	0	0	15	1	0	0
青海	103	0	0	0	9	0	0	0
宁夏	150	0	0	0	4	0	0	0
新疆	—	—	—	—	—	—	—	—

单位：人

省（区、市）								
四川	贵州	云南	西藏	陕西	甘肃	青海	宁夏	新疆
1 451	**92**	**166**	**44**	**615**	**310**	**89**	**25**	**50**
10	0	16	3	109	2	0	0	10
—	—	—	—	—	—	—	—	—
1	0	1	0	1	0	0	0	0
0	0	0	0	133	0	0	0	0
0	0	2	0	0	0	0	0	0
2	0	1	1	2	0	0	0	0
0	0	0	0	0	0	0	0	0
4	0	0	0	4	0	0	0	0
3	0	1	0	4	0	0	0	0
2	0	0	0	18	0	0	0	0
0	0	1	0	2	0	0	0	0
9	0	4	0	4	0	0	0	0
3	0	0	0	0	0	0	1	0
2	0	1	0	0	0	0	0	0
1	0	6	0	7	0	0	0	0
3	0	1	0	100	0	0	0	0
4	0	0	0	22	0	0	0	0
0	0	0	0	0	0	0	0	0
—	—	—	—	—	—	—	—	—
1	0	2	1	4	0	0	0	0
0	0	0	0	0	0	0	0	0
—	—	—	—	—	—	—	—	—
1 337	5	38	9	37	4	4	2	0
4	87	82	0	0	0	0	0	0
—	—	—	—	—	—	—	—	—
—	—	—	—	—	—	—	—	—
44	0	5	3	1	18	0	0	8
17	0	4	9	120	277	85	22	30
4	0	0	18	13	7	0	0	2
0	0	1	0	34	2	0	0	0
—	—	—	—	—	—	—	—	—

六、入境过夜游客对住宿单位的选择

6－1　2014年入境过夜游客对住宿单位的选择

（按外国人、港澳台胞、团体及散客分组）

单位：%

		合　计	宾馆饭店	公　寓	私人住所	车　船	其　他
全　　国	**总计**	**100**	**66.2**	**8.3**	**17.4**	**0.8**	**7.3**
	团体	100	89.4	2.8	2.0	1.6	4.2
	散客	100	59.5	9.8	21.8	0.6	8.3
外 国 人	小计	100	66.6	9.2	15.3	0.9	8.0
	团体	100	88.5	3.1	2.0	1.7	4.7
	散客	100	59.9	11.1	19.3	0.7	9.0
香港同胞	小计	100	62.3	5.0	30.8	0.2	1.7
	团体	100	94.7	3.3	1.3	0.2	0.5
	散客	100	56.4	5.3	36.2	0.2	1.9
澳门同胞	小计	100	77.7	6.4	11.7	0.7	3.5
	团体	100	95.1	0.0	0.0	0.4	4.5
	散客	100	72.0	8.5	15.5	0.8	3.2
台湾同胞	小计	100	63.7	3.0	25.1	0.4	7.8
	团体	100	93.6	0.2	2.9	1.1	2.2
	散客	100	56.4	3.7	30.6	0.2	9.1

6-2 2014年入境过夜游客对住宿单位的选择

（按性别、年龄、团体及散客分组）

单位：%

		合计	宾馆饭店	公寓	私人住所	车船	其他
全国	**总计**	**100**	**66.2**	**8.3**	**17.4**	**0.8**	**7.3**
	团体	100	89.4	2.8	2.0	1.6	4.2
	散客	100	59.5	9.8	21.8	0.6	8.3
男性	小计	100	67.1	8.9	16.2	1.0	6.8
	团体	100	88.4	3.8	2.6	2.0	3.2
	散客	100	62.5	10.0	19.2	0.8	7.5
女性	小计	100	64.6	7.2	19.4	0.6	8.2
	团体	100	90.4	1.9	1.4	1.2	5.1
	散客	100	53.7	9.5	27.0	0.3	9.5
65岁及以上	小计	100	76.2	6.2	13.6	0.9	3.1
	团体	100	95.2	0.2	1.2	1.6	1.8
	散客	100	60.7	11.1	23.8	0.4	4.0
45~64岁	小计	100	70.9	6.5	16.1	1.2	5.3
	团体	100	93.2	1.3	2.3	2.6	0.6
	散客	100	63.3	8.2	20.8	0.8	6.9
25~44岁	小计	100	69.7	7.0	18.0	0.6	4.7
	团体	100	93.1	1.3	2.5	0.9	2.2
	散客	100	65.1	8.1	21.0	0.5	5.3
15~24岁	小计	100	44.9	15.9	19.2	0.7	19.3
	团体	100	70.9	10.4	1.1	0.7	16.9
	散客	100	36.8	17.6	24.8	0.7	20.1
14岁及以下	小计	100	61.2	0.7	30.1	1.4	6.6
	团体	100	98.9	0.0	0.0	0.0	1.1
	散客	100	50.9	0.9	38.4	1.7	8.1

6-3 2014年入境过夜游客对住宿单位的选择

（按职业、团体及散客分组）

单位：%

		合 计	宾馆饭店	公 寓	私人住所	车 船	其 他
全 国	**总计**	**100**	**66.2**	**8.3**	**17.4**	**0.8**	**7.3**
	团体	100	89.4	2.8	2.0	1.6	4.2
	散客	100	59.5	9.8	21.8	0.6	8.3
政府工作人员	小计	100	79.1	4.5	12.4	0.8	3.2
	团体	100	92.8	2.0	3.7	1.3	0.2
	散客	100	70.7	6.1	17.8	0.5	4.9
专业技术人员	小计	100	69.4	7.6	17.6	1.0	4.4
	团体	100	89.2	0.8	8.4	1.1	0.5
	散客	100	66.3	8.7	19.0	1.0	5.0
职 员	小计	100	73.6	7.6	14.8	0.2	3.8
	团体	100	94.6	1.8	0.4	0.8	2.4
	散客	100	68.0	9.2	18.7	0.0	4.1
技工/工人	小计	100	72.9	5.2	18.9	0.2	2.8
	团体	100	100.0	0.0	0.0	0.0	0.0
	散客	100	69.0	6.0	21.6	0.2	3.2
商贸人员	小计	100	77.0	4.0	14.4	0.2	4.4
	团体	100	94.6	1.1	2.7	1.3	0.3
	散客	100	74.8	4.3	15.8	0.1	5.0
服务员/推销员	小计	100	70.9	7.8	19.7	0.1	1.5
	团体	100	74.0	23.7	1.3	0.0	1.0
	散客	100	70.1	3.5	24.8	0.1	1.5
退休人员	小计	100	72.9	5.5	17.3	2.5	1.8
	团体	100	92.7	0.1	1.5	4.2	1.5
	散客	100	50.9	11.5	34.9	0.6	2.1
家庭妇女	小计	100	65.2	4.3	27.9	0.3	2.3
	团体	100	97.1	1.4	0.2	0.5	0.8
	散客	100	48.3	5.8	42.6	0.2	3.1
军 人	小计	100	63.9	5.6	19.4	0.7	10.4
	团体	100	72.0	0.0	28.0	0.0	0.0
	散客	100	62.2	6.7	17.6	0.8	12.7
学 生	小计	100	40.5	15.4	20.3	0.6	23.2
	团体	100	71.5	8.2	0.8	0.5	19.0
	散客	100	31.3	17.5	26.1	0.6	24.5
其 他	小计	100	57.5	13.1	17.8	2.5	9.1
	团体	100	93.8	1.0	1.4	2.1	1.7
	散客	100	46.4	16.8	22.8	2.7	11.3

6-4 2014年入境过夜游客对住宿单位的选择
(按旅游目的、团体及散客分组)

单位：%

		合 计	宾馆饭店	公 寓	私人住所	车 船	其 他
全 国	**总计**	**100**	**66.2**	**8.3**	**17.4**	**0.8**	**7.3**
	团体	100	89.4	2.8	2.0	1.6	4.2
	散客	100	59.5	9.8	21.8	0.6	8.3
观光游览	小计	100	90.0	2.3	3.7	1.2	2.8
	团体	100	94.7	1.0	0.7	1.7	1.9
	散客	100	85.2	3.7	6.6	0.7	3.8
休闲度假	小计	100	80.8	4.3	11.9	1.0	2.0
	团体	100	91.9	3.4	1.5	2.1	1.1
	散客	100	75.0	4.7	17.4	0.4	2.5
探亲访友	小计	100	24.3	5.4	64.8	0.2	5.3
	团体	100	73.3	4.6	18.0	2.5	1.6
	散客	100	21.6	5.4	67.3	0.1	5.6
商 务	小计	100	69.8	10.0	14.2	0.3	5.7
	团体	100	78.4	2.0	17.6	1.0	1.0
	散客	100	69.5	10.3	14.1	0.3	5.8
会 议	小计	100	84.8	3.9	9.0	0.2	2.1
	团体	100	94.3	1.9	1.9	1.5	0.4
	散客	100	83.3	4.2	10.2	0.0	2.3
宗教朝拜	小计	100	73.6	2.6	18.1	0.0	5.7
	团体	100	96.4	1.8	0.0	0.0	1.8
	散客	100	66.3	2.9	23.8	0.0	7.0
文体交流	小计	100	33.8	36.8	9.9	0.2	19.3
	团体	100	50.2	34.3	0.0	0.0	15.5
	散客	100	31.8	37.1	11.2	0.2	19.7
购 物	小计	100	87.2	0.9	9.3	0.2	2.4
	团体	100	99.8	0.2	0.0	0.0	0.0
	散客	100	79.2	1.4	15.3	0.3	3.8
医疗保健	小计	100	58.2	3.9	9.1	0.0	28.8
	团体	100	93.2	0.0	0.0	0.0	6.8
	散客	100	52.3	4.5	10.7	0.0	32.5
其 他	小计	100	30.1	16.3	18.3	3.1	32.2
	团体	100	57.8	4.1	0.2	0.0	37.9
	散客	100	24.4	18.8	22.0	3.7	31.1

七、入境游客抽样调查总人数及构成

7-1　2014年入境游客抽样调查总人数及所占比重

		调查总人数		口岸调查人数		其中过夜游客	
		(人)	(%)	(人)	(%)	(人)	(%)
全　国	**总计**	**48 359**	**100**	**14 333**	**29.6**	**11 556**	**80.6**
	团体	17 213	100	3 266	19.0	2 729	83.6
	散客	31 146	100	11 067	35.5	8 827	79.8
外国人	小计	35 586	100	10 039	28.2	8 276	82.4
	团体	13 389	100	2 702	20.2	2 230	82.5
	散客	22 197	100	7 337	33.1	6 046	82.4
香港同胞	小计	6 585	100	2 609	39.6	1 796	68.8
	团体	1 481	100	232	15.7	181	78.0
	散客	5 104	100	2 377	46.6	1 615	67.9
澳门同胞	小计	1 648	100	330	20.0	290	87.9
	团体	601	100	68	11.3	63	92.6
	散客	1 047	100	262	25.0	227	86.6
台湾同胞	小计	4 540	100	1 355	29.8	1 194	88.1
	团体	1 742	100	264	15.2	255	96.6
	散客	2 798	100	1 091	39.0	939	86.1

（按外国人、港澳台胞、团体及散客分组）

一日游游客		饭店调查人数		游船调查人数	
（人）	（%）	（人）	（%）	（人）	（%）
2 777	**19.4**	**33 789**	**69.9**	**237**	**0.5**
537	16.4	13 754	79.9	193	1.1
2 240	20.2	20 035	64.3	44	0.2
1 763	17.6	25 377	71.3	170	0.5
472	17.5	10 544	78.8	143	1.0
1 291	17.6	14 833	66.8	27	0.1
813	31.2	3 941	59.8	35	0.6
51	22.0	1 221	82.4	28	1.9
762	32.1	2 720	53.3	7	0.1
40	12.1	1 304	79.1	14	0.9
5	7.4	524	87.2	9	1.5
35	13.4	780	74.5	5	0.5
161	11.9	3 167	69.8	18	0.4
9	3.4	1 465	84.1	13	0.7
152	13.9	1 702	60.8	5	0.2

7-2 2014年入境游客抽样调查总人数及所占比重

		调查总人数		口岸调查人数		其中过夜游客	
		(人)	(%)	(人)	(%)	(人)	(%)
北　京	小计	3 401	100	1 503	44.2	1 400	93.1
	团体	1 317	100	485	36.8	483	99.6
	散客	2 084	100	1 018	48.8	917	90.1
天　津	小计	1 099	100	599	54.5	576	96.2
	团体	330	100	158	47.9	157	99.4
	散客	769	100	441	57.3	419	95.0
河　北	小计	1 346	100	0	0.0	0	0.0
	团体	464	100	0	0.0	0	0.0
	散客	882	100	0	0.0	0	0.0
山　西	小计	695	100	0	0.0	0	0.0
	团体	382	100	0	0.0	0	0.0
	散客	313	100	0	0.0	0	0.0
内蒙古	小计	1 088	100	597	54.9	379	63.5
	团体	575	100	397	69.0	200	50.4
	散客	513	100	200	39.0	179	89.5
辽　宁	小计	2 473	100	935	37.8	800	85.6
	团体	1 143	100	390	34.1	280	71.8
	散客	1 330	100	545	41.0	520	95.4
吉　林	小计	810	100	300	37.0	295	98.3
	团体	511	100	203	39.7	202	99.5
	散客	299	100	97	32.4	93	95.9
黑龙江	小计	1 300	100	600	46.2	510	85.0
	团体	947	100	504	53.2	414	82.1
	散客	353	100	96	27.2	96	100.0
上　海	小计	3 298	100	1 498	45.4	1 466	97.9
	团体	392	100	180	45.9	180	100.0
	散客	2 906	100	1 318	45.4	1 286	97.6

（按省〈区、市〉、团体及散客分组）

一日游游客		饭店调查人数		游船调查人数	
（人）	（%）	（人）	（%）	（人）	（%）
103	6.9	1 898	55.8	0	0.0
2	0.4	832	63.2	0	0.0
101	9.9	1 066	51.2	0	0.0
23	3.8	500	45.5	0	0.0
1	0.6	172	52.1	0	0.0
22	5.0	328	42.7	0	0.0
0	0.0	1 346	100.0	0	0.0
0	0.0	464	100.0	0	0.0
0	0.0	882	100.0	0	0.0
0	0.0	695	100.0	0	0.0
0	0.0	382	100.0	0	0.0
0	0.0	313	100.0	0	0.0
218	36.5	491	45.1	0	0.0
197	49.6	178	31.0	0	0.0
21	10.5	313	61.0	0	0.0
135	14.4	1 538	62.2	0	0.0
110	28.2	753	65.9	0	0.0
25	4.6	785	59.0	0	0.0
5	1.7	510	63.0	0	0.0
1	0.5	308	60.3	0	0.0
4	4.1	202	67.6	0	0.0
90	15.0	700	53.8	0	0.0
90	17.9	443	46.8	0	0.0
0	0.0	257	72.8	0	0.0
32	2.1	1 800	54.6	0	0.0
0	0.0	212	54.1	0	0.0
32	2.4	1 588	54.6	0	0.0

7-2(续1)

		调查总人数		口岸调查人数		其中过夜游客	
		(人)	(%)	(人)	(%)	(人)	(%)
江　苏	小计	1 633	100	510	31.2	510	100.0
	团体	289	100	28	9.7	28	100.0
	散客	1 344	100	482	35.9	482	100.0
浙　江	小计	1 615	100	536	33.2	511	95.3
	团体	289	100	53	18.3	52	98.1
	散客	1 326	100	483	36.4	459	95.0
安　徽	小计	1 729	100	0	0.0	0	0.0
	团体	697	100	0	0.0	0	0.0
	散客	1 032	100	0	0.0	0	0.0
福　建	小计	1 610	100	705	43.8	594	84.3
	团体	445	100	141	31.7	40	28.4
	散客	1 165	100	564	48.4	554	98.2
江　西	小计	700	100	0	0.0	0	0.0
	团体	328	100	0	0.0	0	0.0
	散客	372	100	0	0.0	0	0.0
山　东	小计	2 513	100	1 193	47.5	943	79.0
	团体	586	100	126	21.5	125	99.2
	散客	1 927	100	1 067	55.4	818	76.7
河　南	小计	732	100	0	0.0	0	0.0
	团体	522	100	0	0.0	0	0.0
	散客	210	100	0	0.0	0	0.0
湖　北	小计	1 024	100	0	0.0	0	0.0
	团体	460	100	0	0.0	0	0.0
	散客	564	100	0	0.0	0	0.0
湖　南	小计	1 539	100	0	0.0	0	0.0
	团体	1 030	100	0	0.0	0	0.0
	散客	509	100	0	0.0	0	0.0
广　东	小计	7 705	100	3 450	44.8	2 258	65.4
	团体	726	100	85	11.7	85	100.0
	散客	6 979	100	3 365	48.2	2 173	64.6
广　西	小计	1 400	100	700	50.0	500	71.4
	团体	589	100	290	49.2	290	100.0
	散客	811	100	410	50.6	210	51.2

一日游游客		饭店调查人数		游船调查人数	
(人)	(%)	(人)	(%)	(人)	(%)
0	0.0	1 123	68.8	0	0.0
0	0.0	261	90.3	0	0.0
0	0.0	862	64.1	0	0.0
25	4.7	1 079	66.8	0	0.0
1	1.9	236	81.7	0	0.0
24	5.0	843	63.6	0	0.0
0	0.0	1 729	100.0	0	0.0
0	0.0	697	100.0	0	0.0
0	0.0	1 032	100.0	0	0.0
111	15.7	905	56.2	0	0.0
101	71.6	304	68.3	0	0.0
10	1.8	601	51.6	0	0.0
0	0.0	700	100.0	0	0.0
0	0.0	328	100.0	0	0.0
0	0.0	372	100.0	0	0.0
250	21.0	1 320	52.5	0	0.0
1	0.8	460	78.5	0	0.0
249	23.3	860	44.6	0	0.0
0	0.0	732	100.0	0	0.0
0	0.0	522	100.0	0	0.0
0	0.0	210	100.0	0	0.0
0	0.0	887	86.6	137	13.4
0	0.0	350	76.1	110	23.9
0	0.0	537	95.2	27	4.8
0	0.0	1 539	100.0	0	0.0
0	0.0	1 030	100.0	0	0.0
0	0.0	509	100.0	0	0.0
1 192	34.6	4 255	55.2	0	0.0
0	0.0	641	88.3	0	0.0
1 192	35.4	3 614	51.8	0	0.0
200	28.6	700	50.0	0	0.0
0	0.0	299	50.8	0	0.0
200	48.8	401	49.4	0	0.0

7-2(续2)

		调查总人数		口岸调查人数		其中过夜游客	
		(人)	(%)	(人)	(%)	(人)	(%)
海　南	小计	900	100	0	0.0	0	0.0
	团体	367	100	0	0.0	0	0.0
	散客	533	100	0	0.0	0	0.0
重　庆	小计	600	100	0	0.0	0	0.0
	团体	284	100	0	0.0	0	0.0
	散客	316	100	0	0.0	0	0.0
四　川	小计	3 039	100	0	0.0	0	0.0
	团体	1 620	100	0	0.0	0	0.0
	散客	1 419	100	0	0.0	0	0.0
贵　州	小计	584	100	0	0.0	0	0.0
	团体	364	100	0	0.0	0	0.0
	散客	220	100	0	0.0	0	0.0
云　南	小计	1 433	100	607	42.4	414	68.2
	团体	432	100	155	35.9	154	99.4
	散客	1 001	100	452	45.2	260	57.5
西　藏	小计	500	100	0	0.0	0	0.0
	团体	413	100	0	0.0	0	0.0
	散客	87	100	0	0.0	0	0.0
陕　西	小计	1 185	100	0	0.0	0	0.0
	团体	739	100	0	0.0	0	0.0
	散客	446	100	0	0.0	0	0.0
甘　肃	小计	700	100	0	0.0	0	0.0
	团体	427	100	0	0.0	0	0.0
	散客	273	100	0	0.0	0	0.0
青　海	小计	358	100	0	0.0	0	0.0
	团体	209	100	0	0.0	0	0.0
	散客	149	100	0	0.0	0	0.0
宁　夏	小计	150	100	0	0.0	0	0.0
	团体	38	100	0	0.0	0	0.0
	散客	112	100	0	0.0	0	0.0
新　疆	小计	1 200	100	600	50.0	400	66.7
	团体	298	100	71	23.8	39	54.9
	散客	902	100	529	58.6	361	68.2

一日游游客		饭店调查人数		游船调查人数	
（人）	（%）	（人）	（%）	（人）	（%）
0	0.0	900	100.0	0	0.0
0	0.0	367	100.0	0	0.0
0	0.0	533	100.0	0	0.0
0	0.0	500	83.3	100	16.7
0	0.0	201	70.8	83	29.2
0	0.0	299	94.6	17	5.4
0	0.0	3 039	100.0	0	0.0
0	0.0	1 620	100.0	0	0.0
0	0.0	1 419	100.0	0	0.0
0	0.0	584	100.0	0	0.0
0	0.0	364	100.0	0	0.0
0	0.0	220	100.0	0	0.0
193	31.8	826	57.6	0	0.0
1	0.6	277	64.1	0	0.0
192	42.5	549	54.8	0	0.0
0	0.0	500	100.0	0	0.0
0	0.0	413	100.0	0	0.0
0	0.0	87	100.0	0	0.0
0	0.0	1 185	100.0	0	0.0
0	0.0	739	100.0	0	0.0
0	0.0	446	100.0	0	0.0
0	0.0	700	100.0	0	0.0
0	0.0	427	100.0	0	0.0
0	0.0	273	100.0	0	0.0
0	0.0	358	100.0	0	0.0
0	0.0	209	100.0	0	0.0
0	0.0	149	100.0	0	0.0
0	0.0	150	100.0	0	0.0
0	0.0	38	100.0	0	0.0
0	0.0	112	100.0	0	0.0
200	33.3	600	50.0	0	0.0
32	45.1	227	76.2	0	0.0
168	31.8	373	41.4	0	0.0

7－3　2014年口岸调查入境游客人数及所占比重

		调查人数		男　性		女　性	
		（人）	（%）	（人）	（%）	（人）	（%）
全　国	**合计**	**14 333**	**100**	**8 618**	**60.1**	**5 715**	**39.9**
	团体	3 266	100	1 605	49.1	1 661	50.9
	散客	11 067	100	7 013	63.4	4 054	36.6
外国人	小计	10 039	100	6 061	60.4	3 978	39.6
	团体	2 702	100	1 326	49.1	1 376	50.9
	散客	7 337	100	4 735	64.5	2 602	35.5
香港同胞	小计	2 609	100	1 566	60.0	1 043	40.0
	团体	232	100	108	46.6	124	53.4
	散客	2 377	100	1 458	61.3	919	38.7
澳门同胞	小计	330	100	167	50.6	163	49.4
	团体	68	100	32	47.1	36	52.9
	散客	262	100	135	51.5	127	48.5
台湾同胞	小计	1 355	100	824	60.8	531	39.2
	团体	264	100	139	52.7	125	47.3
	散客	1 091	100	685	62.8	406	37.2

（按外国人、港澳台胞、团体及散客、性别、年龄分组）

14岁及以下		15～24岁		25～44岁		45～64岁		65岁及以上	
（人）	（%）	（人）	（%）	（人）	（%）	（人）	（%）	（人）	（%）
66	**0.5**	**1 701**	**11.9**	**7 185**	**50.1**	**4 570**	**31.8**	**811**	**5.7**
18	0.6	457	14.0	1 162	35.6	1 235	37.7	394	12.1
48	0.4	1 244	11.2	6 023	54.4	3 335	30.1	417	3.9
55	0.5	1 226	12.2	4 916	49.0	3 214	32.0	628	6.3
17	0.6	382	14.1	949	35.1	1 005	37.3	349	12.9
38	0.5	844	11.5	3 967	54.1	2 209	30.1	279	3.8
5	0.2	306	11.7	1 490	57.1	721	27.6	87	3.4
0	0.0	43	18.5	91	39.2	85	36.6	13	5.7
5	0.2	263	11.1	1 399	58.9	636	26.7	74	3.1
2	0.6	44	13.3	166	50.3	106	32.1	12	3.7
0	0.0	12	17.6	34	50.0	20	29.5	2	2.9
2	0.8	32	12.2	132	50.4	86	32.8	10	3.8
4	0.3	125	9.2	613	45.2	529	39.0	84	6.3
1	0.4	20	7.6	88	33.3	125	47.3	30	11.4
3	0.3	105	9.6	525	48.1	404	37.1	54	4.9

7-4 2014年口岸调查入境游客人数及所占比重

		调查人数		政府工作人员		专业技术人员		职员		技工/工人	
		(人)	(%)	(人)	(%)	(人)	(%)	(人)	(%)	(人)	(%)
全国	**合计**	**14 333**	**100**	**501**	**3.5**	**2 235**	**15.6**	**2 813**	**19.6**	**682**	**4.8**
	团体	3 266	100	180	5.5	290	8.9	559	17.1	82	2.5
	散客	11 067	100	321	2.9	1 945	17.6	2 254	20.4	600	5.4
外国人	小计	10 039	100	398	4.0	1 474	14.7	1 904	19.0	426	4.2
	团体	2 702	100	154	5.7	244	9.0	444	16.4	70	2.6
	散客	7 337	100	244	3.3	1 230	16.8	1 460	19.9	356	4.9
香港同胞	小计	2 609	100	53	2.0	467	17.9	597	22.9	204	7.8
	团体	232	100	13	5.6	17	7.3	47	20.3	5	2.2
	散客	2 377	100	40	1.7	450	18.9	550	23.1	199	8.4
澳门同胞	小计	330	100	17	5.2	42	12.7	92	27.9	9	2.7
	团体	68	100	2	2.9	7	10.3	20	29.4	2	2.9
	散客	262	100	15	5.7	35	13.4	72	27.5	7	2.7
台湾同胞	小计	1 355	100	33	2.4	252	18.6	220	16.2	43	3.2
	团体	264	100	11	4.2	22	8.3	48	18.2	5	1.9
	散客	1 091	100	22	2.0	230	21.1	172	15.8	38	3.5

（按外国人、港澳台胞、团体及散客、职业分组）

商贸人员		服务员/推销员		退休人员		家庭妇女		军人		学生		其他	
（人）	（%）	（人）	（%）	（人）	（%）	（人）	（%）	（人）	（%）	（人）	（%）	（人）	（%）
2 974	**20.7**	**643**	**4.5**	**1 060**	**7.4**	**957**	**6.7**	**62**	**0.4**	**1 251**	**8.7**	**1 155**	**8.1**
469	14.4	95	2.9	573	17.5	351	10.7	12	0.4	376	11.5	279	8.6
2 505	22.6	548	5.0	487	4.4	606	5.4	50	0.5	875	7.9	876	7.9
2 133	21.2	295	2.9	742	7.4	666	6.6	44	0.4	988	9.8	969	9.8
404	15.0	70	2.6	476	17.6	296	11.0	11	0.4	312	11.5	221	8.2
1 729	23.6	225	3.1	266	3.6	370	5.0	33	0.4	676	9.2	748	10.2
439	16.8	299	11.5	149	5.7	185	7.1	7	0.3	142	5.4	67	2.6
22	9.5	13	5.6	25	10.8	27	11.6	0	0.0	41	17.7	22	9.4
417	17.5	286	12.0	124	5.2	158	6.7	7	0.3	101	4.3	45	1.9
76	23.0	9	2.7	21	6.4	11	3.3	2	0.6	25	7.6	26	7.9
9	13.2	2	2.9	6	8.8	2	2.9	0	0.0	8	11.9	10	14.8
67	25.6	7	2.7	15	5.7	9	3.4	2	0.8	17	6.4	16	6.1
326	24.1	40	3.0	148	10.9	95	7.0	9	0.7	96	7.1	93	6.8
34	12.9	10	3.8	66	25.0	26	9.8	1	0.4	15	5.7	26	9.8
292	26.8	30	2.7	82	7.5	69	6.3	8	0.7	81	7.4	67	6.2

7－5　2014年口岸调查入境游客人数及所占比重

		调查人数		观光游览		休闲度假		探亲访友	
		（人）	（%）	（人）	（%）	（人）	（%）	（人）	（%）
全　国	**合计**	**14 333**	**100**	**3 558**	**24.8**	**2 798**	**19.5**	**1 569**	**10.9**
	团体	3 266	100	1 815	55.6	686	21.0	69	2.1
	散客	11 067	100	1 743	15.7	2 112	19.1	1 500	13.6
外国人	小计	10 039	100	2 651	26.4	1 699	16.9	851	8.5
	团体	2 702	100	1 414	52.3	602	22.3	54	2.0
	散客	7 337	100	1 237	16.9	1 097	15.0	797	10.9
香港同胞	小计	2 609	100	425	16.3	789	30.2	487	18.7
	团体	232	100	173	74.6	27	11.6	6	2.6
	散客	2 377	100	252	10.6	762	32.1	481	20.2
澳门同胞	小计	330	100	97	29.4	75	22.7	38	11.5
	团体	68	100	39	57.3	14	20.5	1	1.5
	散客	262	100	58	22.1	61	23.3	37	14.1
台湾同胞	小计	1 355	100	385	28.4	235	17.3	193	14.2
	团体	264	100	189	71.6	43	16.3	8	3.0
	散客	1 091	100	196	18.0	192	17.5	185	17.0

（按外国人、港澳台胞、团体及散客、旅游目的分组）

商务		会议		宗教朝拜		文化/体育/科技交流		购物		医疗保健		其他	
（人）	（%）	（人）	（%）	（人）	（%）	（人）	（%）	（人）	（%）	（人）	（%）	（人）	（%）
3 526	**24.6**	**709**	**4.9**	**77**	**0.5**	**441**	**3.1**	**794**	**5.5**	**137**	**1.0**	**724**	**5.2**
139	4.3	72	2.2	16	0.5	53	1.6	321	9.8	23	0.7	72	2.2
3 387	30.6	637	5.8	61	0.6	388	3.5	473	4.3	114	1.0	652	5.8
2 719	27.1	431	4.3	39	0.4	325	3.2	584	5.8	99	1.0	641	6.4
116	4.3	64	2.4	6	0.2	40	1.5	317	11.7	23	0.9	66	2.4
2 603	35.5	367	5.0	33	0.4	285	3.9	267	3.6	76	1.0	575	7.8
409	15.7	169	6.5	16	0.6	60	2.3	196	7.5	23	0.9	35	1.3
11	4.7	3	1.3	0	0.0	7	3.0	2	0.9	0	0.0	3	1.3
398	16.7	166	7.0	16	0.7	53	2.2	194	8.2	23	1.0	32	1.3
53	16.1	31	9.4	7	2.1	14	4.2	3	0.9	1	0.3	11	3.4
5	7.4	1	1.5	1	1.5	3	4.4	1	1.5	0	0.0	3	4.4
48	18.2	30	11.5	6	2.3	11	4.2	2	0.8	1	0.4	8	3.1
345	25.5	78	5.8	15	1.1	42	3.1	11	0.8	14	1.0	37	2.8
7	2.7	4	1.5	9	3.4	3	1.1	1	0.4	0	0.0	0	0.0
338	31.0	74	6.8	6	0.5	39	3.6	10	0.9	14	1.3	37	3.4

7-6 2014年口岸调查外国游客人数

	调查人数		男性		女性	
	(人)	(%)	(人)	(%)	(人)	(%)
外国人	**10 039**	**100**	**6 061**	**60.4**	**3 978**	**39.6**
日本	1 070	100	769	71.9	301	28.1
菲律宾	134	100	84	62.7	50	37.3
泰国	279	100	152	54.5	127	45.5
新加坡	491	100	220	44.8	271	55.2
印度尼西亚	88	100	55	62.5	33	37.5
马来西亚	289	100	151	52.2	138	47.8
韩国	1 688	100	1 116	66.1	572	33.9
朝鲜	57	100	31	54.4	26	45.6
蒙古	248	100	107	43.1	141	56.9
印度	226	100	179	79.2	47	20.8
越南	362	100	174	48.1	188	51.9
缅甸	160	100	73	45.6	87	54.4
哈萨克斯坦	107	100	64	59.8	43	40.2
英国	436	100	260	59.6	176	40.4
法国	244	100	146	59.8	98	40.2
德国	283	100	188	66.4	95	33.6
西班牙	78	100	50	64.1	28	35.9
意大利	146	100	100	68.5	46	31.5
荷兰	121	100	83	68.6	38	31.4
瑞典	79	100	48	60.8	31	39.2
俄罗斯	1 280	100	638	49.8	642	50.2
瑞士	79	100	51	64.6	28	35.4
乌克兰	95	100	62	65.3	33	34.7
美国	842	100	530	62.9	312	37.1
加拿大	243	100	128	52.7	115	47.3
澳大利亚	243	100	165	67.9	78	32.1
新西兰	144	100	82	56.9	62	43.1
非洲国家	78	100	56	71.8	22	28.2
中南美洲国家	74	100	46	62.2	28	37.8
其他国家	375	100	253	67.5	122	32.5

及所占比重(按国别、性别、年龄分组)

14岁及以下		15~24岁		25~44岁		45~64岁		65岁及以上	
(人)	(%)	(人)	(%)	(人)	(%)	(人)	(%)	(人)	(%)
55	**0.5**	**1 226**	**12.2**	**4 916**	**49.0**	**3 214**	**32.0**	**628**	**6.3**
3	0.3	93	8.7	520	48.6	385	36.0	69	6.4
1	0.7	17	12.7	70	52.2	42	31.4	4	3.0
1	0.4	51	18.3	121	43.4	91	32.5	15	5.4
0	0.0	76	15.5	261	53.2	137	27.8	17	3.5
0	0.0	7	8.0	44	50.0	34	38.6	3	3.4
0	0.0	23	8.0	146	50.5	103	35.6	17	5.9
19	1.1	191	11.3	778	46.1	587	34.8	113	6.7
0	0.0	13	22.8	34	59.6	8	14.0	2	3.6
0	0.0	23	9.3	131	52.8	85	34.3	9	3.6
2	0.9	14	6.2	145	64.1	59	26.1	6	2.7
0	0.0	32	8.8	236	65.2	89	24.6	5	1.4
2	1.3	14	8.8	82	51.2	56	35.0	6	3.7
1	0.9	14	13.1	48	44.9	38	35.5	6	5.6
4	0.9	61	14.0	195	44.7	147	33.7	29	6.7
2	0.8	41	16.8	110	45.1	74	30.3	17	7.0
0	0.0	34	12.0	146	51.6	96	33.9	7	2.5
0	0.0	9	11.5	46	59.0	23	29.5	0	0.0
0	0.0	15	10.3	73	50.0	49	33.5	9	6.2
0	0.0	8	6.6	70	57.9	36	29.8	7	5.7
0	0.0	9	11.4	40	50.6	24	30.4	6	7.6
12	0.9	165	12.9	598	46.7	361	28.2	144	11.3
0	0.0	9	11.4	39	49.4	27	34.1	4	5.1
0	0.0	7	7.4	51	53.7	32	33.6	5	5.3
2	0.2	141	16.7	373	44.3	269	31.9	57	6.9
0	0.0	39	16.0	110	45.3	82	33.8	12	4.9
2	0.8	32	13.2	102	42.0	84	34.6	23	9.4
0	0.0	14	9.7	66	45.8	51	35.4	13	9.1
0	0.0	12	15.4	41	52.6	24	30.7	1	1.3
1	1.4	11	14.9	35	47.3	22	29.6	5	6.8
3	0.8	51	13.6	205	54.7	99	26.4	17	4.5

7-7 2014 年口岸调查外国游客人数

	调查人数		政府工作人员		专业技术人员		职员		技工/工人	
	(人)	(%)	(人)	(%)	(人)	(%)	(人)	(%)	(人)	(%)
外国人	**10 039**	**100**	**398**	**4.0**	**1 474**	**14.7**	**1 904**	**19.0**	**426**	**4.2**
日本	1 070	100	17	1.6	140	13.1	417	39.0	51	4.8
菲律宾	134	100	7	5.2	22	16.4	22	16.4	8	6.0
泰国	279	100	9	3.2	40	14.3	38	13.6	10	3.6
新加坡	491	100	13	2.6	92	18.7	104	21.2	13	2.6
印度尼西亚	88	100	2	2.3	9	10.2	12	13.6	8	9.1
马来西亚	289	100	15	5.2	53	18.3	45	15.6	11	3.8
韩国	1 688	100	72	4.3	236	14.0	320	19.0	59	3.5
朝鲜	57	100	6	10.5	8	14.0	11	19.3	3	5.3
蒙古	248	100	9	3.6	15	6.0	31	12.5	12	4.8
印度	226	100	8	3.5	39	17.3	34	15.0	4	1.8
越南	362	100	13	3.6	46	12.7	65	18.0	20	5.5
缅甸	160	100	4	2.5	7	4.4	7	4.4	4	2.5
哈萨克斯坦	107	100	1	0.9	5	4.7	14	13.1	18	16.8
英国	436	100	22	5.0	83	19.0	71	16.3	15	3.4
法国	244	100	8	3.3	40	16.4	40	16.4	10	4.1
德国	283	100	14	4.9	57	20.1	61	21.6	4	1.4
西班牙	78	100	1	1.3	17	21.8	15	19.2	1	1.3
意大利	146	100	4	2.7	37	25.3	27	18.5	3	2.1
荷兰	121	100	11	9.1	23	19.0	17	14.0	10	8.3
瑞典	79	100	5	6.3	16	20.3	12	15.2	2	2.5
俄罗斯	1 280	100	50	3.9	114	8.9	220	17.2	67	5.2
瑞士	79	100	8	10.1	18	22.8	11	13.9	3	3.8
乌克兰	95	100	3	3.2	9	9.5	16	16.8	14	14.7
美国	842	100	36	4.3	186	22.1	114	13.4	25	3.0
加拿大	243	100	14	5.8	36	14.8	51	21.0	5	2.1
澳大利亚	243	100	10	4.1	46	18.9	30	12.3	4	1.6
新西兰	144	100	8	5.6	23	16.0	20	13.9	9	6.3
非洲国家	78	100	4	5.1	8	10.3	11	14.1	2	2.6
中南美洲国家	74	100	6	8.1	10	13.5	16	21.6	0	0.0
其他国家	375	100	18	4.8	39	10.4	52	13.9	31	8.3

及所占比重(按国别、职业分组)

商贸人员		服务员/推销员		退休人员		家庭妇女		军人		学生		其他	
(人)	(%)	(人)	(%)	(人)	(%)	(人)	(%)	(人)	(%)	(人)	(%)	(人)	(%)
2 133	**21.2**	**295**	**2.9**	**742**	**7.4**	**666**	**6.6**	**44**	**0.4**	**988**	**9.8**	**969**	**9.8**
148	13.8	40	3.7	64	6.0	76	7.1	1	0.1	65	6.1	51	4.7
15	11.2	5	3.7	4	3.0	6	4.5	0	0.0	14	10.4	31	23.2
47	16.8	12	4.3	16	5.7	11	3.9	1	0.4	44	15.8	51	18.4
82	16.7	11	2.2	35	7.1	38	7.7	5	1.0	52	10.7	46	9.5
18	20.5	2	2.3	3	3.4	9	10.2	1	1.1	10	11.4	14	15.9
59	20.4	10	3.5	23	8.0	26	9.0	1	0.3	7	2.4	39	13.5
477	28.3	26	1.5	94	5.6	159	9.3	1	0.1	180	10.6	64	3.8
5	8.8	7	12.3	1	1.8	3	5.3	3	5.3	6	10.4	4	7.0
91	36.7	3	1.2	17	6.9	17	6.9	3	1.2	17	6.9	33	13.3
73	32.3	7	3.1	6	2.7	6	2.7	1	0.4	13	5.8	35	15.4
73	20.2	14	3.9	14	3.9	30	8.3	1	0.3	34	9.3	52	14.3
40	25.0	3	1.9	3	1.9	33	20.6	0	0.0	10	6.3	49	30.5
39	36.4	6	5.6	2	1.9	4	3.7	1	0.9	14	13.1	3	2.9
65	14.9	17	3.9	52	11.9	12	2.8	0	0.0	44	10.1	55	12.7
46	18.9	13	5.3	22	9.0	10	4.1	3	1.2	33	13.5	19	7.8
57	20.1	9	3.2	17	6.0	13	4.6	5	1.8	27	9.5	19	6.8
19	24.4	2	2.6	4	5.1	2	2.6	0	0.0	7	9.0	10	12.7
22	15.1	4	2.7	15	10.3	4	2.7	1	0.7	13	8.9	16	11.0
16	13.2	6	5.0	5	4.1	7	5.8	0	0.0	10	8.3	16	13.2
12	15.2	1	1.3	5	6.3	4	5.1	2	2.5	15	19.0	5	6.3
322	25.2	35	2.7	188	14.7	120	9.4	7	0.5	92	7.2	65	5.1
17	21.5	2	2.5	4	5.1	4	5.1	0	0.0	7	8.9	5	6.3
21	22.1	7	7.4	3	3.2	2	2.1	2	2.1	10	10.5	8	8.4
131	15.6	20	2.4	59	7.0	32	3.8	3	0.4	126	14.9	110	13.1
38	15.6	8	3.3	22	9.1	10	4.1	1	0.4	23	9.5	35	14.3
50	20.6	6	2.5	21	8.6	5	2.1	0	0.0	35	14.4	36	14.9
19	13.2	6	4.2	14	9.6	6	4.2	1	0.7	8	5.6	30	20.7
23	29.5	0	0.0	1	1.3	4	5.1	0	0.0	10	12.8	15	19.2
8	10.8	3	4.1	8	10.8	5	6.8	0	0.0	11	14.9	7	9.4
100	26.7	10	2.7	20	5.3	8	2.1	0	0.0	51	13.6	46	12.2

7－8 2014年口岸调查外国游客人数

	调查人数		观光游览		休闲度假		探亲访友	
	(人)	(%)	(人)	(%)	(人)	(%)	(人)	(%)
外国人	**10 039**	**100**	**2 651**	**26.4**	**1 699**	**16.9**	**851**	**8.5**
日本	1 070	100	232	21.7	138	12.9	84	7.9
菲律宾	134	100	23	17.2	24	17.9	10	7.5
泰国	279	100	94	33.7	68	24.4	25	9.0
新加坡	491	100	128	26.1	102	20.8	86	17.5
印度尼西亚	88	100	19	21.6	25	28.4	12	13.6
马来西亚	289	100	99	34.3	61	21.1	26	9.0
韩国	1 688	100	510	30.2	206	12.2	115	6.8
朝鲜	57	100	13	22.8	14	24.6	6	10.5
蒙古	248	100	47	19.0	17	6.9	5	2.0
印度	226	100	30	13.3	27	11.9	13	5.8
越南	362	100	66	18.2	65	18.0	49	13.5
缅甸	160	100	26	16.3	20	12.5	15	9.3
哈萨克斯坦	107	100	6	5.6	18	16.8	26	24.3
英国	436	100	128	29.4	92	21.1	41	9.3
法国	244	100	63	25.8	55	22.6	24	9.8
德国	283	100	101	35.7	39	13.8	16	5.7
西班牙	78	100	26	33.3	21	26.9	6	7.7
意大利	146	100	34	23.3	33	22.6	15	10.3
荷兰	121	100	21	17.4	29	24.0	12	9.9
瑞典	79	100	22	27.8	17	21.5	5	6.3
俄罗斯	1 280	100	397	31.0	236	18.4	51	4.0
瑞士	79	100	25	31.6	19	24.1	5	6.2
乌克兰	95	100	26	27.4	15	15.8	9	9.5
美国	842	100	240	28.5	149	17.7	84	10.0
加拿大	243	100	71	29.2	54	22.2	22	9.1
澳大利亚	243	100	61	25.1	47	19.3	21	8.6
新西兰	144	100	40	27.8	34	23.6	15	10.4
非洲国家	78	100	10	12.8	11	14.1	4	5.1
中南美洲国家	74	100	20	27.0	22	29.7	4	5.4
其他国家	375	100	73	19.5	41	10.9	45	12.0

及所占比重（按国别、旅游目的分组）

商务		会议		宗教朝拜		文化/体育/科技交流		购物		医疗保健		其他	
（人）	（%）	（人）	（%）	（人）	（%）	（人）	（%）	（人）	（%）	（人）	（%）	（人）	（%）
2 719	**27.1**	**431**	**4.3**	**39**	**0.4**	**325**	**3.2**	**584**	**5.8**	**99**	**1.0**	**641**	**6.4**
482	45.0	47	4.4	3	0.3	39	3.6	12	1.1	7	0.7	26	2.4
19	14.2	10	7.5	1	0.7	7	5.2	7	5.2	1	0.7	32	23.9
29	10.4	25	9.0	1	0.4	12	4.3	5	1.8	4	1.4	16	5.6
95	19.3	30	6.1	3	0.6	23	4.7	4	0.8	0	0.0	20	4.1
16	18.2	3	3.4	0	0.0	5	5.7	0	0.0	1	1.1	7	8.0
62	21.5	18	6.2	0	0.0	6	2.1	2	0.7	1	0.3	14	4.8
607	36.0	86	5.1	6	0.4	43	2.5	19	1.1	12	0.7	84	5.0
7	12.3	5	8.8	0	0.0	7	12.3	1	1.8	2	3.5	2	3.4
46	18.5	7	2.8	0	0.0	4	1.6	102	41.1	1	0.4	19	7.7
102	45.1	10	4.4	0	0.0	5	2.2	2	0.9	2	0.9	35	15.5
64	17.7	12	3.3	1	0.3	11	3.0	43	11.9	26	7.2	25	6.9
28	17.5	1	0.6	10	6.3	6	3.8	38	23.7	3	1.9	13	8.1
53	49.5	2	1.9	0	0.0	0	0.0	0	0.0	2	1.9	0	0.0
122	28.0	10	2.3	0	0.0	9	2.1	0	0.0	3	0.7	31	7.1
51	20.9	10	4.1	2	0.8	11	4.5	3	1.2	1	0.4	24	9.9
73	25.8	15	5.3	0	0.0	21	7.3	0	0.0	1	0.4	17	6.0
9	11.5	5	6.4	2	2.6	2	2.6	1	1.3	0	0.0	6	7.7
42	28.7	6	4.1	1	0.7	4	2.7	1	0.7	1	0.7	9	6.2
26	21.5	4	3.3	4	3.3	8	6.6	3	2.5	0	0.0	14	11.5
14	17.8	2	2.5	0	0.0	8	10.2	0	0.0	0	0.0	11	13.9
140	10.9	30	2.3	2	0.2	18	1.4	326	25.5	26	2.0	54	4.3
19	24.1	4	5.1	0	0.0	3	3.8	0	0.0	0	0.0	4	5.1
29	30.5	7	7.4	0	0.0	1	1.1	2	2.1	0	0.0	6	6.2
230	27.3	32	3.8	0	0.0	35	4.2	2	0.2	2	0.2	68	8.1
51	21.0	14	5.8	2	0.8	6	2.5	2	0.8	2	0.8	19	7.8
65	26.7	10	4.2	1	0.4	8	3.3	3	1.2	0	0.0	27	11.2
32	22.2	5	3.5	0	0.0	4	2.8	0	0.0	1	0.7	13	9.0
33	42.3	2	2.6	0	0.0	4	5.1	3	3.9	0	0.0	11	14.1
16	21.6	2	2.7	0	0.0	5	6.8	0	0.0	0	0.0	5	6.8
157	41.9	17	4.5	0	0.0	10	2.7	3	0.8	0	0.0	29	7.7

7-9 2014年饭店调查入境游客人数及所占比重

		饭店及游船调查人数		外国人	
		(人)	(%)	(人)	(%)
北京	小计	1 898	100	1 668	87.9
	团体	832	100	745	89.5
	散客	1 066	100	923	86.6
天津	小计	500	100	394	78.8
	团体	172	100	137	79.7
	散客	328	100	257	78.4
河北	小计	1 346	100	1 099	81.6
	团体	464	100	394	84.9
	散客	882	100	705	79.9
山西	小计	695	100	579	83.3
	团体	382	100	322	84.3
	散客	313	100	257	82.1
内蒙古	小计	491	100	422	85.9
	团体	178	100	149	83.7
	散客	313	100	273	87.2
辽宁	小计	1 538	100	1 314	85.4
	团体	753	100	601	79.8
	散客	785	100	713	90.9
吉林	小计	510	100	438	85.9
	团体	308	100	268	87.0
	散客	202	100	170	84.2
黑龙江	小计	700	100	563	80.4
	团体	443	100	329	74.2
	散客	257	100	234	91.1
上海	小计	1 800	100	1 516	84.2
	团体	212	100	195	92.0
	散客	1 588	100	1 321	83.2
江苏	小计	1 123	100	789	70.3
	团体	261	100	179	68.6
	散客	862	100	610	70.8

（按省〈区、市〉、团体及散客、外国人、港澳台胞分组）

香港同胞		澳门同胞		台湾同胞	
（人）	（%）	（人）	（%）	（人）	（%）
100	5.3	35	1.8	95	5.0
27	3.2	15	1.8	45	5.5
73	6.8	20	1.9	50	4.7
44	8.8	22	4.4	40	8.0
11	6.4	6	3.5	18	10.4
33	10.1	16	4.9	22	6.6
101	7.5	46	3.4	100	7.5
21	4.5	16	3.4	33	7.2
80	9.1	30	3.4	67	7.6
45	6.5	25	3.6	46	6.6
23	6.0	12	3.1	25	6.6
22	7.0	13	4.2	21	6.7
31	6.3	10	2.0	28	5.8
12	6.8	4	2.2	13	7.3
19	6.1	6	1.9	15	4.8
71	4.6	57	3.7	96	6.3
37	4.9	42	5.6	73	9.7
34	4.3	15	1.9	23	2.9
28	5.5	14	2.7	30	5.9
17	5.5	2	0.6	21	6.9
11	5.4	12	5.9	9	4.5
36	5.2	3	0.4	98	14.0
19	4.3	2	0.5	93	21.0
17	6.6	1	0.4	5	1.9
138	7.7	34	1.9	112	6.2
7	3.3	3	1.4	7	3.3
131	8.2	31	2.0	105	6.6
118	10.5	24	2.1	192	17.1
17	6.5	8	3.1	57	21.8
101	11.7	16	1.9	135	15.6

7-9(续1)

		饭店及游船调查人数		外国人	
		(人)	(%)	(人)	(%)
浙江	小计	1 079	100	866	80.3
	团体	236	100	183	77.5
	散客	843	100	683	81.0
安徽	小计	1 729	100	1 551	89.7
	团体	697	100	614	88.1
	散客	1 032	100	937	90.7
福建	小计	905	100	482	53.3
	团体	304	100	135	44.4
	散客	601	100	347	57.7
江西	小计	700	100	412	58.9
	团体	328	100	197	60.1
	散客	372	100	215	57.8
山东	小计	1 320	100	951	72.0
	团体	460	100	320	69.6
	散客	860	100	631	73.4
河南	小计	732	100	533	72.8
	团体	522	100	387	74.1
	散客	210	100	146	69.5
湖北	小计	1 024	100	604	59.0
	团体	460	100	289	62.8
	散客	564	100	315	55.9
湖南	小计	1 539	100	1 329	86.4
	团体	1 030	100	952	92.4
	散客	509	100	377	74.1
广东	小计	4 255	100	2 431	57.1
	团体	641	100	412	64.3
	散客	3 614	100	2 019	55.9
广西	小计	700	100	422	60.3
	团体	299	100	146	48.8
	散客	401	100	276	68.8
海南	小计	900	100	718	79.8
	团体	367	100	311	84.7
	散客	533	100	407	76.4

香港同胞		澳门同胞		台湾同胞	
（人）	（%）	（人）	（%）	（人）	（%）
122	11.3	26	2.4	65	6.0
27	11.5	5	2.1	21	8.9
95	11.3	21	2.5	44	5.2
73	4.2	27	1.6	78	4.5
27	3.9	14	2.0	42	6.0
46	4.5	13	1.3	36	3.5
158	17.5	49	5.4	216	23.8
61	20.1	12	3.9	96	31.6
97	16.1	37	6.2	120	20.0
125	17.9	51	7.2	112	16.0
49	14.9	21	6.4	61	18.6
76	20.4	30	8.1	51	13.7
167	12.7	55	4.2	147	11.1
66	14.3	18	3.9	56	12.2
101	11.7	37	4.3	91	10.6
95	13.0	26	3.6	78	10.6
67	12.8	15	2.9	53	10.2
28	13.3	11	5.3	25	11.9
191	18.7	56	5.5	173	16.8
71	15.4	33	7.2	67	14.6
120	21.3	23	4.1	106	18.7
100	6.5	29	1.9	81	5.2
39	3.8	11	1.1	28	2.7
61	12.0	18	3.5	53	10.4
1 213	28.5	270	6.3	341	8.1
102	15.9	51	8.0	76	11.8
1 111	30.7	219	6.1	265	7.3
120	17.1	62	8.9	96	13.7
62	20.7	33	11.0	58	19.5
58	14.5	29	7.2	38	9.5
72	8.0	42	4.7	68	7.5
18	4.9	14	3.8	24	6.6
54	10.1	28	5.3	44	8.2

7-9(续2)

		饭店及游船调查人数		外国人	
		(人)	(%)	(人)	(%)
重庆	小计	600	100	417	69.5
	团体	284	100	202	71.1
	散客	316	100	215	68.0
四川	小计	3 039	100	2 221	73.1
	团体	1 620	100	1 134	70.0
	散客	1 419	100	1 087	76.6
贵州	小计	584	100	298	51.0
	团体	364	100	171	47.0
	散客	220	100	127	57.7
云南	小计	826	100	677	82.0
	团体	277	100	225	81.2
	散客	549	100	452	82.3
西藏	小计	500	100	441	88.2
	团体	413	100	371	89.8
	散客	87	100	70	80.5
陕西	小计	1 185	100	1 010	85.2
	团体	739	100	645	87.3
	散客	446	100	365	81.8
甘肃	小计	700	100	450	64.3
	团体	427	100	279	65.3
	散客	273	100	171	62.6
青海	小计	358	100	299	83.5
	团体	209	100	168	80.4
	散客	149	100	131	87.9
宁夏	小计	150	100	132	88.0
	团体	38	100	35	92.1
	散客	112	100	97	86.6
新疆	小计	600	100	521	86.8
	团体	227	100	192	84.6
	散客	373	100	329	88.2

香港同胞		澳门同胞		台湾同胞	
(人)	(%)	(人)	(%)	(人)	(%)
86	14.3	43	7.2	54	9.0
36	12.7	20	7.0	26	9.2
50	15.8	23	7.3	28	8.9
293	9.6	115	3.8	410	13.5
174	10.7	67	4.1	245	15.2
119	8.4	48	3.4	165	11.6
132	22.6	24	4.1	130	22.3
84	23.1	15	4.1	94	25.8
48	21.8	9	4.1	36	16.4
75	9.1	36	4.4	38	4.5
33	11.9	8	2.9	11	4.0
42	7.7	28	5.1	27	4.9
16	3.2	20	4.0	23	4.6
12	2.9	14	3.4	16	3.9
4	4.6	6	6.9	7	8.0
73	6.2	21	1.8	81	6.8
40	5.4	16	2.2	38	5.1
33	7.4	5	1.1	43	9.7
92	13.1	71	10.1	87	12.5
51	11.9	45	10.5	52	12.3
41	15.0	26	9.5	35	12.9
36	10.1	5	1.4	18	5.0
26	12.4	2	1.0	13	6.2
10	6.7	3	2.0	5	3.4
6	4.0	4	2.7	8	5.3
2	5.3	1	2.6	0	0.0
4	3.6	3	2.7	8	7.1
19	3.2	16	2.7	44	7.3
11	4.8	8	3.5	16	7.1
8	2.1	8	2.1	28	7.6

7－10　2014年饭店调查入境游客人数及所占比重

		饭店及游船调查人数		男　性		女　性	
		（人）	（%）	（人）	（%）	（人）	（%）
北　京	小计	1 898	100	1 073	56.5	825	43.5
	团体	832	100	413	49.6	419	50.4
	散客	1 066	100	660	61.9	406	38.1
天　津	小计	500	100	250	50.0	250	50.0
	团体	172	100	78	45.3	94	54.7
	散客	328	100	172	52.4	156	47.6
河　北	小计	1 346	100	816	60.6	530	39.4
	团体	464	100	233	50.2	231	49.8
	散客	882	100	583	66.1	299	33.9
山　西	小计	695	100	408	58.7	287	41.3
	团体	382	100	218	57.1	164	42.9
	散客	313	100	190	60.7	123	39.3
内蒙古	小计	491	100	218	44.4	273	55.6
	团体	178	100	43	24.2	135	75.8
	散客	313	100	175	55.9	138	44.1
辽　宁	小计	1 538	100	714	46.4	824	53.6
	团体	753	100	223	29.6	530	70.4
	散客	785	100	491	62.5	294	37.5
吉　林	小计	510	100	312	61.2	198	38.8
	团体	308	100	175	56.8	133	43.2
	散客	202	100	137	67.8	65	32.2
黑龙江	小计	700	100	322	46.0	378	54.0
	团体	443	100	169	38.1	274	61.9
	散客	257	100	153	59.5	104	40.5
上　海	小计	1 800	100	1 170	65.0	630	35.0
	团体	212	100	111	52.4	101	47.6
	散客	1 588	100	1 059	66.7	529	33.3
江　苏	小计	1 123	100	649	57.8	474	42.2
	团体	261	100	97	37.2	164	62.8
	散客	862	100	552	64.0	310	36.0

（按省〈区、市〉、性别、年龄、团体及散客分组）

14岁及以下		15～24岁		25～44岁		45～64岁		65岁及以上	
（人）	（%）	（人）	（%）	（人）	（%）	（人）	（%）	（人）	（%）
16	0.8	240	12.6	941	49.6	581	30.6	120	6.4
12	1.4	132	15.9	357	42.9	251	30.2	80	9.6
4	0.4	108	10.1	584	54.8	330	31.0	40	3.7
10	2.0	80	16.0	227	45.4	155	31.0	28	5.6
6	3.5	23	13.4	71	41.3	58	33.7	14	8.1
4	1.2	57	17.4	156	47.6	97	29.5	14	4.3
10	0.7	170	12.6	623	46.3	434	32.2	109	8.2
2	0.4	70	15.1	162	34.9	155	33.4	75	16.2
8	0.9	100	11.3	461	52.3	279	31.6	34	3.9
2	0.3	46	6.6	323	46.5	265	38.1	59	8.5
1	0.3	18	4.7	174	45.5	157	41.1	32	8.4
1	0.3	28	8.9	149	47.6	108	34.5	27	8.7
1	0.2	39	7.9	306	62.3	124	25.3	21	4.3
0	0.0	9	5.1	152	85.4	13	7.3	4	2.2
1	0.3	30	9.6	154	49.2	111	35.5	17	5.4
13	0.8	177	11.5	736	47.9	534	34.7	78	5.1
13	1.7	124	16.5	281	37.3	292	38.8	43	5.7
0	0.0	53	6.8	455	58.0	242	30.8	35	4.4
2	0.4	49	9.6	252	49.4	173	33.9	34	6.7
1	0.3	26	8.4	159	51.6	101	32.8	21	6.9
1	0.5	23	11.4	93	46.0	72	35.6	13	6.5
16	2.3	60	8.6	308	44.0	249	35.6	67	9.5
14	3.2	42	9.5	166	37.5	165	37.2	56	12.6
2	0.8	18	7.0	142	55.3	84	32.6	11	4.3
4	0.2	173	9.6	968	53.8	549	30.5	106	5.9
2	0.9	33	15.6	84	39.6	60	28.3	33	15.6
2	0.1	140	8.8	884	55.7	489	30.8	73	4.6
1	0.1	103	9.2	555	49.4	389	34.6	75	6.7
1	0.4	48	18.4	95	36.4	88	33.7	29	11.1
0	0.0	55	6.4	460	53.4	301	34.9	46	5.3

7－10(续1)

		饭店及游船调查人数		男性		女性	
		(人)	(%)	(人)	(%)	(人)	(%)
浙江	小计	1 079	100	618	57.3	461	42.7
	团体	236	100	109	46.2	127	53.8
	散客	843	100	509	60.4	334	39.6
安徽	小计	1 729	100	1 083	62.6	646	37.4
	团体	697	100	322	46.2	375	53.8
	散客	1 032	100	761	73.7	271	26.3
福建	小计	905	100	521	57.6	384	42.4
	团体	304	100	155	51.0	149	49.0
	散客	601	100	366	60.9	235	39.1
江西	小计	700	100	389	55.6	311	44.4
	团体	328	100	162	49.4	166	50.6
	散客	372	100	227	61.0	145	39.0
山东	小计	1 320	100	779	59.0	541	41.0
	团体	460	100	216	47.0	244	53.0
	散客	860	100	563	65.5	297	34.5
河南	小计	732	100	449	61.3	283	38.7
	团体	522	100	302	57.9	220	42.1
	散客	210	100	147	70.0	63	30.0
湖北	小计	1 024	100	607	59.3	417	40.7
	团体	460	100	273	59.3	187	40.7
	散客	564	100	334	59.2	230	40.8
湖南	小计	1 539	100	860	55.9	679	44.1
	团体	1 030	100	515	50.0	515	50.0
	散客	509	100	345	67.8	164	32.2
广东	小计	4 255	100	2 570	60.4	1 685	39.6
	团体	641	100	333	52.0	308	48.0
	散客	3 614	100	2 237	61.9	1 377	38.1
广西	小计	700	100	372	53.1	328	46.9
	团体	299	100	139	46.5	160	53.5
	散客	401	100	233	58.1	168	41.9
海南	小计	900	100	482	53.6	418	46.4
	团体	367	100	184	50.1	183	49.9
	散客	533	100	298	55.9	235	44.1

14 岁及以下		15～24 岁		25～44 岁		45～64 岁		65 岁及以上	
（人）	（%）	（人）	（%）	（人）	（%）	（人）	（%）	（人）	（%）
6	0.6	86	8.0	527	48.8	392	36.3	68	6.3
2	0.8	28	11.9	82	34.7	96	40.7	28	11.9
4	0.5	58	6.9	445	52.8	296	35.1	40	4.7
7	0.4	88	5.1	820	47.4	710	41.1	104	6.0
5	0.7	46	6.6	314	45.1	258	37.0	74	10.6
2	0.2	42	4.1	506	49.0	452	43.8	30	2.9
6	0.7	81	9.0	403	44.5	335	37.0	80	8.8
2	0.7	26	8.6	106	34.9	127	41.7	43	14.1
4	0.7	55	9.2	297	49.3	208	34.6	37	6.2
0	0.0	59	8.4	369	52.7	226	32.3	46	6.6
0	0.0	29	8.8	157	47.9	112	34.1	30	9.2
0	0.0	30	8.1	212	57.0	114	30.6	16	4.3
5	0.4	106	8.0	670	50.8	447	33.8	92	7.0
4	0.9	62	13.5	184	40.0	156	33.9	54	11.7
1	0.1	44	5.1	486	56.5	291	33.8	38	4.5
14	1.9	51	7.0	395	54.0	224	30.6	48	6.5
10	1.9	41	7.9	269	51.5	156	29.9	46	8.8
4	1.9	10	4.8	126	60.0	68	32.3	2	1.0
3	0.3	95	9.3	492	48.0	315	30.8	119	11.6
2	0.4	40	8.7	169	36.7	156	33.9	93	20.3
1	0.2	55	9.8	323	57.3	159	28.2	26	4.5
8	0.5	103	6.7	588	38.2	658	42.8	182	11.8
5	0.5	54	5.2	338	32.8	476	46.2	157	15.3
3	0.6	49	9.6	250	49.1	182	35.8	25	4.9
19	0.4	474	11.1	2 213	52.0	1 361	32.0	188	4.5
6	0.9	78	12.2	269	42.0	244	38.1	44	6.8
13	0.4	396	11.0	1 944	53.7	1 117	30.9	144	4.0
2	0.3	65	9.3	316	45.1	273	39.0	44	6.3
0	0.0	27	9.0	128	42.8	119	39.8	25	8.4
2	0.5	38	9.5	188	46.9	154	38.4	19	4.7
5	0.6	102	11.3	485	53.9	231	25.7	77	8.5
1	0.3	44	12.0	208	56.7	86	23.4	28	7.6
4	0.8	58	10.9	277	52.0	145	27.2	49	9.1

7－10(续2)

		饭店及游船调查人数		男　性		女　性	
		(人)	(%)	(人)	(%)	(人)	(%)
重　庆	小计	600	100	339	56.5	261	43.5
	团体	284	100	154	54.2	130	45.8
	散客	316	100	185	58.5	131	41.5
四　川	小计	3 039	100	1 781	58.6	1 258	41.4
	团体	1 620	100	820	50.6	800	49.4
	散客	1 419	100	961	67.7	458	32.3
贵　州	小计	584	100	310	53.1	274	46.9
	团体	364	100	169	46.4	195	53.6
	散客	220	100	141	64.1	79	35.9
云　南	小计	826	100	468	56.7	358	43.3
	团体	277	100	158	57.0	119	43.0
	散客	549	100	310	56.5	239	43.5
西　藏	小计	500	100	371	74.2	129	25.8
	团体	413	100	308	74.6	105	25.4
	散客	87	100	63	72.4	24	27.6
陕　西	小计	1 185	100	618	52.2	567	47.8
	团体	739	100	341	46.1	398	53.9
	散客	446	100	277	62.1	169	37.9
甘　肃	小计	700	100	419	59.9	281	40.1
	团体	427	100	260	60.9	167	39.1
	散客	273	100	159	58.2	114	41.8
青　海	小计	358	100	194	54.2	164	45.8
	团体	209	100	111	53.1	98	46.9
	散客	149	100	83	55.7	66	44.3
宁　夏	小计	150	100	102	68.0	48	32.0
	团体	38	100	25	65.8	13	34.2
	散客	112	100	77	68.7	35	31.3
新　疆	小计	600	100	272	45.3	328	54.7
	团体	227	100	119	52.4	108	47.6
	散客	373	100	153	41.0	220	59.0

14岁及以下		15~24岁		25~44岁		45~64岁		65岁及以上	
(人)	(%)	(人)	(%)	(人)	(%)	(人)	(%)	(人)	(%)
3	0.5	43	7.2	241	40.2	235	39.1	78	13.0
1	0.4	16	5.6	83	29.2	130	45.8	54	19.0
2	0.6	27	8.5	158	50.0	105	33.2	24	7.7
22	0.7	361	11.9	1 410	46.4	999	32.9	247	8.1
16	1.0	231	14.3	607	37.5	567	35.0	199	12.2
6	0.4	130	9.2	803	56.6	432	30.4	48	3.4
2	0.3	32	5.5	357	61.1	143	24.5	50	8.6
2	0.5	19	5.2	225	61.8	82	22.6	36	9.9
0	0.0	13	5.9	132	60.0	61	27.7	14	6.4
2	0.2	90	10.9	515	62.3	208	25.3	11	1.3
2	0.7	33	11.9	134	48.4	103	37.2	5	1.8
0	0.0	57	10.4	381	69.4	105	19.1	6	1.1
9	1.8	34	6.8	275	55.0	159	31.8	23	4.6
8	1.9	28	6.8	224	54.2	133	32.3	20	4.8
1	1.1	6	6.9	51	58.6	26	29.9	3	3.5
7	0.6	116	9.8	426	35.9	472	39.8	164	13.9
4	0.5	84	11.4	215	29.1	306	41.4	130	17.6
3	0.7	32	7.2	211	47.3	166	37.2	34	7.6
4	0.6	107	15.3	355	50.7	195	27.9	39	5.5
3	0.7	49	11.5	204	47.8	139	32.5	32	7.5
1	0.4	58	21.2	151	55.3	56	20.5	7	2.6
4	1.1	26	7.3	161	45.0	139	38.8	28	7.8
2	1.0	13	6.2	95	45.5	82	39.2	17	8.1
2	1.3	13	8.7	66	44.3	57	38.3	11	7.4
0	0.0	10	6.7	74	49.3	61	40.7	5	3.3
0	0.0	5	13.2	22	57.9	10	26.3	1	2.6
0	0.0	5	4.5	52	46.4	51	45.5	4	3.6
0	0.0	27	4.5	305	50.8	213	35.5	55	9.2
0	0.0	7	3.1	112	49.3	93	41.0	15	6.6
0	0.0	20	5.4	193	51.7	120	32.2	40	10.7

7－11　2014 年饭店调查入境游客人数及所占比重

		饭店及游船调查人数		政　府工作人员		专　业技术人员		职　员		技　工/工　人	
		(人)	(%)	(人)	(%)	(人)	(%)	(人)	(%)	(人)	(%)
北　京	小计	1 898	100	88	4.6	251	13.2	530	27.9	42	2.2
	团体	832	100	17	2.0	77	9.3	230	27.6	17	2.0
	散客	1 066	100	71	6.7	174	16.3	300	28.1	25	2.3
天　津	小计	500	100	40	8.0	102	20.4	119	23.8	29	5.8
	团体	172	100	7	4.1	37	21.5	28	16.3	10	5.8
	散客	328	100	33	10.1	65	19.8	91	27.7	19	5.8
河　北	小计	1 346	100	77	5.7	240	17.8	203	15.1	138	10.3
	团体	464	100	27	5.8	59	12.7	68	14.7	63	13.7
	散客	882	100	50	5.7	181	20.5	135	15.3	75	8.5
山　西	小计	695	100	76	10.9	97	14.0	140	20.1	44	6.3
	团体	382	100	48	12.6	59	15.4	79	20.7	20	5.2
	散客	313	100	28	8.9	38	12.1	61	19.5	24	7.7
内蒙古	小计	491	100	11	2.2	48	9.8	54	11.0	18	3.7
	团体	178	100	3	1.7	1	0.6	11	6.2	1	0.6
	散客	313	100	8	2.6	47	15.0	43	13.7	17	5.4
辽　宁	小计	1 538	100	61	4.0	351	22.8	407	26.5	105	6.8
	团体	753	100	35	4.6	169	22.4	246	32.7	62	8.2
	散客	785	100	26	3.3	182	23.2	161	20.5	43	5.5
吉　林	小计	510	100	42	8.2	69	13.5	101	19.8	26	5.1
	团体	308	100	17	5.5	38	12.3	66	21.4	13	4.2
	散客	202	100	25	12.4	31	15.3	35	17.3	13	6.4
黑龙江	小计	700	100	28	4.0	95	13.6	101	14.4	34	4.9
	团体	443	100	11	2.5	41	9.3	67	15.1	26	5.9
	散客	257	100	17	6.6	54	21.0	34	13.2	8	3.1
上　海	小计	1 800	100	34	1.9	198	11.0	646	35.9	30	1.7
	团体	212	100	6	2.8	11	5.2	46	21.7	7	3.3
	散客	1 588	100	28	1.8	187	11.8	600	37.8	23	1.4
江　苏	小计	1 123	100	39	3.5	204	18.2	228	20.3	45	4.0
	团体	261	100	7	2.7	24	9.2	55	21.1	11	4.2
	散客	862	100	32	3.7	180	20.9	173	20.1	34	3.9

（按省〈区、市〉、职业、团体及散客分组）

商贸人员		服务员/推销员		退休人员		家庭妇女		军人		学生		其他	
（人）	（%）	（人）	（%）	（人）	（%）	（人）	（%）	（人）	（%）	（人）	（%）	（人）	（%）
369	19.4	34	1.8	130	6.8	140	7.5	6	0.3	166	8.7	142	7.6
87	10.5	16	1.9	101	12.1	92	11.1	4	0.5	114	13.7	77	9.3
282	26.5	18	1.7	29	2.7	48	4.5	2	0.2	52	4.9	65	6.1
82	16.4	31	6.2	26	5.2	26	5.2	6	1.2	31	6.2	8	1.6
17	9.9	16	9.3	18	10.5	16	9.3	4	2.3	16	9.3	3	1.7
65	19.8	15	4.6	8	2.4	10	3.0	2	0.6	15	4.6	5	1.6
234	17.4	41	3.0	78	5.8	73	5.4	6	0.4	159	11.8	97	7.3
46	9.9	20	4.3	48	10.3	38	8.2	2	0.4	73	15.7	20	4.3
188	21.3	21	2.4	30	3.4	35	4.0	4	0.5	86	9.8	77	8.6
103	14.8	29	4.2	60	8.6	27	3.9	5	0.7	79	11.5	35	5.0
51	13.4	16	4.2	43	11.3	21	5.5	4	1.0	28	7.3	13	3.4
52	16.6	13	4.2	17	5.5	6	1.9	1	0.3	51	16.3	22	7.0
208	42.4	16	3.3	34	6.9	28	5.7	5	1.0	32	6.5	37	7.5
130	73.0	2	1.1	9	5.1	3	1.7	0	0.0	12	6.7	6	3.3
78	24.9	14	4.5	25	8.0	25	8.0	5	1.6	20	6.4	31	9.9
251	16.2	55	3.6	71	4.6	55	3.6	4	0.3	69	4.5	109	7.1
65	8.6	33	4.4	40	5.3	27	3.7	1	0.1	31	4.1	44	5.9
186	23.7	22	2.8	31	3.9	28	3.6	3	0.4	38	4.8	65	8.3
81	15.9	16	3.1	33	6.5	42	8.2	0	0.0	41	8.0	59	11.7
37	12.0	7	2.3	23	7.5	36	11.7	0	0.0	26	8.4	45	14.7
44	21.8	9	4.5	10	5.0	6	3.0	0	0.0	15	7.4	14	6.9
91	13.0	15	2.1	114	16.2	65	9.3	4	0.6	69	9.9	84	12.0
28	6.3	13	2.9	98	22.1	44	9.9	2	0.5	56	12.6	57	12.9
63	24.5	2	0.8	16	6.2	21	8.2	2	0.8	13	5.1	27	10.5
440	24.4	33	1.8	98	5.4	84	4.7	4	0.2	141	7.8	92	5.2
18	8.5	8	3.8	39	18.4	28	13.2	1	0.5	27	12.7	21	9.9
422	26.5	25	1.6	59	3.7	56	3.5	3	0.2	114	7.2	71	4.5
267	23.8	39	3.5	78	6.9	71	6.3	5	0.4	86	7.7	61	5.4
25	9.6	9	3.4	43	16.5	33	12.6	1	0.4	40	15.3	13	5.0
242	28.1	30	3.5	35	4.1	38	4.4	4	0.5	46	5.3	48	5.5

7－11(续1)

		饭店及游船调查人数		政　府工作人员		专　业技术人员		职　员		技　工/工　人	
		(人)	(%)	(人)	(%)	(人)	(%)	(人)	(%)	(人)	(%)
浙　江	小计	1 079	100	43	4.0	186	17.2	225	20.9	61	5.7
	团体	236	100	17	7.2	28	11.9	44	18.6	3	1.3
	散客	843	100	26	3.1	158	18.7	181	21.5	58	6.9
安　徽	小计	1 729	100	68	3.9	425	24.6	339	19.6	57	3.3
	团体	697	100	35	5.0	113	16.2	144	20.7	26	3.7
	散客	1 032	100	33	3.2	312	30.2	195	18.9	31	3.0
福　建	小计	905	100	24	2.7	86	9.5	212	23.4	24	2.7
	团体	304	100	9	3.0	24	7.9	58	19.1	7	2.3
	散客	601	100	15	2.5	62	10.3	154	25.6	17	2.8
江　西	小计	700	100	31	4.4	88	12.6	124	17.7	18	2.6
	团体	328	100	11	3.4	22	6.7	73	22.3	7	2.1
	散客	372	100	20	5.4	66	17.7	51	13.7	11	3.0
山　东	小计	1 320	100	42	3.2	203	15.4	309	23.4	53	4.0
	团体	460	100	22	4.8	50	10.9	88	19.1	13	2.8
	散客	860	100	20	2.3	153	17.8	221	25.7	40	4.7
河　南	小计	732	100	89	12.2	174	23.8	143	19.5	90	12.3
	团体	522	100	57	10.9	110	21.1	107	20.5	64	12.3
	散客	210	100	32	15.2	64	30.5	36	17.1	26	12.4
湖　北	小计	1 024	100	42	4.1	105	10.3	232	22.7	38	3.7
	团体	460	100	31	6.7	31	6.7	90	19.6	13	2.8
	散客	564	100	11	2.0	74	13.1	142	25.2	25	4.4
湖　南	小计	1 539	100	132	8.6	254	16.5	275	17.9	95	6.2
	团体	1 030	100	102	9.9	164	15.9	195	18.9	82	8.0
	散客	509	100	30	5.9	90	17.7	80	15.7	13	2.6
广　东	小计	4 255	100	264	6.2	586	13.8	867	20.4	160	3.8
	团体	641	100	126	19.7	58	9.0	111	17.3	16	2.5
	散客	3 614	100	138	3.8	528	14.6	756	20.9	144	4.0
广　西	小计	700	100	42	6.0	101	14.4	136	19.4	24	3.4
	团体	299	100	26	8.7	46	15.4	57	19.1	10	3.3
	散客	401	100	16	4.0	55	13.7	79	19.7	14	3.5
海　南	小计	900	100	36	4.0	84	9.3	273	30.3	35	3.9
	团体	367	100	11	3.0	31	8.4	100	27.2	14	3.8
	散客	533	100	25	4.7	53	9.9	173	32.5	21	3.9

商贸人员		服务员/推销员		退休人员		家庭妇女		军人		学生		其他	
(人)	(%)	(人)	(%)	(人)	(%)	(人)	(%)	(人)	(%)	(人)	(%)	(人)	(%)
291	27.0	42	3.9	72	6.7	68	6.3	10	0.9	44	4.1	37	3.3
37	15.7	9	3.8	44	18.6	21	8.9	4	1.7	17	7.2	12	5.1
254	30.1	33	3.9	28	3.3	47	5.6	6	0.7	27	3.2	25	3.0
353	20.4	41	2.4	131	7.6	97	5.6	3	0.2	48	2.8	167	9.6
80	11.5	25	3.6	100	14.3	73	10.5	2	0.3	33	4.7	66	9.5
273	26.5	16	1.6	31	3.0	24	2.3	1	0.1	15	1.5	101	9.7
232	25.6	18	2.0	100	11.0	71	7.8	3	0.3	60	6.7	75	8.3
49	16.1	7	2.3	63	20.7	38	12.5	1	0.3	20	6.6	28	9.2
183	30.4	11	1.8	37	6.2	33	5.5	2	0.3	40	6.7	47	7.9
153	21.9	22	3.1	66	9.4	47	6.7	3	0.4	44	6.3	104	14.9
58	17.7	15	4.6	46	14.0	29	8.8	1	0.3	23	7.0	43	13.1
95	25.5	7	1.9	20	5.4	18	4.8	2	0.5	21	5.6	61	16.5
294	22.3	34	2.6	123	9.3	115	8.7	3	0.2	98	7.4	46	3.5
57	12.4	12	2.6	84	18.3	58	12.6	1	0.2	58	12.6	17	3.7
237	27.6	22	2.6	39	4.5	57	6.6	2	0.2	40	4.7	29	3.3
75	10.2	39	5.3	42	5.7	24	3.3	9	1.2	30	4.1	17	2.4
50	9.6	32	6.1	34	6.5	22	4.2	7	1.3	27	5.2	12	2.3
25	11.9	7	3.3	8	3.8	2	1.0	2	1.0	3	1.4	5	2.4
218	21.3	14	1.4	137	13.4	51	5.0	1	0.1	88	8.5	98	9.5
86	18.7	7	1.5	103	22.4	29	6.3	1	0.2	28	6.2	41	8.9
132	23.4	7	1.2	34	6.0	22	3.9	0	0.0	60	10.6	57	10.2
267	17.3	82	5.3	143	9.3	122	7.9	5	0.3	69	4.5	95	6.2
125	12.1	66	6.4	117	11.4	101	9.8	4	0.4	36	3.5	38	3.7
142	27.9	16	3.1	26	5.1	21	4.1	1	0.2	33	6.5	57	11.2
1 140	26.8	182	4.3	227	5.3	256	6.0	30	0.7	285	6.6	258	6.1
82	12.8	20	3.1	60	9.4	71	11.1	5	0.8	59	9.2	33	5.1
1 058	29.3	162	4.5	167	4.6	185	5.1	25	0.7	226	6.3	225	6.2
100	14.3	33	4.7	58	8.3	44	6.3	0	0.0	50	7.2	112	16.0
30	10.0	11	3.7	39	13.0	21	7.0	0	0.0	25	8.4	34	11.4
70	17.5	22	5.5	19	4.7	23	5.7	0	0.0	25	6.2	78	19.5
135	15.0	19	2.1	88	9.8	60	6.7	7	0.8	64	7.1	99	11.0
43	11.7	11	3.0	35	9.5	33	9.0	3	0.8	30	8.3	56	15.3
92	17.3	8	1.5	53	9.9	27	5.1	4	0.8	34	6.3	43	8.1

7-11(续2)

		饭店及游船调查人数		政府工作人员		专业技术人员		职员		技工/工人	
		(人)	(%)	(人)	(%)	(人)	(%)	(人)	(%)	(人)	(%)
重庆	小计	600	100	52	8.7	73	12.2	96	16.0	16	2.7
	团体	284	100	26	9.2	21	7.4	35	12.3	6	2.1
	散客	316	100	26	8.2	52	16.5	61	19.3	10	3.2
四川	小计	3 039	100	140	4.6	461	15.2	605	19.9	180	5.9
	团体	1 620	100	111	6.9	173	10.7	341	21.0	54	3.3
	散客	1 419	100	29	2.0	288	20.3	264	18.6	126	8.9
贵州	小计	584	100	67	11.5	87	14.9	207	35.4	53	9.1
	团体	364	100	46	12.6	58	15.9	131	36.0	31	8.5
	散客	220	100	21	9.5	29	13.2	76	34.5	22	10.0
云南	小计	826	100	54	6.5	208	25.2	115	13.9	21	2.5
	团体	277	100	14	5.1	97	35.0	44	15.9	5	1.8
	散客	549	100	40	7.3	111	20.2	71	12.9	16	2.9
西藏	小计	500	100	13	2.6	71	14.2	92	18.4	106	21.2
	团体	413	100	10	2.4	63	15.3	81	19.6	85	20.6
	散客	87	100	3	3.4	8	9.2	11	12.6	21	24.2
陕西	小计	1 185	100	58	4.9	182	15.4	274	23.1	41	3.5
	团体	739	100	45	6.1	80	10.8	154	20.8	21	2.8
	散客	446	100	13	2.9	102	22.9	120	26.9	20	4.5
甘肃	小计	700	100	28	4.0	117	16.7	109	15.6	16	2.3
	团体	427	100	15	3.5	60	14.1	70	16.4	5	1.2
	散客	273	100	13	4.8	57	20.9	39	14.3	11	4.0
青海	小计	358	100	28	7.8	55	15.4	67	18.7	11	3.1
	团体	209	100	13	6.2	33	15.8	40	19.1	8	3.8
	散客	149	100	15	10.1	22	14.8	27	18.1	3	2.0
宁夏	小计	150	100	19	12.7	41	27.3	29	19.3	14	9.3
	团体	38	100	3	7.9	13	34.2	7	18.4	5	13.2
	散客	112	100	16	14.3	28	25.0	22	19.6	9	8.0
新疆	小计	600	100	25	4.2	98	16.3	162	27.0	132	22.0
	团体	227	100	17	7.5	61	26.9	70	30.8	36	15.9
	散客	373	100	8	2.1	37	9.9	92	24.7	96	25.7

商贸人员		服务员/推销员		退休人员		家庭妇女		军人		学生		其他	
(人)	(%)	(人)	(%)	(人)	(%)	(人)	(%)	(人)	(%)	(人)	(%)	(人)	(%)
104	17.3	20	3.3	56	9.3	32	5.3	2	0.3	52	8.7	97	16.2
32	11.3	12	4.2	48	16.8	24	8.5	2	0.7	24	8.5	54	19.0
72	22.8	8	2.5	8	2.5	8	2.5	0	0.0	28	8.9	43	13.6
533	17.5	107	3.5	267	8.8	231	7.6	17	0.6	277	9.1	221	7.3
200	12.3	66	4.1	207	12.8	155	9.6	10	0.6	176	10.9	127	7.8
333	23.5	41	2.9	60	4.2	76	5.4	7	0.5	101	7.1	94	6.6
40	6.8	4	0.7	46	7.9	9	1.5	2	0.3	42	7.2	27	4.7
11	3.0	3	0.8	38	10.5	7	1.9	1	0.3	20	5.6	18	4.9
29	13.2	1	0.5	8	3.6	2	0.9	1	0.5	22	10.0	9	4.1
155	18.8	45	5.4	45	5.4	36	4.4	0	0.0	70	8.6	77	9.3
31	11.2	6	2.2	22	7.9	12	4.3	0	0.0	27	9.7	19	6.9
124	22.6	39	7.1	23	4.2	24	4.4	0	0.0	43	7.8	58	10.6
86	17.2	66	13.2	26	5.2	12	2.4	4	0.8	15	3.0	9	1.8
71	17.2	49	11.9	21	5.1	8	1.9	3	0.7	13	3.1	9	2.2
15	17.3	17	19.6	5	5.7	4	4.6	1	1.1	2	2.3	0	0.0
144	12.2	47	4.0	164	13.7	95	8.0	1	0.1	83	7.0	96	8.1
69	9.3	25	3.4	136	18.4	77	10.5	1	0.1	69	9.3	62	8.5
75	16.8	22	4.9	28	6.3	18	4.0	0	0.0	14	3.1	34	7.7
111	15.9	17	2.4	103	14.7	35	5.0	1	0.1	90	12.9	73	10.4
77	18.0	11	2.6	89	20.8	27	6.3	0	0.0	40	9.4	33	7.7
34	12.5	6	2.2	14	5.1	8	2.9	1	0.4	50	18.3	40	14.6
68	19.0	7	2.0	33	9.2	14	3.9	1	0.3	21	5.9	53	14.7
41	19.6	4	1.9	24	11.5	10	4.8	1	0.5	15	7.2	20	9.6
27	18.1	3	2.0	9	6.0	4	2.7	0	0.0	6	4.0	33	22.2
26	17.3	2	1.3	4	2.7	4	2.7	1	0.7	3	2.0	7	4.7
6	15.8	0	0.0	0	0.0	0	0.0	0	0.0	2	5.3	2	5.2
20	17.9	2	1.8	4	3.6	4	3.6	1	0.9	1	0.9	5	4.4
61	10.2	24	4.0	41	6.8	17	2.8	5	0.8	22	3.7	13	2.2
7	3.1	8	3.5	15	6.6	5	2.2	1	0.4	1	0.4	6	2.7
54	14.5	16	4.3	26	7.0	12	3.2	4	1.1	21	5.6	7	1.9

7－12　2014年饭店调查入境游客人数及所占比重

		饭店及游船调查人数		观光游览		休闲度假		探亲访友	
		（人）	（%）	（人）	（%）	（人）	（%）	（人）	（%）
北京	小计	1 898	100	639	33.7	346	18.2	90	4.7
	团体	832	100	503	60.5	175	21.0	16	1.9
	散客	1 066	100	136	12.8	171	16.0	74	6.9
天津	小计	500	100	99	19.8	77	15.4	47	9.4
	团体	172	100	52	30.2	29	16.9	9	5.2
	散客	328	100	47	14.3	48	14.6	38	11.6
河北	小计	1 346	100	375	27.9	327	24.3	66	4.9
	团体	464	100	211	45.5	185	39.8	10	2.2
	散客	882	100	164	18.6	142	16.1	56	6.3
山西	小计	695	100	328	47.2	202	29.1	37	5.3
	团体	382	100	204	53.3	111	29.1	19	5.0
	散客	313	100	124	39.6	91	29.1	18	5.8
内蒙古	小计	491	100	61	12.4	79	16.1	26	5.3
	团体	178	100	23	12.9	18	10.1	2	1.1
	散客	313	100	38	12.1	61	19.5	24	7.7
辽宁	小计	1 538	100	401	26.1	401	26.1	140	9.1
	团体	753	100	301	40.0	288	38.2	75	10.0
	散客	785	100	100	12.7	113	14.4	65	8.3
吉林	小计	510	100	227	44.5	66	12.9	24	4.7
	团体	308	100	183	59.4	61	19.8	3	1.0
	散客	202	100	44	21.8	5	2.5	21	10.4
黑龙江	小计	700	100	261	37.3	169	24.1	36	5.1
	团体	443	100	211	47.6	108	24.4	2	0.5
	散客	257	100	50	19.5	61	23.7	34	13.2
上海	小计	1 800	100	336	18.7	278	15.4	109	6.1
	团体	212	100	118	55.7	42	19.8	4	1.9
	散客	1 588	100	218	13.7	236	14.9	105	6.6
江苏	小计	1 123	100	291	25.9	154	13.7	44	3.9
	团体	261	100	165	63.3	51	19.6	6	2.3
	散客	862	100	126	14.6	103	11.9	38	4.4

（按省〈区、市〉、旅游目的、团体及散客分组）

商务		会议		宗教朝拜		文化/体育/科技交流		购物		医疗保健		其他	
（人）	（%）	（人）	（%）	（人）	（%）	（人）	（%）	（人）	（%）	（人）	（%）	（人）	（%）
405	21.3	265	14.0	11	0.6	60	3.2	23	1.2	9	0.5	50	2.6
61	7.3	14	1.7	8	1.0	25	3.0	14	1.7	3	0.4	13	1.5
344	32.3	251	23.5	3	0.3	35	3.3	9	0.8	6	0.6	37	3.5
125	25.0	61	12.2	5	1.0	35	7.0	21	4.2	9	1.8	21	4.2
24	14.0	10	5.8	3	1.7	16	9.3	9	5.2	6	3.5	14	8.2
101	30.8	51	15.5	2	0.6	19	5.8	12	3.7	3	0.9	7	2.2
364	27.0	92	6.8	11	0.8	40	3.0	5	0.4	3	0.2	63	4.7
27	5.8	10	2.2	6	1.3	7	1.5	2	0.4	0	0.0	6	1.3
337	38.2	82	9.3	5	0.6	33	3.7	3	0.3	3	0.3	57	6.6
53	7.6	18	2.6	23	3.3	17	2.4	12	1.7	1	0.1	4	0.7
17	4.4	7	1.8	9	2.4	8	2.1	6	1.6	0	0.0	1	0.3
36	11.5	11	3.5	14	4.5	9	2.8	6	1.9	1	0.3	3	1.0
82	16.7	26	5.3	4	0.8	7	1.4	179	36.5	9	1.8	18	3.7
3	1.7	3	1.7	0	0.0	1	0.6	128	71.9	0	0.0	0	0.0
79	25.2	23	7.3	4	1.3	6	1.9	51	16.3	9	2.9	18	5.8
323	21.0	87	5.7	3	0.2	75	4.9	5	0.3	51	3.3	52	3.3
46	6.1	17	2.3	3	0.4	7	0.9	1	0.1	6	0.8	9	1.2
277	35.3	70	8.9	0	0.0	68	8.7	4	0.5	45	5.7	43	5.5
67	13.1	28	5.5	10	2.0	51	10.0	10	2.0	10	2.0	17	3.3
16	5.2	0	0.0	4	1.3	18	5.8	8	2.6	8	2.6	7	2.3
51	25.2	28	13.8	6	3.0	33	16.3	2	1.0	2	1.0	10	5.0
98	14.0	24	3.4	0	0.0	28	4.0	61	8.8	13	1.9	10	1.4
21	4.7	5	1.1	0	0.0	16	3.6	61	13.8	13	2.9	6	1.4
77	30.0	19	7.4	0	0.0	12	4.7	0	0.0	0	0.0	4	1.5
725	40.3	257	14.3	0	0.0	49	2.7	14	0.8	6	0.3	26	1.4
19	9.0	10	4.7	0	0.0	9	4.2	2	0.9	1	0.5	7	3.3
706	44.5	247	15.5	0	0.0	40	2.5	12	0.8	5	0.3	19	1.2
358	31.9	163	14.5	5	0.4	64	5.7	7	0.6	10	0.9	27	2.5
11	4.2	11	4.2	3	1.1	9	3.4	5	1.9	0	0.0	0	0.0
347	40.3	152	17.6	2	0.2	55	6.4	2	0.2	10	1.2	27	3.2

7-12(续1)

		饭店及游船调查人数		观光游览		休闲度假		探亲访友	
		(人)	(%)	(人)	(%)	(人)	(%)	(人)	(%)
浙江	小计	1 079	100	309	28.6	189	17.5	63	5.8
	团体	236	100	134	56.8	44	18.6	12	5.1
	散客	843	100	175	20.8	145	17.2	51	6.0
安徽	小计	1 729	100	522	30.2	417	24.1	86	5.0
	团体	697	100	354	50.8	219	31.4	30	4.3
	散客	1 032	100	168	16.3	198	19.2	56	5.4
福建	小计	905	100	266	29.4	150	16.6	124	13.7
	团体	304	100	157	51.6	71	23.5	25	8.2
	散客	601	100	109	18.1	79	13.1	99	16.5
江西	小计	700	100	296	42.3	124	17.7	47	6.7
	团体	328	100	221	67.4	74	22.6	5	1.6
	散客	372	100	75	20.2	50	13.5	42	11.3
山东	小计	1 320	100	444	33.6	240	18.2	76	5.8
	团体	460	100	280	60.9	119	25.9	7	1.5
	散客	860	100	164	19.1	121	14.1	69	8.0
河南	小计	732	100	316	43.2	225	30.7	30	4.1
	团体	522	100	251	48.1	149	28.4	17	3.3
	散客	210	100	65	31.0	76	36.2	13	6.2
湖北	小计	1 024	100	349	34.1	155	15.1	60	5.9
	团体	460	100	241	52.4	83	18.0	15	3.3
	散客	564	100	108	19.1	72	12.8	45	8.0
湖南	小计	1 539	100	702	45.6	397	25.8	98	6.4
	团体	1 030	100	601	58.3	333	32.3	26	2.5
	散客	509	100	101	19.8	64	12.6	72	14.1
广东	小计	4 255	100	841	19.8	696	16.4	508	11.9
	团体	641	100	361	56.3	134	20.9	29	4.5
	散客	3 614	100	480	13.3	562	15.6	479	13.3
广西	小计	700	100	319	45.6	174	24.8	43	6.1
	团体	299	100	190	63.4	87	29.1	8	2.7
	散客	401	100	129	32.2	87	21.7	35	8.7
海南	小计	900	100	202	22.4	393	43.6	72	8.0
	团体	367	100	125	34.1	181	49.3	24	6.5
	散客	533	100	77	14.4	212	39.8	48	9.0

商务		会议		宗教朝拜		文化/体育/科技交流		购物		医疗保健		其他	
(人)	(%)	(人)	(%)	(人)	(%)	(人)	(%)	(人)	(%)	(人)	(%)	(人)	(%)
381	35.3	67	6.2	8	0.7	23	2.1	5	0.5	5	0.5	29	2.8
21	8.9	11	4.7	5	2.1	3	1.3	1	0.4	0	0.0	5	2.1
360	42.7	56	6.6	3	0.4	20	2.4	4	0.5	5	0.6	24	2.8
412	23.8	42	2.4	41	2.4	118	6.8	7	0.4	18	1.0	66	3.9
36	5.2	4	0.6	21	3.0	16	2.3	2	0.3	8	1.1	7	1.0
376	36.4	38	3.7	20	1.9	102	9.9	5	0.5	10	1.0	59	5.7
228	25.2	50	5.5	29	3.2	18	2.0	2	0.2	4	0.4	34	3.8
8	2.6	5	1.6	21	6.9	4	1.3	2	0.7	3	1.0	8	2.6
220	36.6	45	7.5	8	1.3	14	2.3	0	0.0	1	0.2	26	4.4
140	20.0	23	3.3	8	1.1	10	1.4	3	0.4	6	0.9	43	6.2
6	1.8	2	0.6	3	0.9	6	1.8	0	0.0	1	0.3	10	3.0
134	36.0	21	5.6	5	1.3	4	1.1	3	0.8	5	1.3	33	8.9
367	27.8	102	7.7	3	0.2	51	3.9	4	0.3	3	0.2	30	2.3
21	4.6	8	1.7	2	0.4	11	2.4	2	0.4	3	0.7	7	1.5
346	40.2	94	10.9	1	0.1	40	4.7	2	0.2	0	0.0	23	2.7
62	8.5	31	4.2	54	7.4	9	1.2	1	0.1	2	0.3	2	0.3
34	6.5	23	4.4	41	7.9	5	1.0	0	0.0	2	0.4	0	0.0
28	13.2	8	3.8	13	6.2	4	1.9	1	0.5	0	0.0	2	1.0
175	17.1	131	12.7	20	2.0	99	9.7	1	0.1	3	0.3	31	3.0
47	10.3	43	9.3	10	2.2	19	4.1	1	0.2	1	0.2	0	0.0
128	22.7	88	15.6	10	1.8	80	14.2	0	0.0	2	0.4	31	5.4
187	12.2	55	3.6	13	0.8	46	3.0	1	0.1	2	0.1	38	2.4
28	2.7	14	1.4	7	0.7	11	1.1	1	0.1	0	0.0	9	0.9
159	31.2	41	8.1	6	1.2	35	6.9	0	0.0	2	0.4	29	5.7
1 235	29.0	451	10.6	53	1.2	143	3.4	97	2.3	36	0.8	195	4.6
39	6.1	21	3.3	9	1.4	12	1.9	13	2.0	2	0.3	21	3.3
1 196	33.1	430	11.9	44	1.2	131	3.6	84	2.3	34	0.9	174	4.8
72	10.3	27	3.9	0	0.0	21	3.0	9	1.3	1	0.1	34	4.9
2	0.7	3	1.0	0	0.0	5	1.7	2	0.7	0	0.0	2	0.7
70	17.5	24	6.0	0	0.0	16	4.0	7	1.7	1	0.2	32	8.0
88	9.8	90	10.0	5	0.6	16	1.8	3	0.3	14	1.6	17	1.9
7	1.9	12	3.3	2	0.5	4	1.1	1	0.3	8	2.2	3	0.8
81	15.2	78	14.6	3	0.6	12	2.3	2	0.4	6	1.1	14	2.6

7－12(续2)

		饭店及游船调查人数		观光游览		休闲度假		探亲访友	
		(人)	(%)	(人)	(%)	(人)	(%)	(人)	(%)
重庆	小计	600	100	194	32.3	155	25.8	24	4.0
	团体	284	100	132	46.4	88	30.9	7	2.5
	散客	316	100	62	19.6	67	21.2	17	5.4
四川	小计	3 039	100	1 405	46.2	479	15.8	105	3.5
	团体	1 620	100	1 070	66.0	326	20.2	34	2.1
	散客	1 419	100	335	23.6	153	10.8	71	5.0
贵州	小计	584	100	410	70.2	118	20.1	12	2.1
	团体	364	100	282	77.5	71	19.5	4	1.2
	散客	220	100	128	58.2	47	21.3	8	3.6
云南	小计	826	100	375	45.4	199	24.1	29	3.5
	团体	277	100	158	57.0	84	30.3	0	0.0
	散客	549	100	217	39.5	115	20.9	29	5.3
西藏	小计	500	100	208	41.6	110	22.0	51	10.2
	团体	413	100	166	40.2	92	22.2	42	10.2
	散客	87	100	42	48.3	18	20.8	9	10.3
陕西	小计	1 185	100	689	58.1	239	20.2	37	3.1
	团体	739	100	525	71.0	151	20.4	17	2.3
	散客	446	100	164	36.8	88	19.7	20	4.5
甘肃	小计	700	100	357	51.0	255	36.5	6	0.9
	团体	427	100	220	51.6	170	39.8	1	0.2
	散客	273	100	137	50.2	85	31.1	5	1.8
青海	小计	358	100	181	50.6	83	23.1	4	1.1
	团体	209	100	123	58.9	42	20.1	2	1.0
	散客	149	100	58	38.9	41	27.5	2	1.3
宁夏	小计	150	100	26	17.3	30	20.0	8	5.3
	团体	38	100	11	28.9	12	31.6	0	0.0
	散客	112	100	15	13.4	18	16.1	8	7.1
新疆	小计	600	100	188	31.3	164	27.3	57	9.5
	团体	227	100	91	40.1	68	30.0	34	15.0
	散客	373	100	97	26.0	96	25.7	23	6.2

商务		会议		宗教朝拜		文化/体育/科技交流		购物		医疗保健		其他	
(人)	(%)	(人)	(%)	(人)	(%)	(人)	(%)	(人)	(%)	(人)	(%)	(人)	(%)
105	17.5	53	8.8	4	0.7	9	1.5	3	0.5	0	0.0	53	8.9
13	4.6	9	3.2	3	1.1	3	1.1	1	0.4	0	0.0	28	9.8
92	29.2	44	13.9	1	0.3	6	1.9	2	0.6	0	0.0	25	7.9
644	21.1	193	6.4	25	0.8	108	3.6	18	0.6	18	0.6	44	1.4
84	5.2	26	1.6	14	0.9	38	2.3	15	0.9	5	0.3	8	0.5
560	39.5	167	11.8	11	0.8	70	4.9	3	0.2	13	0.9	36	2.5
20	3.4	15	2.6	1	0.2	7	1.2	0	0.0	0	0.0	1	0.2
2	0.5	3	0.8	0	0.0	2	0.5	0	0.0	0	0.0	0	0.0
18	8.1	12	5.5	1	0.5	5	2.3	0	0.0	0	0.0	1	0.5
77	9.3	55	6.7	16	1.9	55	6.7	5	0.6	2	0.2	13	1.6
8	2.9	3	1.1	1	0.4	20	7.2	0	0.0	0	0.0	3	1.1
69	12.6	52	9.5	15	2.7	35	6.4	5	0.9	2	0.4	10	1.8
39	7.8	17	3.4	32	6.4	13	2.6	8	1.6	12	2.4	10	2.0
33	8.0	15	3.6	27	6.5	11	2.7	7	1.7	11	2.7	9	2.2
6	6.9	2	2.3	5	5.8	2	2.3	1	1.1	1	1.1	1	1.1
121	10.2	56	4.7	4	0.3	21	1.8	5	0.4	3	0.3	10	0.9
18	2.4	5	0.7	2	0.3	10	1.4	4	0.5	2	0.3	5	0.7
103	23.2	51	11.4	2	0.4	11	2.5	1	0.2	1	0.2	5	1.1
26	3.7	22	3.1	3	0.4	17	2.4	0	0.0	0	0.0	14	2.0
9	2.1	9	2.1	1	0.2	9	2.1	0	0.0	0	0.0	8	1.9
17	6.3	13	4.8	2	0.7	8	2.9	0	0.0	0	0.0	6	2.2
47	13.1	20	5.6	5	1.4	11	3.1	0	0.0	1	0.3	6	1.7
21	10.0	10	4.8	4	1.9	4	1.9	0	0.0	0	0.0	3	1.4
26	17.5	10	6.7	1	0.7	7	4.7	0	0.0	1	0.7	3	2.0
41	27.3	22	14.8	0	0.0	14	9.3	0	0.0	1	0.7	8	5.3
10	26.3	3	7.9	0	0.0	0	0.0	0	0.0	0	0.0	2	5.3
31	27.7	19	17.0	0	0.0	14	12.5	0	0.0	1	0.9	6	5.3
175	29.1	10	1.7	1	0.2	0	0.0	1	0.2	1	0.2	3	0.5
28	12.3	5	2.2	1	0.4	0	0.0	0	0.0	0	0.0	0	0.0
147	39.4	5	1.3	0	0.0	0	0.0	1	0.3	1	0.3	3	0.8

7－13　2014年饭店调查外国游客

	饭店及游船调查人数	日　本	菲律宾	泰　国	新加坡	印度尼西亚	马来西亚
北　京	1 666	284	14	37	67	27	39
天　津	375	98	6	6	26	5	9
河　北	1 052	116	18	19	52	7	26
山　西	570	69	4	10	26	2	14
内蒙古	417	17	2	1	10	2	5
辽　宁	1 309	273	12	16	39	8	23
吉　林	434	43	1	24	14	4	4
黑龙江	563	28	2	6	17	1	1
上　海	1 516	406	8	30	68	8	33
江　苏	789	227	3	15	46	7	45
浙　江	842	294	5	11	32	2	11
安　徽	1 545	175	9	13	54	4	34
福　建	482	76	24	11	71	8	50
江　西	410	48	1	11	19	2	14
山　东	925	265	4	5	51	2	13
河　南	527	50	5	7	24	6	11
湖　北	602	91	9	11	32	2	10
湖　南	1 316	205	8	15	38	6	31
广　东	2 402	385	45	181	211	114	156
广　西	422	24	4	8	16	7	33
海　南	711	56	2	25	43	15	35
重　庆	351	33	7	15	35	0	11
四　川	2 177	265	17	58	134	36	74
贵　州	296	51	16	18	21	2	14
云　南	672	51	23	87	86	33	48
西　藏	440	6	9	8	14	15	11
陕　西	986	107	3	12	26	1	16
甘　肃	450	65	3	6	16	2	10
青　海	265	35	1	5	15	2	10
宁　夏	120	43	0	1	5	3	4
新　疆	521	7	3	5	4	3	3

人数（按省〈区、市〉、国别分组）

单位：人

韩 国	朝 鲜	蒙 古	印 度	越 南	缅 甸	哈萨克斯坦	英 国	法 国
235	14	10	13	7	6	16	89	112
77	5	5	6	3	3	2	10	14
94	6	13	30	7	9	9	47	65
170	2	8	4	1	0	0	75	76
12	1	139	2	0	0	1	9	9
270	69	9	7	7	6	4	70	36
150	15	2	3	1	0	3	7	8
42	2	3	3	0	0	1	3	5
156	7	1	33	5	2	1	61	96
116	3	0	16	4	2	1	30	29
132	3	1	12	2	0	1	40	47
409	2	1	12	0	0	2	177	137
33	1	0	9	2	0	0	21	18
115	7	2	8	1	0	1	15	11
239	9	0	15	0	0	1	51	50
73	3	1	4	9	5	21	20	44
76	1	1	16	7	2	1	31	50
431	5	0	7	7	3	1	142	135
150	15	11	82	38	15	4	82	79
34	0	0	0	130	0	2	13	19
53	11	1	12	4	1	47	19	26
38	0	0	6	3	1	0	18	24
448	31	12	36	29	12	13	116	88
20	1	0	1	0	1	0	19	18
90	3	2	14	10	28	0	45	28
19	9	3	15	8	8	6	19	19
166	8	3	24	6	5	2	56	92
80	0	5	4	1	1	1	33	47
39	6	2	2	1	2	2	8	29
2	0	0	1	1	0	0	6	14
9	3	3	5	4	5	54	5	8

7-13(续1)

	饭店及游船调查人数	德　国	西班牙	意大利	荷　兰	瑞　典	俄罗斯
北　京	1 666	64	23	31	43	39	102
天　津	375	13	6	7	5	8	7
河　北	1 052	79	9	37	20	8	181
山　西	570	14	5	7	1	1	9
内蒙古	417	9	3	9	4	1	136
辽　宁	1 309	50	14	16	22	10	156
吉　林	434	2	3	3	2	9	95
黑龙江	563	5	5	8	0	3	381
上　海	1 516	82	27	52	24	11	29
江　苏	789	35	5	16	9	8	21
浙　江	842	22	8	29	11	6	27
安　徽	1 545	52	4	7	16	15	153
福　建	482	14	3	10	11	8	5
江　西	410	13	3	6	11	7	10
山　东	925	38	2	11	11	6	21
河　南	527	10	24	11	23	19	35
湖　北	602	41	9	16	13	10	26
湖　南	1 316	22	2	7	7	10	4
广　东	2 402	69	38	55	52	24	42
广　西	422	6	9	8	5	8	14
海　南	711	40	4	12	6	9	155
重　庆	351	33	6	9	7	8	13
四　川	2 177	103	49	50	51	29	48
贵　州	296	16	1	6	10	4	2
云　南	672	12	2	9	18	8	14
西　藏	440	33	20	18	14	11	15
陕　西	986	67	19	23	17	28	16
甘　肃	450	17	5	6	9	7	17
青　海	265	15	2	11	2	5	6
宁　夏	120	10	1	4	2	0	1
新　疆	521	2	3	4	6	7	129

瑞　士	乌克兰	美　国	加拿大	澳大利亚	新西兰	非洲国家	中南美洲国家	其他国家
44	30	140	61	53	27	11	6	22
2	3	12	11	12	7	2	2	3
14	9	57	38	23	12	13	2	32
4	2	29	17	10	4	3	1	2
4	0	17	3	6	0	3	0	12
10	0	80	26	24	12	9	2	29
3	0	19	9	1	2	4	1	2
3	10	9	10	7	4	2	0	2
24	4	184	43	37	17	18	2	47
2	1	90	17	20	7	3	1	10
7	7	64	7	14	7	5	14	21
8	9	124	35	30	27	5	3	28
3	6	31	16	12	9	6	1	23
4	3	30	22	11	18	4	5	8
6	2	64	14	19	6	6	2	12
18	5	53	14	11	8	0	1	12
12	6	60	29	18	10	9	2	1
10	2	117	30	41	14	5	0	11
31	23	156	108	88	43	35	11	59
3	1	27	17	6	6	2	3	17
4	15	42	15	14	19	19	0	7
10	2	33	9	17	4	3	0	6
27	30	187	79	62	32	30	9	22
9	0	46	7	10	2	0	0	1
6	0	34	11	6	2	2	0	0
10	9	39	15	19	17	16	10	25
17	8	121	48	40	14	7	7	27
7	4	31	29	19	15	3	4	3
4	3	17	7	5	5	3	1	20
1	0	13	5	0	2	0	0	1
3	66	2	2	2	2	2	2	168

7－14 2014年饭店调查入境游客人数及所占比重

（按城市、外国人、港澳台胞分组）

	饭店及游船调查人数		外国人		香港同胞		澳门同胞		台湾同胞	
	（人）	（%）	（人）	（%）	（人）	（%）	（人）	（%）	（人）	（%）
北　京	1 898	100	1 668	87.9	100	5.3	35	1.8	95	5.0
天　津	500	100	394	78.8	44	8.8	22	4.4	40	8.0
石家庄	200	100	145	72.5	34	17.0	8	4.0	13	6.5
唐　山	180	100	147	81.7	17	9.4	0	0.0	16	8.9
秦皇岛	299	100	254	84.9	14	4.7	12	4.0	19	6.4
保　定	200	100	147	73.5	25	12.5	12	6.0	16	8.0
承　德	317	100	276	87.1	8	2.5	6	1.9	27	8.5
廊　坊	150	100	130	86.7	3	2.0	8	5.3	9	6.0
太　原	148	100	144	97.3	3	2.0	1	0.7	0	0.0
大　同	100	100	87	87.0	7	7.0	0	0.0	6	6.0
晋　城	100	100	99	99.0	0	0.0	0	0.0	1	1.0
晋　中	150	100	143	95.3	4	2.7	2	1.3	1	0.7
运　城	100	100	26	26.0	23	23.0	19	19.0	32	32.0
忻　州	97	100	80	82.5	8	8.2	3	3.1	6	6.2
呼和浩特	130	100	95	73.1	14	10.8	9	6.9	12	9.2
满洲里	131	100	131	100.0	0	0.0	0	0.0	0	0.0
二连浩特	130	100	130	100.0	0	0.0	0	0.0	0	0.0
包　头	100	100	66	66.0	17	17.0	1	1.0	16	16.0
沈　阳	120	100	101	84.2	8	6.7	0	0.0	11	9.1
大　连	204	100	162	79.4	20	9.8	10	4.9	12	5.9
鞍　山	170	100	167	98.2	1	0.6	1	0.6	1	0.6
抚　顺	118	100	107	90.7	4	3.4	5	4.2	2	1.7
本　溪	295	100	210	71.2	14	4.7	21	7.1	50	17.0
丹　东	177	100	172	97.2	2	1.1	1	0.6	2	1.1
锦　州	40	100	36	90.0	2	5.0	1	2.5	1	2.5
营　口	175	100	172	98.3	2	1.1	0	0.0	1	0.6

7－14(续1)

	饭店及游船调查人数		外国人		香港同胞		澳门同胞		台湾同胞	
	(人)	(%)	(人)	(%)	(人)	(%)	(人)	(%)	(人)	(%)
盘　　锦	140	100	105	75.0	16	11.4	11	7.9	8	5.7
葫 芦 岛	99	100	82	82.8	2	2.0	7	7.1	8	8.1
长　　春	110	100	90	81.8	12	10.9	3	2.7	5	4.6
吉　　林	100	100	100	100.0	0	0.0	0	0.0	0	0.0
通　　化	100	100	72	72.0	11	11.0	4	4.0	13	13.0
松　　原	100	100	83	83.0	5	5.0	5	5.0	7	7.0
延　　吉	100	100	93	93.0	0	0.0	2	2.0	5	5.0
哈 尔 滨	200	100	161	80.5	20	10.0	3	1.5	16	8.0
齐齐哈尔	100	100	8	8.0	10	10.0	0	0.0	82	82.0
大　　庆	100	100	94	94.0	6	6.0	0	0.0	0	0.0
佳 木 斯	100	100	100	100.0	0	0.0	0	0.0	0	0.0
牡 丹 江	200	100	200	100.0	0	0.0	0	0.0	0	0.0
上　　海	1 800	100	1 516	84.2	138	7.7	34	1.9	112	6.2
南　　京	350	100	276	78.9	24	6.9	5	1.4	45	12.8
无　　锡	213	100	127	59.6	37	17.4	6	2.8	43	20.2
苏　　州	340	100	238	70.0	35	10.3	6	1.8	61	17.9
南　　通	110	100	74	67.3	8	7.3	4	3.6	24	21.8
扬　　州	110	100	74	67.3	14	12.7	3	2.7	19	17.3
杭　　州	501	100	428	85.4	41	8.2	7	1.4	25	5.0
宁　　波	278	100	183	65.8	56	20.1	15	5.4	24	8.7
温　　州	100	100	84	84.0	9	9.0	1	1.0	6	6.0
绍　　兴	100	100	82	82.0	9	9.0	3	3.0	6	6.0
金　　华	100	100	89	89.0	7	7.0	0	0.0	4	4.0
合　　肥	250	100	243	97.2	5	2.0	0	0.0	2	0.8
芜　　湖	220	100	206	93.6	4	1.8	0	0.0	10	4.6
马 鞍 山	140	100	140	100.0	0	0.0	0	0.0	0	0.0
铜　　陵	100	100	92	92.0	2	2.0	1	1.0	5	5.0

7－14(续2)

	饭店及游船调查人数		外国人		香港同胞		澳门同胞		台湾同胞	
	(人)	(%)	(人)	(%)	(人)	(%)	(人)	(%)	(人)	(%)
安　庆	160	100	145	90.6	2	1.3	1	0.6	12	7.5
黄　山	340	100	267	78.5	21	6.2	18	5.3	34	10.0
滁　州	120	100	112	93.3	6	5.0	0	0.0	2	1.7
亳　州	100	100	83	83.0	13	13.0	1	1.0	3	3.0
池　州	200	100	177	88.5	14	7.0	3	1.5	6	3.0
宣　城	99	100	86	86.9	6	6.1	3	3.0	4	4.0
福　州	240	100	112	46.7	26	10.8	9	3.8	93	38.7
厦　门	325	100	223	68.6	48	14.8	10	3.1	44	13.5
泉　州	140	100	55	39.3	41	29.3	22	15.7	22	15.7
漳　州	100	100	42	42.0	21	21.0	5	5.0	32	32.0
武夷山	100	100	50	50.0	22	22.0	3	3.0	25	25.0
南　昌	120	100	75	62.5	14	11.7	13	10.8	18	15.0
景德镇	110	100	56	50.9	27	24.5	11	10.0	16	14.6
九　江	120	100	72	60.0	14	11.7	11	9.2	23	19.1
鹰　潭	110	100	81	73.6	16	14.5	3	2.7	10	9.2
赣　州	120	100	57	47.5	32	26.7	8	6.7	23	19.1
吉　安	120	100	71	59.2	22	18.3	5	4.2	22	18.3
济　南	184	100	111	60.3	51	27.7	7	3.8	15	8.2
青　岛	351	100	281	80.1	30	8.5	15	4.3	25	7.1
烟　台	150	100	90	60.0	26	17.3	4	2.7	30	20.0
潍　坊	125	100	71	56.8	22	17.6	10	8.0	22	17.6
曲　阜	170	100	135	79.4	12	7.1	8	4.7	15	8.8
泰　安	147	100	118	80.3	10	6.8	0	0.0	19	12.9
威　海	114	100	103	90.4	2	1.8	0	0.0	9	7.8
日　照	79	100	42	53.2	14	17.7	11	13.9	12	15.2
郑　州	250	100	177	70.8	35	14.0	15	6.0	23	9.2
开　封	154	100	126	81.8	21	13.6	2	1.3	5	3.3
洛　阳	178	100	155	87.1	17	9.6	1	0.6	5	2.7
三门峡	150	100	75	50.0	22	14.7	8	5.3	45	30.0
武　汉	451	100	218	48.3	104	23.1	24	5.3	105	23.3

7－14(续3)

	饭店及游船调查人数		外国人		香港同胞		澳门同胞		台湾同胞	
	(人)	(%)	(人)	(%)	(人)	(%)	(人)	(%)	(人)	(%)
十　　堰	101	100	41	40.6	29	28.7	10	9.9	21	20.8
宜　　昌	127	100	112	88.2	7	5.5	0	0.0	8	6.3
襄　　阳	107	100	91	85.0	5	4.7	6	5.6	5	4.7
荆　　州	101	100	40	39.6	31	30.7	10	9.9	20	19.8
湖北游船	137	100	102	74.5	15	10.9	6	4.4	14	10.2
长　　沙	449	100	375	83.5	34	7.6	14	3.1	26	5.8
湘　　潭	180	100	127	70.6	26	14.4	6	3.3	21	11.7
衡　　阳	180	100	151	83.9	19	10.6	6	3.3	4	2.2
岳　　阳	231	100	177	76.6	21	9.1	3	1.3	30	13.0
张 家 界	499	100	499	100.0	0	0.0	0	0.0	0	0.0
广　　州	1 403	100	833	59.4	362	25.8	119	8.5	89	6.3
深　　圳	1 419	100	709	50.0	600	42.3	10	0.7	100	7.0
汕　　头	375	100	234	62.4	57	15.2	46	12.3	38	10.1
佛　　山	270	100	170	63.0	48	17.8	22	8.1	30	11.1
江　　门	230	100	120	52.2	49	21.3	35	15.2	26	11.3
湛　　江	237	100	130	54.9	56	23.6	30	12.7	21	8.8
惠　　州	21	100	20	95.2	1	4.8	0	0.0	0	0.0
东　　莞	300	100	215	71.7	40	13.3	8	2.7	37	12.3
桂　　林	200	100	151	75.5	14	7.0	6	3.0	29	14.5
梧　　州	100	100	20	20.0	40	40.0	20	20.0	20	20.0
北　　海	100	100	70	70.0	16	16.0	4	4.0	10	10.0
防 城 港	100	100	89	89.0	8	8.0	3	3.0	0	0.0
贺　　州	100	100	35	35.0	25	25.0	20	20.0	20	20.0
崇　　左	100	100	57	57.0	17	17.0	9	9.0	17	17.0
海　　口	300	100	225	75.0	34	11.3	15	5.0	26	8.7
三　　亚	600	100	493	82.2	38	6.3	27	4.5	42	7.0
重　　庆	500	100	349	69.8	66	13.2	35	7.0	50	10.0
重庆游船	100	100	68	68.0	20	20.0	8	8.0	4	4.0

7－14(续4)

	饭店及游船调查人数		外国人		香港同胞		澳门同胞		台湾同胞	
	（人）	（%）	（人）	（%）	（人）	（%）	（人）	（%）	（人）	（%）
成　　都	1 201	100	884	73.6	127	10.6	57	4.7	133	11.1
绵　　阳	638	100	445	69.7	61	9.6	22	3.4	110	17.3
乐　　山	700	100	482	68.9	64	9.1	22	3.1	132	18.9
阿　　坝	500	100	410	82.0	41	8.2	14	2.8	35	7.0
贵　　阳	395	100	193	48.9	106	26.8	18	4.6	78	19.7
安　　顺	98	100	38	38.8	13	13.3	5	5.1	42	42.8
黔 东 南	91	100	67	73.6	13	14.3	1	1.1	10	11.0
昆　　明	731	100	588	80.4	73	10.0	36	4.9	34	4.7
景　　洪	44	100	44	100.0	0	0.0	0	0.0	0	0.0
大　　理	51	100	45	88.2	2	3.9	0	0.0	4	7.9
拉　　萨	500	100	441	88.2	16	3.2	20	4.0	23	4.6
西　　安	1 126	100	953	84.6	71	6.3	21	1.9	81	7.2
咸　　阳	59	100	57	96.6	2	3.4	0	0.0	0	0.0
兰　　州	300	100	182	60.7	39	13.0	39	13.0	40	13.3
敦　　煌	400	100	268	67.0	53	13.3	32	8.0	47	11.7
西　　宁	160	100	136	85.0	10	6.3	3	1.9	11	6.8
黄　　南	100	100	91	91.0	3	3.0	1	1.0	5	5.0
格 尔 木	98	100	72	73.5	23	23.5	1	1.0	2	2.0
银　　川	150	100	132	88.0	6	4.0	4	2.7	8	5.3
乌鲁木齐	200	100	178	89.0	3	1.5	4	2.0	15	7.5
吐 鲁 番	100	100	81	81.0	6	6.0	2	2.0	11	11.0
库 尔 勒	100	100	95	95.0	1	1.0	4	4.0	0	0.0
喀　　什	100	100	86	86.0	4	4.0	4	4.0	6	6.0
伊　　宁	100	100	81	81.0	5	5.0	2	2.0	12	12.0

下　　篇

国内旅游抽样调查资料

第一部分

综 合 分 析 报 告

2014 年中国国内旅游抽样调查综合分析报告

由国家旅游局政策法规司与国家统计局社情民意调查中心合作，在我国大陆地区开展的国内旅游抽样调查结果表明，2014 年我国国内旅游市场继续保持较快增长。据测算，全年国内旅游人数 36.11 亿人次，国内旅游收入达 3.03 万亿元。

——国内旅游总人数 36.11 亿人次，比上年增长 10.7%；

——国内旅游总收入 30311.86 亿元，增长 15.4%；

——国内游客人均花费 839.7 元/人次，增长 4.2%。

2014 年中国国内旅游抽样调查综合情况如下：

一、2014 年中国国内旅游抽样调查对象和调查方法

2014 年中国居民国内旅游抽样调查的调查对象是我国大陆城乡居民中，不以谋求职业、获取报酬为目的，离开惯常环境 10 公里以外，停留时间超过 6 小时、但不超过 12 个月，从事参观游览、度假休闲、探亲访友、健康疗养、考察、会议等活动，以及从事经济、科技、文化、教育、体育、宗教等活动的人。

鉴于城镇居民和农村居民出游行为及消费习惯差异明显，故将调查总体分为城镇居民和农村居民两个调查子总体，调查频率为季度调查，调查问卷重点关注出游次数、出游目的、出游花费和构成等内容；调查采取计算机辅助电话访谈（CATI）采集数据。根据调查结果，分别测算得出城镇居民国内旅游总体情况、农村居民国内旅游总体情况，再汇总合成全国国内旅游总体情况。

二、2014 年国内旅游总体情况

（一）城镇居民

2014 年，我国城镇居民国内旅游出游人数 24.83 亿人次，出游人次率（以下简称为出游率）373.1%，旅游总花费 24219.76 亿元，游客每次出游人均花费（以下简称人均花费）975.4 元。

各季度城镇居民国内旅游情况：

一季度全国城镇居民旅游人数6.59亿人次，出游率99.0%，旅游总花费6479.09亿元，游客人均花费983.8元。

二季度全国城镇居民旅游人数5.29亿人次，出游率79.4%，旅游总花费4519.93亿元，游客人均花费855.2元。

三季度全国城镇居民旅游人数6.61亿人次，出游率99.3%，旅游总花费6640.23亿元，游客人均花费1004.6元。

四季度全国城镇居民旅游人数6.35亿人次，出游率95.4%，旅游总花费6580.51亿元，游客人均花费1036.3元。

（二）农村居民

2014年，我国农村居民国内旅游出游人数11.28亿人次，出游率167.2%，旅游总花费6092.11亿元，游客人均花费540.2元。

各季度农村居民国内旅游情况：

一季度全国农村居民旅游人数4.43亿人次，出游率65.6%，旅游总花费2480.46亿元，游客人均花费560.5元。

二季度全国农村居民旅游人数2.10亿人次，出游率31.1%，旅游总花费941.16亿元，游客人均花费449.0元。

三季度全国农村居民旅游人数2.27亿人次，出游率33.7%，旅游总花费1190.30亿元，游客人均花费524.4元。

四季度全国农村居民旅游人数2.48亿人次，出游率36.8%，旅游总花费1480.19亿元，游客人均花费596.9元。

三、2014年国内旅游抽样调查基本结果

（一）城镇居民

1. 出游人数构成

调查数据显示，一日游游客占50.0%，过夜游游客占50.0%；团队游客占4.1%，散客占95.9%。

按性别分，男性占56.0%，女性占44.0%。

按年龄分，25～34岁出游人次数最多，占出游总人次的28.2%。14岁及以下占11.8%，15～24岁占10.6%，35～44岁占17.1%，45～64岁占23.2%，65岁及以上占9.0%。

按受教育程度分，大学本科、大专出游人次数最多，占出游总人次的54.1%。研究生及以上占6.2%，高中（中专/职高/技校）占18.4%，初中及以下占21.3%。

按旅游目的分，观光游览占14.2%，度假休闲娱乐占50.1%，商务出差占9.1%，探亲访友占24.0%，健康疗养占1.3%，其他旅游目的占1.3%。

按出游半径分，本地游占70.4%，异地游占29.6%。

2. 游客每次出游人均花费情况

城镇游客每次出游人均花费992.1元。其中，一日游人均花费342.6元，过夜游人均花费1641.7元。

按性别分，男性游客人均花费1061.9元，女性游客人均花费903.2元。

按年龄分，25~34岁的游客人均花费最高，达1214.7元。35~44岁人均花费1088.9元，45~64岁人均花费974.0元，15~24岁人均花费918.5元，14岁及以下人均花费765.4元，65岁及以上的人均花费543.6元。

按受教育程度分，研究生及以上的游客人均花费1465.6元，大学本科、大专人均花费1083.2元，高中（中专/职高/技校）人均花费842.8元，初中及以下人均花费752.5元。出游人均花费与受教育程度呈高度正相关。

按旅游目的分，商务出差的游客人均花费最高，达2078.8元；观光游览人均花费1265.0元，度假休闲娱乐人均花费829.3元，探亲访友人均花费812.0元，健康疗养人均花费411.1元，其他旅游目的人均花费609.4元。

按旅游方式分组，旅行社组织的游客人均花费2055.1元，非旅行社组织人均花费946.6元。

3. 散客每次出游人均花费构成

城镇居民散客的花费构成情况是：交通费占总花费32.3%，住宿费占15.4%，餐饮费占26.3%，购物费占17.0%，景区游览费占6.2%，其他费用占2.8%。

其中，过夜游散客花费构成情况是：交通费占总花费33.9%，住宿费占18.8%，餐饮费占23.8%，购物费占15.3%，景区游览费占5.8%，其他费用占2.4%。

一日游散客花费构成情况是：交通费占总花费25.6%，餐饮费占37.6%，购物费占24.5%，景区游览费占7.8%，其他费用占4.7%。

4. 过夜游客平均停留时间

城镇过夜游客每次出游平均停留3.3天。其中，停留1~3天的占71.5%，4~7天的占21.6%，8~14天的占4.5%，超过14天的占2.4%。

（二）农村居民

1. 出游人数构成

调查数据显示，一日游游客占52.3%，过夜游游客占47.7%；团队游客占3.0%，散客占97.0%。

按性别分，男性占63.4%，女性占36.6%。

按年龄分，25~34岁出游人次数最多，占出游总人次的26.7%。14岁及以下占10.2%，15～24岁占13.5%，35～44岁占19.3%，45～64岁占24.6%，65岁及以上占5.7%。

按受教育程度分，大专、大学本科及以上占27.1%，高中（中专/职高/技校）占27.5%，初中占26.0%，小学及以下占19.3%。

按旅游目的分，观光游览占6.5%，度假休闲娱乐占32.8%，商务出差占15.4%，探亲访友占30.9%，健康疗养占5.1%，其他旅游目的9.4%。

按出游半径分，本地游占74.6%，异地游占25.4%。

2. 游客每次出游人均花费情况

农村游客每次出游人均花费687.7元。其中，一日游人均花费301.1元，过夜游人均花费1111.2元。

按性别分，男性游客人均花费744.0元，女性游客人均花费590.1元。

按年龄分，25～34岁的游客人均花费最高，达891.1元。35～44岁人均花费724.1元，15～24岁人均花费707.1元，45－64岁人均花费602.3元，14岁及以下人均花费422.1元，65岁及以上人均花费408.9元。

按受教育程度分，大专、大学本科及以上游客人均花费984.2元，高中（中专/职高/技校）人均花费726.2元，初中人均花费491.5元，小学及以下人均花费481.6元。

按旅游目的分，观光游览的游客人均花费最高，达1188.7元；商务出差人均花费891.5元，度假休闲娱乐人均花费724.0元，探亲访友人均花费538.7元，健康疗养人均花费454.6元，其他旅游目的人均花费498.4元。

按旅游方式分，旅行社组织的游客人均花费1630.5元，非旅行社组织的人均花费658.4元。

3. 散客每次出游人均花费构成

农村居民散客的花费构成情况是：交通费占总花费30.5%，住宿费占11.0%，餐饮费占26.8%，购物费占24.6%，景区游览费占4.5%，其他费用占2.5%。

其中，过夜游散客的花费构成情况是：交通费占总花费31.2%，住宿费占14.6%，餐饮费占25.5%，购物费占22.0%，景区游览费占4.6%，其他费用占2.0%。

一日游散客的花费构成情况是：交通费占总花费28.3%，餐饮费占30.7%，购物费占32.7%，景区游览费占4.2%，其他费用占4.1%。

4. 过夜游客平均停留时间

农村过夜游客每次出游平均停留3.4天。其中，停留1～3天的占72.7%，4～7天的占20.6%，8～14天的占3.8%，超过14天的占2.8%。

第二部分

2014 年国内旅游基本情况

2014 年国内旅游基本情况

	总人次数（亿人次）	出游率*（%）	总花费（亿元）	人均每次花费（元/人次）
全国总计	**36.12**	**269.6**	**30222.33**	**836.7**
城镇居民合计	**24.84**	**373.2**	**24126.07**	**971.3**
一季度	6.59	99.0	6479.09	983.2
二季度	5.29	79.5	4519.93	854.4
三季度	6.61	99.3	6645.55	1005.4
四季度	6.35	95.4	6481.50	1020.7
农村居民合计	**11.28**	**167.3**	**6096.26**	**540.4**
一季度	4.43	65.7	2480.46	559.9
二季度	2.10	31.2	941.16	448.2
三季度	2.27	33.7	1190.53	524.5
四季度	2.48	36.8	1484.11	598.4

* 出游率：即出游人次比率，指城镇居民或农村居民出游人次数与其总人口数的比值。

第三部分

2014 年城镇居民国内旅游抽样调查数据

一、2014 年城镇居民国内游客人次数调查构成

3－1－1 城镇居民国内游客人次数及其构成

	城镇居民国内游客人次数（人次）	城镇居民国内游客人次数构成（%）
调查总计	**22 392**	**100.0**
按性别分组		
男　性	12 549	56.0
女　性	9 843	44.0
按年龄分组		
14 岁及以下	2 653	11.8
15 ~24 岁	2 370	10.6
25 ~34 岁	6 314	28.2
35 ~44 岁	3 834	17.1
45 ~64 岁	5 202	23.2
65 岁及以上	2 019	9.0
按受教育程度分组		
初中及以下	4 776	21.3
高中（中专/职高/技校）	4 110	18.4
大学本科、大专	12 125	54.1
研究生及以上	1 381	6.2

3-1-2 城镇居民国内游客人次数构成
（按旅游方式分组）

单位：%

	人次数构成	旅行社组织	非旅行社组织
调查总平均	**100.0**	**4.1**	**95.9**
按性别分组			
男 性	100.0	3.0	97.0
女 性	100.0	5.5	94.5
按年龄分组			
14 岁及以下	100.0	4.9	95.1
15～24 岁	100.0	4.0	96.0
25～34 岁	100.0	2.3	97.7
35～44 岁	100.0	3.4	96.6
45～64 岁	100.0	5.5	94.5
65 岁及以上	100.0	6.6	93.4
按受教育程度分组			
初中及以下	100.0	5.9	94.1
高中（中专/职高/技校）	100.0	5.3	94.7
大学本科、大专	100.0	3.3	96.7
研究生及以上	100.0	1.8	98.2

3-1-3 城镇居民国内游客人次数构成

(按旅游目的分组)

单位：%

	人次数构成	观光游览	度假休闲娱乐	商务出差	探亲访友	健康疗养	其他
调查总平均	**100.0**	**14.2**	**50.1**	**9.1**	**24.0**	**1.3**	**1.3**
按性别分组							
男　性	100.0	13.7	48.3	12.8	22.8	1.0	1.5
女　性	100.0	14.9	52.4	4.3	25.6	1.6	1.1
按年龄分组							
14岁及以下	100.0	17.0	61.6	0.0	20.1	0.3	1.1
15~24岁	100.0	11.2	55.9	6.2	23.9	0.6	2.2
25~34岁	100.0	9.6	48.3	12.9	26.9	0.8	1.4
35~44岁	100.0	15.7	45.3	13.4	23.9	0.7	1.0
45~64岁	100.0	16.5	45.6	10.3	24.2	2.3	1.3
65岁及以上	100.0	20.0	54.7	0.8	20.1	3.2	1.1
按受教育程度分组							
初中及以下	100.0	15.7	56.3	2.7	23.2	0.9	1.1
高中(中专/职高/技校)	100.0	15.1	53.2	5.6	23.2	1.7	1.1
大学本科、大专	100.0	13.6	47.6	11.6	24.4	1.2	1.5
研究生及以上	100.0	11.7	41.6	18.5	25.9	1.4	0.9

3-1-4 城镇居民国内游客人次数构成
（按停留时间分组）

单位：%

	人次数构成	一日游	过夜游
调查总平均	**100.0**	**50.0**	**50.0**
按性别分组			
男　性	100.0	50.0	50.0
女　性	100.0	50.0	50.0
按年龄分组			
14 岁及以下	100.0	52.5	47.5
15～24 岁	100.0	47.0	53.0
25～34 岁	100.0	42.8	57.2
35～44 岁	100.0	48.0	52.0
45～64 岁	100.0	54.3	45.7
65 岁及以上	100.0	65.5	34.5
按受教育程度分组			
初中及以下	100.0	54.6	45.4
高中（中专/职高/技校）	100.0	53.6	46.4
大学本科、大专	100.0	47.8	52.2
研究生及以上	100.0	42.4	57.6
按旅游目的分组			
观光游览	100.0	46.0	54.0
度假/休闲/娱乐	100.0	60.3	39.7
商务/出差	100.0	34.5	65.5
探亲访友	100.0	35.0	65.0
健康医疗	100.0	64.0	36.0
其　他	100.0	68.6	31.4

3-1-5 城镇居民国内游客人次数构成
（按出游半径分组）

单位：%

	人次数构成	本地游	异地游*
调查总平均	**100.0**	**70.4**	**29.6**
按性别分组			
男　性	100.0	70.0	30.0
女　性	100.0	70.9	29.1
按年龄分组			
14 岁及以下	100.0	72.4	27.6
15～24 岁	100.0	72.2	27.8
25～34 岁	100.0	66.3	33.7
35～44 岁	100.0	67.4	32.6
45～64 岁	100.0	72.2	27.8
65 岁及以上	100.0	79.1	20.9
按受教育程度分组			
初中及以下	100.0	72.7	27.3
高中(中专/职高/技校)	100.0	76.9	23.1
大学本科、大专	100.0	68.7	31.3
研究生及以上	100.0	58.3	41.7
按旅游目的分组			
观光游览	100.0	61.6	38.4
度假/休闲/娱乐	100.0	81.7	18.3
商务/出差	100.0	41.2	58.8
探亲访友	100.0	61.8	38.2
健康医疗	100.0	86.9	13.1
其　他	100.0	76.8	23.2

* 异地游：指城镇居民离开自己惯常居住城市（以该城市行政地域为界），前往国内其他城市的旅游行为。（下同）

二、2014年城镇居民国内游客人均每次花费

3-2-1 城镇居民国内游客人均每次花费

单位：元/人次

	城镇居民国内游客人均每次花费
调查总平均	**992.1**
按性别分组	
男　性	1 061.9
女　性	903.2
按年龄分组	
14岁及以下	765.4
15~24岁	918.5
25~34岁	1 214.7
35~44岁	1 088.9
45~64岁	974.0
65岁及以上	543.6
按受教育程度分组	
初中及以下	752.5
高中(中专/职高/技校)	842.8
大学本科、大专	1 083.2
研究生及以上	1 465.6

3-2-2 城镇居民国内游客人均每次花费
（按旅游方式分组）

单位：元/人次

	人均每次花费	旅行社组织	非旅行社组织
调查总平均	**992.1**	**2 055.1**	**946.6**
按性别分组			
男　性	1 061.9	2 057.5	1 030.9
女　性	903.2	2 053.3	836.3
按年龄分组			
14 岁及以下	765.4	2 064.6	698.5
15 ~24 岁	918.5	1 400.1	898.4
25 ~34 岁	1 214.7	2 804.7	1 177.0
35 ~44 岁	1 088.9	2 310.9	1 046.3
45 ~64 岁	974.0	2 071.1	909.9
65 岁及以上	543.6	1 407.9	482.7
按受教育程度分组			
初中及以下	752.5	1 743.2	690.5
高中（中专/职高/技校）	842.8	1 730.1	793.3
大学本科、大专	1 083.2	2 370.3	1 039.7
研究生及以上	1 465.6	3 375.4	1 430.4

3-2-3 城镇居民国内游客人均每次花费（按旅游目的分组）

单位：元/人次

	人均每次花费	观光游览	度假休闲娱乐	商务出差	探亲访友	健康疗养	其他
调查总平均	**992.1**	**1 265.0**	**829.3**	**2 078.8**	**812.0**	**411.1**	**609.4**
按性别分组							
男　性	1 061.9	1 214.1	898.0	2 056.0	812.7	481.0	655.7
女　性	903.2	1 324.7	748.6	2 164.0	811.1	356.5	532.4
按年龄分组							
14 岁及以下	765.4	1 104.4	755.1	—	534.6	465.1	358.1
15～24 岁	918.5	1 602.3	819.2	1 022.3	820.9	134.1	961.1
25～34 岁	1 214.7	1 513.4	1 020.9	2 287.1	998.3	377.4	571.3
35～44 岁	1 088.9	1 235.2	800.2	2 428.6	846.3	378.5	254.1
45～64 岁	974.0	1 364.4	810.3	1 742.6	762.2	394.8	645.6
65 岁及以上	543.6	683.2	508.8	1 219.5	459.1	540.9	762.6
按受教育程度分组							
初中及以下	752.5	1 116.6	714.0	1 651.9	536.5	260.2	298.5
高中（中专/职高/技校）	842.8	1 118.5	759.3	1 418.7	772.0	292.1	506.0
大学本科、大专	1 083.2	1 389.6	884.0	2 056.9	883.8	545.5	737.4
研究生及以上	1 465.6	1 242.3	1 085.9	3 014.7	1 179.6	156.3	511.5

3-2-4 城镇居民国内游客人均每次花费（按停留时间分组）

单位：元/人次

	人均每次花费	一日游	过夜游
调查总平均	**992.1**	**342.6**	**1 641.7**
按性别分组			
男　性	1 061.9	354.4	1 768.6
女　性	903.2	327.5	1 479.7
按年龄分组			
14 岁及以下	765.4	281.9	1 300.0
15～24 岁	918.5	396.5	1 381.5
25～34 岁	1 214.7	453.4	1 783.4
35～44 岁	1 088.9	380.0	1 742.3
45～64 岁	974.0	284.1	1 795.1
65 岁及以上	543.6	207.9	1 181.8
按受教育程度分组			
初中及以下	752.5	253.2	1 354.1
高中（中专/职高/技校）	842.8	314.9	1 452.0
大学本科、大专	1 083.2	384.5	1 723.6
研究生及以上	1 465.6	430.2	2 228.9
按旅游目的地分组			
观光游览	1 265.0	273.8	2 108.9
度假/休闲/娱乐	829.3	359.9	1 541.8
商务/出差	2 078.8	458.5	2 933.5
探亲访友	812.0	310.6	1 081.9
健康疗养	411.1	281.5	640.9
其　他	609.4	210.6	1 480.6

3-2-5 城镇居民国内游客人均每次花费
（按出游半径分组）

单位：元/人次

	人均每次花费	本地游	异地游
调查总平均	**992.1**	**510.5**	**2 137.2**
按性别分组			
男　性	1 061.9	540.6	2 279.6
女　性	903.2	472.5	1 950.5
按年龄分组			
14 岁及以下	765.4	396.9	1 734.4
15～24 岁	918.5	572.2	1 817.6
25～34 岁	1 214.7	669.3	2 288.9
35～44 岁	1 088.9	524.6	2 258.2
45～64 岁	974.0	455.2	2 322.8
65 岁及以上	543.6	271.7	1 575.8
按受教育程度分组			
初中及以下	752.5	387.8	1 723.4
高中（中专/职高/技校）	842.8	510.1	1 947.9
大学本科、大专	1 083.2	550.7	2 250.3
研究生及以上	1 465.6	624.8	2 640.7

3-2-6　城镇居民国内游客人均每次花费

（按出游半径、旅游目的分组）

单位：元/人次

	人均每次花费	一日游	过夜游
调查总平均	**992.1**	**510.5**	**2 137.2**
观光游览	1 265.0	463.1	2 551.8
度假/休闲/娱乐	829.3	535.8	2 140.4
商务/出差	2 078.8	749.0	3 010.3
探亲访友	812.0	433.9	1 422.6
健康疗养	411.1	359.8	751.9
其　他	609.4	298.7	1 637.2

3-2-7　城镇居民国内游客人均每次花费

（按停留时间、旅游目的分组）

单位：元/人次

	人均每次花费	一日游	过夜游
调查总平均	**992.1**	**342.6**	**1 641.7**
观光游览	1 265.0	273.8	2 108.9
度假/休闲/娱乐	829.3	359.9	1 541.8
商务/出差	2 078.8	458.5	2 933.5
探亲访友	812.0	310.6	1 081.9
健康疗养	411.1	281.5	640.9
其　他	609.4	210.6	1 480.6

三、2014 年城镇居民国内散客人均每次各项花费及构成

3-3-1　城镇居民国内散客人均每次各项花费

单位：元/人次

	人均每次花费	交通费	住宿费	餐饮费	购物费	景区游览费	其他
调查总平均	**946.6**	**306.1**	**145.4**	**249.0**	**161.0**	**58.2**	**26.8**
按性别分组							
男　性	1 030.9	338.7	166.3	276.8	158.7	60.7	29.7
女　性	836.3	263.5	118.1	212.7	163.9	55.0	23.0
按年龄分组							
14 岁及以下	698.5	212.1	106.1	172.9	120.7	74.7	12.1
15～24 岁	898.4	253.7	119.8	265.7	184.0	54.9	20.4
25～34 岁	1 177.0	371.7	178.9	297.0	229.8	57.5	42.2
35～44 岁	1 046.3	370.1	171.6	270.5	145.8	61.8	26.5
45～64 岁	909.9	303.9	143.8	247.6	133.0	60.0	21.6
65 岁及以上	482.7	161.1	72.4	135.6	64.7	30.8	18.1
按受教育程度分组							
初中及以下	690.5	220.3	101.5	182.7	108.8	61.1	16.1
高中(中专/职高/技校)	793.3	229.6	105.6	232.3	157.0	49.2	19.5
大学本科、大专	1 039.7	339.5	161.0	270.3	174.6	60.6	33.7
研究生及以上	1 430.4	521.6	270.9	333.5	226.8	54.4	23.2
按旅游目的分组							
观光游览	1 102.8	348.1	216.7	275.4	122.9	120.0	19.7
度假/休闲/娱乐	783.0	208.0	119.5	223.5	139.8	66.3	25.9
商务/出差	2 080.7	902.5	482.3	422.4	194.0	34.1	45.5
探亲访友	809.9	267.3	41.9	231.9	220.2	22.7	25.9
健康疗养	412.3	126.8	32.8	145.9	49.2	20.1	37.5
其　他	606.7	252.5	86.6	145.3	92.0	23.2	7.1

3－3－2 城镇居民国内散客人均每次各项花费构成

单位：%

	人均每次花费	交通费	住宿费	餐饮费	购物费	景区游览费	其他
调查总平均	**100.0**	**32.3**	**15.4**	**26.3**	**17.0**	**6.2**	**2.8**
按性别分组							
男　性	100.0	32.9	16.1	26.9	15.4	5.9	2.9
女　性	100.0	31.5	14.1	25.4	19.6	6.6	2.8
按年龄分组							
14岁及以下	100.0	30.4	15.2	24.7	17.3	10.7	1.7
15～24岁	100.0	28.2	13.3	29.6	20.5	6.1	2.3
25～34岁	100.0	31.6	15.2	25.2	19.5	4.9	3.6
35～44岁	100.0	35.4	16.4	25.9	13.9	5.9	2.5
45～64岁	100.0	33.4	15.8	27.2	14.6	6.6	2.4
65岁及以上	100.0	33.4	15.0	28.1	13.4	6.4	3.8
按受教育程度分组							
初中及以下	100.0	31.9	14.7	26.5	15.8	8.8	2.3
高中（中专/职高/技校）	100.0	28.9	13.3	29.3	19.8	6.2	2.5
大学本科、大专	100.0	32.7	15.5	26.0	16.8	5.8	3.2
研究生及以上	100.0	36.5	18.9	23.3	15.9	3.8	1.6
按旅游目的分组							
观光游览	100.0	31.6	19.7	25.0	11.1	10.9	1.8
度假/休闲/娱乐	100.0	26.6	15.3	28.5	17.9	8.5	3.3
商务/出差	100.0	43.4	23.2	20.3	9.3	1.6	2.2
探亲访友	100.0	33.0	5.2	28.6	27.2	2.8	3.2
健康疗养	100.0	30.8	8.0	35.4	11.9	4.9	9.1
其　他	100.0	41.6	14.3	23.9	15.2	3.8	1.2

3-3-3 城镇居民国内过夜散客人均每次各项花费

单位：元/人次

	人均每次花费	交通费	住宿费	餐饮费	购物费	景区游览费	其他
调查总平均	**1 585.5**	**536.9**	**298.4**	**377.0**	**243.0**	**91.8**	**38.4**
按性别分组							
男　性	1 737.3	595.1	338.5	424.2	241.7	95.4	42.5
女　性	1 383.0	459.2	245.0	314.0	244.7	87.0	33.0
按年龄分组							
14 岁及以下	1 195.9	389.9	232.1	263.3	180.6	113.9	16.2
15 ~24 岁	1 363.9	407.8	229.6	366.1	262.8	71.0	26.7
25 ~34 岁	1 732.6	570.9	315.9	408.6	298.5	81.0	57.6
35 ~44 岁	1 686.3	622.3	336.7	392.4	207.8	94.6	32.5
45 ~64 岁	1 722.3	594.4	329.1	413.7	241.1	111.8	32.2
65 岁及以上	1 105.6	401.1	229.4	252.2	117.3	72.4	33.1
按受教育程度分组							
初中及以下	1 263.3	427.4	234.0	307.7	168.7	103.8	21.8
高中(中专/职高/技校)	1 397.8	427.8	236.9	366.1	259.8	80.6	26.7
大学本科、大专	1 666.8	565.5	314.2	389.4	256.3	92.9	48.5
研究生及以上	2 188.9	836.5	476.5	480.4	289.6	77.8	28.1
按旅游目的分组							
观光游览	1 936.3	626.4	434.8	443.3	200.8	202.6	28.4
度假/休闲/娱乐	1 483.7	419.3	314.8	371.8	213.2	122.0	42.7
商务/出差	2 936.2	1 253.8	736.7	568.0	272.9	48.9	55.9
探亲访友	1 079.6	374.1	64.5	290.3	289.4	31.2	30.0
健康疗养	643.8	203.6	91.2	186.9	67.0	15.0	80.1
其　他	1 501.4	587.4	282.2	341.3	203.3	66.0	21.3

3－3－4 城镇居民国内过夜散客人均每次各项花费构成

单位：%

	人均每次花费	交通费	住宿费	餐饮费	购物费	景区游览费	其他
调查总平均	**100.0**	**33.9**	**18.8**	**23.8**	**15.3**	**5.8**	**2.4**
按性别分组							
男　性	100.0	34.3	19.5	24.4	13.9	5.5	2.4
女　性	100.0	33.2	17.7	22.7	17.7	6.3	2.4
按年龄分组							
14岁及以下	100.0	32.6	19.4	22.0	15.1	9.5	1.4
15～24岁	100.0	29.9	16.8	26.8	19.3	5.2	2.0
25～34岁	100.0	32.9	18.2	23.6	17.2	4.7	3.3
35～44岁	100.0	36.9	20.0	23.3	12.3	5.6	1.9
45～64岁	100.0	34.5	19.1	24.0	14.0	6.5	1.9
65岁及以上	100.0	36.3	20.8	22.8	10.6	6.5	3.0
按受教育程度分组							
初中及以下	100.0	33.8	18.5	24.4	13.4	8.2	1.7
高中(中专/职高/技校)	100.0	30.6	16.9	26.2	18.6	5.8	1.9
大学本科、大专	100.0	33.9	18.9	23.4	15.4	5.6	2.9
研究生及以上	100.0	38.2	21.8	21.9	13.2	3.6	1.3
按旅游目的分组							
观光游览	100.0	32.3	22.5	22.9	10.4	10.5	1.5
度假/休闲/娱乐	100.0	28.3	21.2	25.1	14.4	8.2	2.9
商务/出差	100.0	42.7	25.1	19.3	9.3	1.7	1.9
探亲访友	100.0	34.7	6.0	26.9	26.8	2.9	2.8
健康疗养	100.0	31.6	14.2	29.0	10.4	2.3	12.4
其　他	100.0	39.1	18.8	22.7	13.5	4.4	1.4

3-3-5 城镇居民国内一日游散客人均每次各项花费

单位：元/人次

	人均每次花费	交通费	餐饮费	购物费	景区游览费	其他
调查总平均	**339.3**	**86.8**	**127.4**	**83.0**	**26.3**	**15.8**
按性别分组						
男　性	348.5	91.1	134.4	78.5	27.2	17.3
女　性	327.5	81.2	118.4	88.7	25.3	13.8
按年龄分组						
14 岁及以下	279.2	62.1	96.6	70.2	41.7	8.6
15～24 岁	390.5	85.6	156.1	98.0	37.3	13.5
25～34 岁	452.1	111.8	151.4	140.0	26.9	22.0
35～44 岁	381.4	108.1	143.9	81.3	27.8	20.3
45～64 岁	279.2	78.3	118.6	49.1	19.9	13.4
65 岁及以上	195.6	50.5	81.9	40.4	11.6	11.3
按受教育程度分组						
初中及以下	251.6	61.6	87.0	62.9	28.3	11.7
高中(中专/职高/技校)	306.8	70.2	124.6	74.4	23.9	13.8
大学本科、大专	381.2	102.2	145.2	88.9	26.6	18.3
研究生及以上	430.7	106.6	139.8	144.0	23.6	16.7
按旅游目的分组						
观光游览	274.8	71.6	108.5	45.5	37.9	11.1
度假/休闲/娱乐	354.1	78.7	132.8	94.9	32.2	15.6
商务/出差	459.3	236.5	146.4	44.4	6.2	25.9
探亲访友	310.0	69.4	123.5	91.9	7.1	18.1
健康疗养	282.4	83.7	122.8	39.2	22.9	13.7
其　他	210.6	104.3	58.5	42.8	4.2	0.9

3-3-6 城镇居民国内一日游散客人均每次各项花费构成

单位：%

	人均每次花费	交通费	餐饮费	购物费	景区游览费	其他
调查总平均	**100.0**	**25.6**	**37.6**	**24.5**	**7.8**	**4.7**
按性别分组						
男　性	100.0	26.1	38.6	22.5	7.8	5.0
女　性	100.0	24.8	36.2	27.1	7.7	4.2
按年龄分组						
14 岁及以下	100.0	22.2	34.6	25.1	14.9	3.1
15 ~24 岁	100.0	21.9	40.0	25.1	9.6	3.5
25 ~34 岁	100.0	24.7	33.5	31.0	5.9	4.9
35 ~44 岁	100.0	28.3	37.7	21.3	7.3	5.3
45 ~64 岁	100.0	28.0	42.5	17.6	7.1	4.8
65 岁及以上	100.0	25.8	41.9	20.7	5.9	5.8
按受教育程度分组						
初中及以下	100.0	24.5	34.6	25.0	11.3	4.7
高中(中专/职高/技校)	100.0	22.9	40.6	24.2	7.8	4.5
大学本科、大专	100.0	26.8	38.1	23.3	7.0	4.8
研究生及以上	100.0	24.8	32.5	33.4	5.5	3.9
按旅游目的分组						
观光游览	100.0	26.1	39.5	16.6	13.8	4.0
度假/休闲/娱乐	100.0	22.2	37.5	26.8	9.1	4.4
商务/出差	100.0	51.5	31.9	9.7	1.3	5.6
探亲访友	100.0	22.4	39.8	29.6	2.3	5.8
健康疗养	100.0	29.7	43.5	13.9	8.1	4.8
其　他	100.0	49.5	27.8	20.3	2.0	0.4

第四部分

2014 年农村居民国内旅游抽样调查数据

一、2014 年农村居民国内游客人次数调查构成

4－1－1　农村居民国内游客人次数及其构成

	农村居民国内游客人次数（人次）	农村居民国内游客人次数构成（%）
调查总计	**11 063.0**	**100.0**
按性别分组		
男　性	7 019.0	63.4
女　性	4 044.0	36.6
按年龄分组		
14 岁及以下	1 125.0	10.2
15～24 岁	1 494.0	13.5
25～34 岁	2 956.0	26.7
35～44 岁	2 135.0	19.3
45～64 岁	2 721.0	24.6
65 岁及以上	632.0	5.7
按受教育程度分组		
小学及以下	2 140.0	19.3
初中	2 880.0	26.0
高中（中专/职高/技校）	3 045.0	27.5
大专、大学本科及以上	2 998.0	27.1

4-1-2 农村居民国内游客人次数构成
（按旅游方式分组）

单位：%

	人次数构成	旅行社组织	非旅行社组织
调查总平均	**100.0**	**3.0**	**97.0**
按性别分组			
男　性	100.0	2.9	97.1
女　性	100.0	3.1	96.9
按年龄分组			
14 岁及以下	100.0	5.0	95.0
15～24 岁	100.0	3.1	96.9
25～34 岁	100.0	2.3	97.7
35～44 岁	100.0	1.9	98.1
45～64 岁	100.0	3.5	96.5
65 岁及以上	100.0	4.7	95.3
按受教育程度分组			
小学及以下	100.0	4.0	96.0
初中	100.0	2.9	97.1
高中（中专/职高/技校）	100.0	3.1	96.9
大专、大学本科及以上	100.0	2.3	97.7

4－1－3　农村居民国内游客人次数构成
（按旅游目的分组）

单位：%

	人次数构成	观光游览	度假休闲娱乐	商务出差	探亲访友	健康疗养	其他
调查总平均	**100.0**	**6.5**	**32.8**	**15.4**	**30.9**	**5.1**	**9.4**
按性别分组							
男　性	100.0	6.4	31.6	20.9	28.8	4.4	8.0
女　性	100.0	6.6	34.8	5.8	34.6	6.3	11.9
按年龄分组							
14 岁及以下	100.0	8.1	47.6	0.0	33.7	2.8	7.8
15～24 岁	100.0	5.8	47.9	6.9	28.2	2.5	8.6
25～34 岁	100.0	6.2	32.7	18.5	30.4	3.3	8.8
35～44 岁	100.0	7.7	27.3	22.5	27.9	4.8	9.8
45～64 岁	100.0	5.8	23.4	19.7	33.8	6.7	10.5
65 岁及以上	100.0	4.9	29.6	5.7	32.3	17.4	10.1
按受教育程度分组							
小学及以下	100.0	6.3	33.6	8.3	32.9	7.9	10.9
初中	100.0	5.8	32.5	15.3	30.8	6.8	8.8
高中（中专/职高/技校）	100.0	5.7	32.1	19.4	29.4	4.3	9.1
大专、大学本科及以上	100.0	8.0	33.2	16.4	31.1	2.1	9.2

4-1-4 农村居民国内游客人次数构成
(按停留时间分组)

单位：%

	人次数构成	一日游	过夜游
调查总平均	**100.0**	**52.3**	**47.7**
按性别分组			
男　性	100.0	52.2	47.8
女　性	100.0	52.4	47.6
按年龄分组			
14 岁及以下	100.0	53.1	46.9
15～24 岁	100.0	40.6	59.4
25～34 岁	100.0	45.3	54.7
35～44 岁	100.0	57.6	42.4
45～64 岁	100.0	59.2	40.8
65 岁及以上	100.0	63.3	36.7
按受教育程度分组			
小学及以下	100.0	54.1	45.9
初中	100.0	54.7	45.3
高中(中专/职高/技校)	100.0	56.2	43.8
大专、大学本科及以上	100.0	44.7	55.3
按旅游目的分组			
观光游览	100.0	36.6	63.4
度假/休闲/娱乐	100.0	56.1	43.9
个体经济/科教文活动/公事/会议	100.0	53.4	46.6
探亲访友	100.0	43.4	56.6
健康疗养	100.0	47.4	52.6
其　他	100.0	79.8	20.2

4-1-5 农村居民国内游客人次数构成
(按出游半径分组)

单位：%

	人次数构成	本地游	异地游
调查总平均	**100.0**	**74.6**	**25.4**
按性别分组			
男　性	100.0	74.2	25.8
女　性	100.0	75.2	24.8
按年龄分组			
14 岁及以下	100.0	74.7	25.3
15~24 岁	100.0	73.1	26.9
25~34 岁	100.0	71.1	28.9
35~44 岁	100.0	74.1	25.9
45~64 岁	100.0	78.4	21.6
65 岁及以上	100.0	79.1	20.9
按受教育程度分组			
小学及以下	100.0	74.9	25.1
初中	100.0	75.3	24.7
高中(中专/职高/技校)	100.0	77.5	22.5
大专、大学本科及以上	100.0	70.6	29.4
按旅游目的分组			
观光游览	100.0	54.2	45.8
度假/休闲/娱乐	100.0	77.8	22.2
个体经济/科教文活动/公事/会议	100.0	67.4	32.6
探亲访友	100.0	76.8	23.2
健康疗养	100.0	61.1	38.9
其　他	100.0	89.0	11.0

二、2014 年农村居民国内游客人均每次花费

4-2-1 农村居民国内游客人均每次花费

单位：元/人次

	农村居民国内游客人均每次花费
调查总平均	**687.7**
按性别分组	
男 性	744.0
女 性	590.1
按年龄分组	
14 岁及以下	422.1
15~24 岁	707.1
25~34 岁	891.1
35~44 岁	724.1
45~64 岁	602.3
65 岁及以上	408.9
按受教育程度分组	
小学及以下	481.6
初中	491.5
高中(中专/职高/技校)	726.2
大专、大学本科及以上	984.2

4-2-2 农村居民国内游客人均每次花费

(按旅游方式分组)

单位：元/人次

	人均每次花费	旅行社组织	非旅行社组织
调查总平均	**687.7**	**1 630.5**	**658.4**
按性别分组			
男　性	744.0	1 758.0	713.2
女　性	590.1	1 422.7	563.1
按年龄分组			
14 岁及以下	422.1	1 092.4	387.0
15 ~24 岁	707.1	1 365.8	686.2
25 ~34 岁	891.1	2 609.8	851.2
35 ~44 岁	724.1	1 642.3	706.1
45 ~64 岁	602.3	1 418.7	573.0
65 岁及以上	408.9	1 501.7	354.4
按受教育程度分组			
小学及以下	481.6	1 156.6	453.3
初中	491.5	1 144.4	471.9
高中(中专/职高/技校)	726.2	1 723.4	694.5
大专、大学本科及以上	984.2	2 671.5	943.9

4-2-3 农村居民国内游客人均每次花费
(按旅游目的分组)

单位：元/人次

	人均每次花费	观光游览	度假休闲娱乐	商务出差	探亲访友	健康疗养	其他
调查总平均	**687.7**	**1 188.7**	**724.0**	**891.5**	**538.7**	**454.6**	**498.4**
按性别分组							
男　性	744.0	1 235.7	759.3	918.1	585.6	436.5	573.3
女　性	590.1	1 110.1	668.4	725.4	471.0	476.4	411.1
按年龄分组							
14 岁及以下	422.1	781.3	470.8	—	306.6	522.2	216.5
15 ~24 岁	707.1	1 379.2	695.5	877.1	587.7	455.8	647.5
25 ~34 岁	891.1	1 548.5	899.2	1 234.4	660.4	646.1	563.6
35 ~44 岁	724.1	1 101.8	772.0	782.4	639.7	436.4	539.7
45 ~64 岁	602.3	1 020.8	738.2	682.3	459.0	390.9	513.6
65 岁及以上	408.9	1 031.9	455.4	282.8	397.8	386.6	115.5
按受教育程度分组							
小学及以下	481.6	917.4	490.7	779.5	343.0	421.6	437.7
初中	491.5	618.8	563.1	527.0	444.0	281.5	408.9
高中(中专/职高/技校)	726.2	1 290.2	756.4	891.7	555.3	561.4	547.8
大专、大学本科及以上	984.2	1 663.9	1 012.4	1 258.5	761.1	849.0	582.1

4-2-4 农村居民国内游客人均每次花费
（按停留时间分组）

单位：元/人次

	人均每次花费	一日游	过夜游
调查总平均	**687.7**	**301.1**	**1 111.2**
按性别分组			
男　性	744.0	319.7	1 207.4
女　性	590.1	269.0	943.6
按年龄分组			
14 岁及以下	422.1	216.7	654.4
15～24 岁	707.1	335.8	960.5
25～34 岁	891.1	382.9	1 312.5
35～44 岁	724.1	298.7	1 301.0
45～64 岁	602.3	283.0	1 065.6
65 岁及以上	408.9	180.7	802.3
按受教育程度分组			
小学及以下	481.6	209.0	803.0
初中	491.5	245.4	788.2
高中（中专/职高/技校）	726.2	374.7	1 176.6
大专、大学本科及以上	984.2	352.2	1 495.8
按旅游目的地分组			
观光游览	1188.7	323.2	1688.2
度假/休闲/娱乐	724.0	329.4	1228.5
个体经济/科教文活动/公事/会议	891.5	296.9	1572.1
探亲访友	538.7	234.8	771.5
健康疗养	454.6	187.8	695.1
其　他	498.4	384.2	949.2

4-2-5 农村居民国内游客人均每次花费
(按出游半径分组)

单位:元/人次

	人均每次花费	本地游	异地游
调查总平均	**687.7**	**439.0**	**1 416.9**
按性别分组			
男　性	744.0	472.9	1 523.6
女　性	590.1	380.9	1 224.3
按年龄分组			
14 岁及以下	422.1	254.4	916.5
15～24 岁	707.1	478.4	1 328.4
25～34 岁	891.1	586.0	1 640.7
35～44 岁	724.1	446.4	1 520.2
45～64 岁	602.3	395.3	1 353.1
65 岁及以上	408.9	207.9	1 170.1
按受教育程度分组			
小学及以下	481.6	294.0	1 041.4
初中	491.5	334.1	971.1
高中(中专/职高/技校)	726.2	498.4	1 511.1
大专、大学本科及以上	984.2	589.8	1 933.5

4－2－6　农村居民国内游客人均每次花费

（按出游半径、旅游目的分组）

单位：元/人次

	人均每次花费	本地游	异地游
调查总平均	**687.7**	**439.0**	**1 416.9**
观光游览	1 188.7	575.7	1 913.8
度假/休闲/娱乐	724.0	478.0	1 585.8
商务/出差	891.5	544.3	1 609.7
探亲访友	538.7	357.3	1 138.5
健康疗养	454.6	283.1	724.3
其　他	498.4	421.6	1 120.9

4－2－7　农村居民国内游客人均每次花费

（按停留时间、旅游目的分组）

单位：元/人次

	人均每次花费	一日游	过夜游
调查总平均	**687.7**	**301.1**	**1 111.2**
观光游览	1 188.7	323.2	1 688.2
度假/休闲/娱乐	724.0	329.4	1 228.5
商务/出差	891.5	296.9	1 572.1
探亲访友	538.7	234.8	771.5
健康疗养	454.6	187.8	695.1
其　他	498.4	384.2	949.2

三、2014 年农村居民国内散客人均每次各项花费及构成

4-3-1 农村居民国内散客人均每次各项花费

单位：元/人次

	人均每次花费	交通费	住宿费	餐饮费	购物费	景区游览费	其他
调查总平均	**658.4**	**200.8**	**72.7**	**176.2**	**162.3**	**29.8**	**16.5**
按性别分组							
男　性	713.2	227.0	83.1	192.9	158.1	32.1	19.9
女　性	563.1	155.4	54.6	147.0	169.4	25.9	10.7
按年龄分组							
14 岁及以下	387.0	108.1	30.6	105.5	96.5	36.9	9.4
15～24 岁	686.2	193.1	78.1	193.6	164.1	33.3	24.1
25～34 岁	851.2	249.9	108.5	227.3	208.1	35.8	21.6
35～44 岁	706.1	240.5	68.5	178.2	174.6	28.7	15.5
45～64 岁	573.0	173.3	62.6	156.1	147.4	22.0	11.6
65 岁及以上	354.4	131.2	21.4	95.3	76.2	18.0	12.2
按受教育程度分组							
小学及以下	453.3	139.0	44.7	121.6	119.8	20.7	7.4
初中	471.9	143.3	43.9	124.4	129.1	22.5	8.8
高中（中专/职高/技校）	694.5	225.6	68.5	179.6	167.4	28.4	25.1
大专、大学本科及以上	943.9	274.2	124.2	260.5	218.6	44.7	21.7
按旅游目的分组							
观光游览	1 056.6	341.1	150.8	230.3	191.5	130.9	12.0
度假/休闲/娱乐	679.4	179.3	81.7	197.5	149.8	50.6	20.6
商务/出差	891.5	363.2	157.9	202.4	133.4	16.9	17.8
探亲访友	532.3	163.8	25.6	162.9	155.9	9.5	14.6
健康疗养	455.5	139.0	56.1	109.5	128.1	2.7	20.1
其　他	499.0	80.7	21.8	110.4	273.6	4.7	7.8

4-3-2 农村居民国内散客人均每次各项花费构成

单位：%

	人均每次花费	交通费	住宿费	餐饮费	购物费	景区游览费	其他
调查总平均	**100.0**	**30.5**	**11.0**	**26.8**	**24.6**	**4.5**	**2.5**
按性别分组							
男　性	100.0	31.8	11.7	27.1	22.2	4.5	2.8
女　性	100.0	27.6	9.7	26.1	30.1	4.6	1.9
按年龄分组							
14 岁及以下	100.0	27.9	7.9	27.3	24.9	9.5	2.4
15 ~ 24 岁	100.0	28.1	11.4	28.2	23.9	4.9	3.5
25 ~ 34 岁	100.0	29.4	12.8	26.7	24.5	4.2	2.5
35 ~ 44 岁	100.0	34.1	9.7	25.2	24.7	4.1	2.2
45 ~ 64 岁	100.0	30.2	10.9	27.2	25.7	3.8	2.0
65 岁及以上	100.0	37.0	6.1	26.9	21.5	5.1	3.4
按受教育程度分组							
小学及以下	100.0	30.7	9.9	26.8	26.4	4.6	1.6
初中	100.0	30.4	9.3	26.4	27.4	4.8	1.9
高中(中专/职高/技校)	100.0	32.5	9.9	25.9	24.1	4.1	3.6
大专、大学本科及以上	100.0	29.0	13.2	27.6	23.2	4.7	2.3
按旅游目的分组							
观光游览	100.0	32.3	14.3	21.8	18.1	12.4	1.1
度假/休闲/娱乐	100.0	26.4	12.0	29.1	22.0	7.4	3.0
商务/出差	100.0	40.7	17.7	22.7	15.0	1.9	2.0
探亲访友	100.0	30.8	4.8	30.6	29.3	1.8	2.7
健康疗养	100.0	30.5	12.3	24.0	28.1	0.6	4.4
其　他	100.0	16.2	4.4	22.1	54.8	0.9	1.6

4-3-3 农村居民国内过夜散客人均每次各项花费

单位：元/人次

	人均每次花费	交通费	住宿费	餐饮费	购物费	景区游览费	其他
调查总平均	**1 068.1**	**333.6**	**156.1**	**272.3**	**235.3**	**49.6**	**21.3**
按性别分组							
男　性	1 163.8	376.7	178.4	297.7	230.4	55.6	25.0
女　性	901.6	258.5	117.3	228.1	243.7	39.2	14.8
按年龄分组							
14 岁及以下	590.2	166.1	66.9	153.4	138.0	55.1	10.7
15 ~24 岁	936.8	275.4	133.3	257.6	193.5	50.0	26.9
25 ~34 岁	1 254.6	383.6	202.1	321.0	269.3	54.3	24.4
35 ~44 岁	1 277.3	430.2	164.7	305.4	308.7	48.4	20.0
45 ~64 岁	1 028.4	320.3	160.8	258.5	225.2	44.5	19.2
65 岁及以上	668.7	255.0	60.3	181.3	125.7	30.2	16.1
按受教育程度分组							
小学及以下	759.4	230.8	100.6	200.1	184.4	34.5	8.9
初中	757.5	230.6	99.2	186.8	191.6	35.8	13.6
高中(中专/职高/技校)	1 128.6	400.4	161.2	275.2	207.1	50.2	34.5
大专、大学本科及以上	1 437.8	419.6	227.9	377.6	320.3	68.4	24.0
按旅游目的分组							
观光游览	1 569.2	522.6	256.9	310.6	270.4	190.8	18.0
度假/休闲/娱乐	1 163.9	305.7	194.7	313.6	237.9	88.1	23.8
商务/出差	1 578.3	620.9	340.2	334.9	222.5	30.6	29.2
探亲访友	762.8	235.3	45.4	225.0	227.2	13.1	16.8
健康疗养	700.2	203.8	107.4	169.5	186.0	5.2	28.2
其　他	949.2	207.3	107.5	262.6	347.9	12.6	11.3

4-3-4 农村居民国内过夜散客人均每次各项花费构成

单位：%

	人均每次花费	交通费	住宿费	餐饮费	购物费	景区游览费	其他
调查总平均	**100.0**	**31.2**	**14.6**	**25.5**	**22.0**	**4.6**	**2.0**
按性别分组							
男　性	100.0	32.4	15.3	25.6	19.8	4.8	2.1
女　性	100.0	28.7	13.0	25.3	27.0	4.3	1.6
按年龄分组							
14 岁及以下	100.0	28.1	11.3	26.0	23.4	9.3	1.8
15～24 岁	100.0	29.4	14.2	27.5	20.7	5.3	2.9
25～34 岁	100.0	30.6	16.1	25.6	21.5	4.3	1.9
35～44 岁	100.0	33.7	12.9	23.9	24.2	3.8	1.6
45～64 岁	100.0	31.1	15.6	25.1	21.9	4.3	1.9
65 岁及以上	100.0	38.1	9.0	27.1	18.8	4.5	2.4
按受教育程度分组							
小学及以下	100.0	30.4	13.3	26.4	24.3	4.5	1.2
初中	100.0	30.4	13.1	24.7	25.3	4.7	1.8
高中(中专/职高/技校)	100.0	35.5	14.3	24.4	18.4	4.4	3.1
大专、大学本科及以上	100.0	29.2	15.9	26.3	22.3	4.8	1.7
按旅游目的分组							
观光游览	100.0	33.3	16.4	19.8	17.2	12.2	1.1
度假/休闲/娱乐	100.0	26.3	16.7	26.9	20.4	7.6	2.0
商务/出差	100.0	39.3	21.6	21.2	14.1	1.9	1.8
探亲访友	100.0	30.9	5.9	29.5	29.8	1.7	2.2
健康疗养	100.0	29.1	15.3	24.2	26.6	0.7	4.0
其　他	100.0	21.8	11.3	27.7	36.7	1.3	1.2

4-3-5 农村居民国内一日游散客人均每次各项花费

单位：元/人次

	人均每次花费	交通费	餐饮费	购物费	景区游览费	其他
调查总平均	**301.0**	**85.1**	**92.3**	**98.6**	**12.6**	**12.4**
按性别分组						
男　性	320.0	96.3	101.5	95.1	11.7	15.4
女　性	268.1	65.7	76.3	104.6	14.3	7.2
按年龄分组						
14 岁及以下	215.1	59.0	65.0	61.4	21.5	8.3
15～24 岁	331.9	76.6	103.0	122.5	9.7	20.1
25～34 岁	383.0	94.6	118.5	137.1	14.4	18.4
35～44 岁	299.2	105.5	87.6	79.1	14.8	12.2
45～64 岁	282.6	79.6	90.7	97.8	7.7	6.7
65 岁及以上	181.0	63.0	47.9	48.8	11.3	10.1
按受教育程度分组						
小学及以下	208.4	65.6	58.8	68.0	9.7	6.2
初中	245.6	74.2	75.0	79.6	11.9	4.9
高中(中专/职高/技校)	374.1	96.5	109.0	138.0	12.3	18.2
大专、大学本科及以上	352.2	100.0	120.1	96.8	16.3	19.0
按旅游目的分组						
观光游览	327.4	82.8	116.2	79.3	45.7	3.6
度假/休闲/娱乐	329.2	87.8	113.5	86.0	23.4	18.3
商务/出差	296.9	140.0	87.6	56.3	5.1	8.0
探亲访友	235.0	71.6	82.9	63.9	4.9	11.8
健康疗养	187.8	68.0	43.9	64.8	—	11.1
其　他	384.5	48.5	71.7	254.7	2.7	6.9

4-3-6 农村居民国内一日游散客人均每次各项花费构成

单位：%

	人均每次花费	交通费	餐饮费	购物费	景区游览费	其他
调查总平均	**100.0**	**28.3**	**30.7**	**32.7**	**4.2**	**4.1**
按性别分组						
男　性	100.0	30.1	31.7	29.7	3.7	4.8
女　性	100.0	24.5	28.5	39.0	5.3	2.7
按年龄分组						
14 岁及以下	100.0	27.4	30.2	28.5	10.0	3.9
15～24 岁	100.0	23.1	31.0	36.9	2.9	6.1
25～34 岁	100.0	24.7	30.9	35.8	3.8	4.8
35～44 岁	100.0	35.2	29.3	26.5	4.9	4.1
45～64 岁	100.0	28.2	32.1	34.6	2.7	2.4
65 岁及以上	100.0	34.8	26.5	27.0	6.2	5.6
按受教育程度分组						
小学及以下	100.0	31.5	28.2	32.7	4.7	3.0
初中	100.0	30.2	30.5	32.4	4.9	2.0
高中(中专/职高/技校)	100.0	25.8	29.1	36.9	3.3	4.9
大专、大学本科及以上	100.0	28.4	34.1	27.5	4.6	5.4
按旅游目的分组						
观光游览	100.0	25.3	35.5	24.2	13.9	1.1
度假/休闲/娱乐	100.0	26.7	34.5	26.1	7.1	5.6
商务/出差	100.0	47.1	29.5	19.0	1.7	2.7
探亲访友	100.0	30.5	35.3	27.2	2.1	5.0
健康疗养	100.0	36.2	23.4	34.5	—	5.9
其　他	100.0	12.6	18.6	66.2	0.7	1.8

责任编辑： 王　军
责任印制： 冯冬青

图书在版编目（CIP）数据

旅游抽样调查资料．2015／国家旅游局政策法规司，国家旅游局数据中心编．--北京 ：中国旅游出版社，2015．12

ISBN 978－7－5032－5516－8

Ⅰ．①旅…　Ⅱ．①国…②国…　Ⅲ．①旅游业－抽样调查－统计资料－中国－2015　Ⅳ．①F592－66

中国版本图书馆 CIP 数据核字（2015）第 309436 号

书　　名：旅游抽样调查资料 2015

编　　者：国家旅游局政策法规司　国家旅游局数据中心
出版发行：中国旅游出版社
（北京建国门内大街甲 9 号　邮编：100005）
http：//www. cttp. net. cn　E-mail：cttp@ cnta. gov. cn
发行部电话：010－85166503
排　　版：北京旅教文化传播有限公司
经　　销：全国各地新华书店
印　　刷：北京工商事务印刷有限公司
版　　次：2015 年 12 月第 1 版　2015 年 12 月第 1 次印刷
开　　本：787 毫米×1092 毫米　1/16
印　　张：21
字　　数：600 千
定　　价：120. 00 元
I S B N　978－7－5032－5516－8